Fuchs
Die Kulturschule

KULTURELLE BILDUNG ///32

Eine Reihe der BKJ – Bundesvereinigung Kulturelle Kinder- und Jugendbildung, Remscheid (vertreten durch Hildegard Bockhorst und Wolfgang Zacharias) **bei kopaed**

Kulturelle Bildung setzt einen besonderen Akzent auf den aktiven Umgang mit künstlerischen und ästhetischen Ausdrucksformen und Wahrnehmungsweisen: von Anfang an und lebenslang. Sie umfasst den historischen wie aktuellen Reichtum der Künste und der Medien. Kulturelle Bildung bezieht sich zudem auf je eigene Formen der sich wandelnden Kinderkultur und der Jugendästhetik, der kindlichen Spielkulturen und der digitalen Gestaltungstechniken mit ihrer Entwicklungsdynamik.

Entsprechend der Vielfalt ihrer Lernformen, Inhaltsbezüge und Ausdrucksweisen ist Kulturelle Bildung eine Querschnittsdisziplin mit eigenen Profilen und dem gemeinsamen Ziel: Kultur leben lernen. Sie ist gleichermaßen Teil von Sozial- und Jugendpolitik, von Kunst- und Kulturpolitik wie von Schul- und Hochschulpolitik bzw. deren Orte, Institutionen, Professionen und Angebotsformen.

Die Reihe „Kulturelle Bildung" will dazu beitragen, Theorie und Praxis Kultureller Bildung zu qualifizieren und zu professionalisieren: Felder, Arbeitsformen, Inhalte, Didaktik und Methodik, Geschichte und aktuelle Entwicklungen. Die Reihe bietet dazu die Bearbeitung akzentuierter Themen der ästhetisch-kulturellen Bildung, der Kulturvermittlung, der Kinder- und Jugendkulturarbeit und der Kulturpädagogik mit der Vielfalt ihrer Teildisziplinen: Kunst- und Musikpädagogik, Theater-, Tanz-, Museums- und Spielpädagogik, Literaturvermittlung und kulturelle Medienbildung, Bewegungskünste, Architektur, Stadt- und Umweltgestaltung.

Max Fuchs

Die Kulturschule

Konzept und theoretische Grundlagen

www.kopaed.de

Bibliografische Information Der Deutschen Nationalbibliothek
Die Deutsche Nationalbibliothek verzeichnet diese Publikation
in der Deutschen Nationalbibliografie; detaillierte bibliografische Daten sind im Internet über http://dnb.ddb.de abrufbar

ISBN 978-3-86736-332-7

Umschlagbild: Roland Oesker, Akademie Remscheid

Druck: Kessler Druck+Medien, Bobingen

© kopaed 2012
Pfälzer-Wald-Str. 64, 81539 München
Fon: 089. 688 900 98 Fax: 089. 689 19 12
E-Mail: info@kopaed.de Internet: www.kopaed.de

Inhalt

Vorwort

Was ist eine „Kulturschule"? Ist es eine Schule, die die Heranwachsenden an die jeweilige, in der Gesellschaft vorhandene Kultur heranführt? Dann wäre jede Schule eine Kulturschule. Denn genau dies wird als Aufgabe in jedem der Schulgesetze der Länder den Schulen zugewiesen. Allerdings ist hierbei zu klären, was „Kultur" eigentlich bedeutet. Selbst ein oberflächlicher Blick in die relevante Literatur zeigt, dass die wissenschaftlichen Diskurse über „Kultur" kaum noch zu überblicken sind. Nimmt man den ebenfalls ausfernden alltagssprachlichen Gebrauch noch dazu, dann kann man mit guten Gründen bezweifeln, ob der Begriff geschickt gewählt ist. Denn man müsste eine „Kulturschule" abgrenzen von bzw. einordnen in unterschiedliche Schul-Typologien z. B. in Beziehung setzen zu Grund-, Haupt-, Förder-, Berufs- etc. –schulen. Man muss die Frage beantworten, ob es sich um eine allgemeinbildende oder berufsbildende Schule handelt. Man muss die Beziehung zu Schulen mit einem speziellen Gütesiegel (Schule der Inklusion, der Förderung, Agenda-21-Schule etc.) definieren.

Die meisten dieser Fragen sollen in diesem Text beantwortet werden. Als erste Orientierung kann dabei dienen, den inzwischen eingeführten Begriff eines besonderen Schul-Profils zu verwenden: *Kulturschulen sind Schulen (gleich welcher Art), die sich ein kulturelles Profil gegeben haben*. Bei dem Attribut „kulturell" ist an dieser Stelle die – ansonsten in den Wissenschaftsdiskursen als unzulässige Engführung verpönte – Bedeutung im Sinne einer ästhetisch-künstlerischen Kultur zulässig. Weitere Differenzierungen und Präzisierungen müssen allerdings noch vorgenommen werden. So ist eine Kulturschule zunächst einmal eine Schule. Eine Schule hat bestimmte Aufgaben zu erfüllen, sie unterliegt bestimmten Handlungslogiken, sie ist durch bestimmte Merkmale gekennzeichnet. Als Schule muss auch eine Kulturschule solchen Kriterien und Bedingungen genügen: Sie muss die üblichen Aufgaben einer Schule erfüllen. Sie muss sie sogar besonders gut erfüllen, da sonst kaum einer sich für die Einrichtung einer Kulturschule interessieren würde. Auch dies ist in dem vorliegenden Text zu belegen. Der Diskurs über Schule im Alltag und in den relevanten Wissenschaften blüht und gedeiht zudem. Jeder, wirklich jeder fühlt sich als Experte in Sachen Schule. Dies muss auch ein Plädoyer zugunsten einer Kulturschule berücksichtigen.

Damit ist die Aufgabenstellung dieser Arbeit benannt. Es geht darum, das Konzept einer Kulturschule nicht bloß näher zu beschreiben – hierzu gibt es bereits eine Fülle von Texten auf den unterschiedlichsten Abstraktionsniveaus: Es geht auch darum, für die vorgestellten Merkmale theoretische Begründungen zu liefern.

Der Kontext, in dem diese Arbeit entstanden ist und für den sie eine weitere Grundlagenreflexion liefern will, ist das Praxis- und Theoriefeld der kulturellen Bildung, wie es rund um die Akademie Remscheid mit ihren verschiedenen Einrichtungen, Organisationen und Arbeitsstellen ein Zentrum hat. Ein intensiver Austausch mit dort arbeitenden Kollegen/innen, die reflektierend, organisierend und praktisch ausübend für das Menschenrecht auf kulturelle Bildung in allen Altersstufen und an allen Orten eintreten, hat die hier vorgestellten Überlegungen erst möglich gemacht. Denn es fließen viele, z. T. in intensiven Diskussionen entwickelte Ansätze und Konzepte in diesen Text ein. Dabei greift er auf – z. T. bereits an verschiedenen Stellen veröffentlichte – Vorarbeiten und Entwürfe aus den letzten Jahren zurück, in denen schrittweise die hier vorgestellte Konzeption in Theorie und Praxis entwickelt wurde. Dabei wurden einzelne Themen, die nunmehr in einer Konzeption der Kulturschule zusammenfließen, ausführlich behandelt, z.B. die Theorie kultureller Bildung, eine Theorie der Kultur und der Künste und ihrer Entwicklung, die prekäre Rolle des Subjekts in der modernen Gesellschaft und – immer wieder thematisiert als Grundlage für alle anstehenden Fragen – die anthropologische Dimension von Kunst, Lernen und Bildung.

Beides, Theorie und Praxis, hören natürlich nicht auf, bloß weil ein Buch zu dieser Thematik erscheint. Daher ist der vorliegende Text bloß ein Zwischenbericht, der bislang erzielte Erkenntnisse sowie plausibel erscheinende Hypothesen bündeln will, um sie in die zukünftige Praxis und Theoriearbeit einfließen zu lassen. Ohne die sorgfältige Tätigkeit von Ute Bernhardt hätte auch dieses Buch nicht entstehen können. Widmen möchte ich es Anette Bösel, die unmittelbar in der Praxis ihre Vision einer guten (Kultur-)Schule zu realisieren versucht.

1. Einleitung

Annäherungen an die Schule und ihre Theorie

Die Schule ist ein Kind der Moderne. Zwar hat es immer schon die Notwendigkeit gegeben, dass ältere und erfahrene Menschen dem Nachwuchs ihrer Sippe, ihrer Horde oder ihres Stammes die Fähigkeiten vermitteln, ihr (Über-)Leben zu meistern. Doch geschah dies entweder – wie man heute sagt – durch informelles Lernen, also einfach dadurch, dass man bei entsprechenden Aktivitäten dabei war. Oder es geschah in Meister-Lehrlings-Situationen (Alt 1955). Dass Heranwachsende, und dann auch noch: alle Heranwachsenden für eine immer längere Zeit von produktiver Arbeit freigestellt werden, um sich solche Überlebenskompetenzen anzueignen, ist neueren Datums. Zwar gab es das erste entsprechende Gesetz bereits gegen Ende des 18. Jahrhunderts in Preußen, doch hat sich ein flächendeckendes Schulsystem mit einer allgemeinen Schulpflicht erst zu Beginn des 20. Jahrhunderts durchgesetzt (Herrlitz u.a. 2009). Es war dabei der ersten Demokratie auf deutschem Boden nach dem 1. Weltkrieg vorbehalten, zumindest mit der Einführung einer vierklassigen Volksschule eine Einheitsschule für alle Kinder einzuführen – und dies, obwohl bereits 270 Jahre vorher Comenius nicht bloß „Bildung für alle" gefordert, sondern zugleich systematische Entwürfe für die Organisation, für die Methodik-Didaktik und für die entsprechende Lehrerbildung vorgelegt hat. Woran dieser Zeitverzug liegt, wird sicherlich noch vertieft werden müssen. Zum einen ist zu sehen, dass eine solche umfassende und daher teure Freistellung vom gesellschaftlichen Produktionsprozess – man denke daran, dass auch heute noch gerade in ländlichen Gebieten die Mithilfe der Kinder der Bauern in der Landwirtschaft nicht ungesetzlich ist: „Kartoffelferien" – auch finanziert werden musste und man sich daher sehr genau überlegte, welche Kompetenzen und Qualifikationen für die individuelle und gesellschaftliche Reproduktion tatsächlich nötig waren. Zum anderen war es von Anfang an klar, dass die Bildung der breiten Massen der Bevölkerung auch mit Macht und dem Erhalt der Massenloyalität zu tun hat. „Wissen ist Macht", so formulierte es bereits ein Zeitgenosse von Comenius, der englische Philosoph Francis Bacon und so wurde es zum sozialdemokratischen Leitmotiv am Ende des 19. Jahrhunderts.

Interessant ist in diesem Zusammenhang, dass offenbar überall auf der Welt, wo Schule entsteht, diese starke strukturelle Ähnlichkeiten hat und nach ähnlichen Prinzipien funktioniert (Adick 1992). Diese Prinzipien wiederum haben von Anbeginn des Schulemachens an Kritik hervorgerufen. Denn zum Nachdenken über Schule gehört, dass man sie in Kategorien des Widerspruchs erfasst. Schon Comenius entwickelte seine Große Didaktik auf der Basis einer Situationsbeschreibung, derzufolge es seinerzeit in der Schule hart, schmutzig und mühevoll zugegangen ist, weshalb die (nicht ausgebildeten und schlecht behandelten) Lehrkräfte oft genug zu Gewalt greifen mussten: Bis in meine eigene Schulzeit in den 1950er Jahren war das Rohr-Stöckchen, das auch häufiger benutzt wurde, ein Zeichen der Lehrer-Macht.

Gängige Topoi der Schulkritik erhalten sich zudem über die Zeiten hinweg bis heute: Lebensferne des Stoffes, Abstraktheit, Sinnlosigkeit des Lernens. Die Schule, so mag eine Erklärung hierfür sein, ist eine Institution der Moderne. Sie wird sogar mit der Erwartung konfrontiert, bestimmte Fehlentwicklungen, manche sprechen sogar von Pathologien der Moderne, ausgleichen zu können. Dabei ist gerade sie als Kind der Moderne von den Pathologien besonders betroffen. Diese hier nur thesenhaft vorgetragenen Überlegungen definieren einige Problemkomplexe, die im folgenden vertiefend aufgegriffen werden müssen.

So ist als erstes an die anthropologische Dimension rund um das Lernen und Lehren zu erinnern: Welche gattungsgeschichtliche Grundlagen setzt das Lernen und Lehren voraus? In diesem Zusammenhang ist auch ein erstes Mal zu klären, was „Kultur" bedeutet, wie „Bildung" bestimmt werden kann und welche Rolle die Künste und eine ästhetische Zugangsweise zur Welt bei der (Selbst-)Konstituierung des Menschen spielen. Es ist dann zu erläutern, was unter der Moderne und ihren Pathologien zu verstehen ist. Insbesondere muss man fragen, was hinter der Rede von dem *institutionalisierten* Lernen steckt. Hierbei wird eine Theorie der Institutionen zugezogen, die ebenfalls auf einem anthropologischen Fundament ruht.

Die Gattungsgeschichte des Menschen wird abgelöst durch eine vom Menschen selbst gemachte Geschichte, wobei insbesondere die Entwicklung der Moderne interessiert. Welche besonderen Aufgaben entstehen hierbei für die Schule? Dies ist u.a. deshalb wichtig, weil die Herausforderung für jedes vorgeschlagene Modell von Schule – und damit eben auch für die Kulturschule – darin besteht, dass es zeigen muss, inwieweit es diesen Aufgaben gerecht wird. Das Ergebnis dieser Überlegungen wird sein, die Konturen einer „Theorie der Schule" genauer zeichnen zu können.

Die Kulturschule

Ein Fokus dieser Überlegungen ist, die Schule als einen wichtigen Ort der „Formung des Subjekts" zu sehen. Dabei hat Schule viele unterschiedliche, gelegentlich auch einander widersprechende Dimensionen. Sie wird zudem mit einer Vielzahl von Funktionserwartungen konfrontiert. So ist die Schule zwar auch ein pädagogischer Ort, der die Entwicklung der Heranwachsenden unterstützen soll. Schule soll aber auch gesellschaftliche Funktionserwartungen (wie etwa die Fend'schen gesellschaftlichen Funktionen der Qualifikation, Legitimation, Enkulturation und Selektion) erfüllen. Es liegt auf der Hand, dass die Interessen der Gesellschaft und des Staates, der gerade in Deutschland das System Schule fest im Griff hat, nicht immer mit dem pädagogischen Interesse an einer „allseitigen und harmonischen Entwicklung der Kräfte zu einem Ganzen" (so seinerzeit Wilhelm von Humboldt) in Einklang zu bringen sind. Denn jede Gesellschaft überlässt es nicht dem Zufall, welche Subjektformen in dem teuren Bildungssystem „produziert" werden.

Um präziser solche Funktionserwartungen identifizieren und beschreiben zu können, habe ich einen Überblick über solche Theorien gegeben (in Fuchs 2012), die im Laufe der jüngeren Geschichte zur Erfassung dieses Sachverhaltes, nämlich der Darstellung der Beziehung zwischen Einzelnem und Gesellschaft, entwickelt worden sind. In der vorliegenden Arbeit werde ich einzelne Fragestellungen aus diesem Komplex herausgreifen. Ziel ist es, die pädagogische Dimension von Schule, nämlich „Entwicklungshelfer" für Kinder und Jugendliche zu sein, zu stärken. Dazu ist es jedoch nötig, Spannungen, Widersprüche und Widerstände zu kennen, die diesem Ziel entgegenstehen. Kern unseres Konzeptes einer Kulturschule ist es, ästhetisches Lernen als durchgängiges Prinzip in den unterschiedlichen Bereichen von Schule zu verstärken. Was dabei „ästhetisches Lernen" heißen kann, wird in Kapitel 5 beschrieben.

Wer Schule sagt, muss zugleich an diejenigen denken, die dort lehren und unterrichten. Denn die Schule ist heute der größte Arbeitgeber, wobei es kaum einen anderen Arbeitgeber geben dürfte, dessen Personal einen solch hohen Bildungsgrad hat. Allerdings hat man auch hier sofort zu differenzieren nach Schulform und Schülerklientel. Die notwendige Ausbildung von LehrerInnen machte zudem in der Geschichte einen entsprechenden Ausbau von geeigneten Ausbildungsstätten nötig: von eher praxisorientierten Lehrerseminaren für die Volksschule bis zu den Universitäten für zukünftige Gymnasiallehrer. Heute gibt es in Deutschland ca. 700.000 LehrerInnen, die an etwa 36.000 Schulen unterrichten. Man spricht davon, dass Heranwachsende 15.000 Stunden in der Schule verbringen. Biographisch dürfte die Schulzeit für jeden von uns ein entscheidendes und prägendes Erlebnis gewesen sein, wobei hier grundlegende Entscheidungen für den späteren Lebensweg getroffen werden. Die Schule ist heute – gerade in Deutschland – eine sehr eng vom Staat geführte Institution. Man muss sich nur einmal fragen, in welcher anderen Institution die Arbeitnehmer Beamte bzw. Angestellte im öffentlichen Dienst (und entsprechenden disziplinarischen Regeln unterworfen) sind, wo die Inhalte und die äußere Form der Arbeitstätigkeit z. T. sehr kleinschrittig vorgeschrieben werden: Schule wird in Deutschland ebenso als hoheitliche Aufgabe betrachtet wie die Erhaltung der äußeren und inneren Sicherheit, also wie Militär und Polizei. Die Schule ist daher zwar auch ein pädagogischer Ort, sie ist jedoch zugleich ein Teil der öffentlichen Verwaltung, ein Arbeitsplatz für unterschiedliche Berufe, ein Ort der sicheren Aufbewahrung von Kindern, der so auch einen Beitrag zur Vereinbarkeit von Beruf und Familie leistet (frauen- und familienpolitische Dimension), ein Ort der Anerkennung und der Demütigung, ein kultureller Kristallisationspunkt in der Stadt und vieles mehr. Schule ist organisiert nach Prinzipien der öffentlichen Verwaltung – und ist als solche schnell in das Blickfeld der Gründungsväter der Soziologie geraten. Schule ist Ort einer bürokratischen Steuerung, so Max Weber (1972), in dem die abstrakten Prinzipien der rationalen Organisation zur Anwendung kommen. Ich erwähne dies ausdrücklich, weil dies der Anlass für eine Schulkritik war und ist, die sofort mit der Etablierung eines breiten Schulsystems einsetzt. Ich erinnere ausdrücklich an die Analysen des Sozialphilosophen Charles Taylor, der immer wieder zeigt, dass eine starke Orientierung an den rationalen Prinzipien der Aufklärung – „Rechenhaftigkeit" nannten dies die soziologischen Klassiker – ein Verlust an „Fülle", an emotionalen Bindungen bedeutet, so wie sie sie bereits die Romantik als kritische Reaktion auf die verstandes-orientierte Aufklärung gefordert hat. Interessant ist in diesem Zusammenhang, dass überall auf der Welt, wo ein flächendeckendes Schulsystem entstanden ist, Schulen nach ähnlichen Prinzipien funktionieren (s.u.). Es wird daher zu zeigen sein, ob und wie eine Kulturschule, die die („romantische") Dimension emotionaler Bindungen besser erfüllt und zugleich als Teil des öffentlichen Schulsystems den (rationalen) Kriterien der öffentlichen Verwaltung gehorchen muss, trotz dieser Rahmenbedingungen realisiert werden kann. Die gesamte Reformpädagogik und die Reformschulinitiativen speisen sich bekanntlich aus dem Bemühen, gesellschaftlichen Pathologien entgegenzuwirken. In jedem Fall ist es eine weitere Motivation des Kulturschulkonzeptes, solche Pathologien zumindest abzumildern und die Schule zu einem Ort der „Fülle" (i.S. von Charles Taylor 2009) zu machen.

Eine Leitlinie für jegliches Nachdenken über Schule ist die pädagogische Aufgabe, Kinder und Jugendliche darauf vorzubereiten, ihr eigenes „Projekt des guten Lebens" realisieren zu können. Dass dieses Projekt von äußeren Rahmenbedingungen, von gesellschaftlichen Herausforderungen, aber auch von der Nutzung gesellschaftlich vorhandener Bewältigungsstrategien und Ressourcen abhängig ist, dürfte unstrittig sein. Allerdings ist es nicht leicht, präzise die Art der gesellschaftlichen Herausforderungen zu beschreiben. In der Soziologie gibt es mindestens eine zweistellige Zahl von Theorien, die eine bestimmte Besonderheit, Problemstellung oder Pathologie der Gesellschaft ins Zentrum ihrer Überlegungen stellen: Das Erlebnis, die Vielzahl von Wahl-Optionen, die Marktförmigkeit, die Pluralisierung der Lebensstile, die Individualisierung der Lebensbewältigung etc.

Der norwegische Schulforscher Per Dalin (1997) hat neun „Revolutionen" benannt, die unsere moderne gesellschaftliche Wirklichkeit prägen und die daher auch und gerade relevant für die Schule sind. Diesen stellt er zehn Visionen gegenüber (Abb. 1):

Gesellschaftliche Revolutionen:	Humane Visionen (P. Dalin):
die Wissens- und Informationsrevolution, die Bevölkerungsrevolution, die globalisierende und regionalisierende Revolution, die Revolution gesellschaftlicher Verhältnisse, die wissenschaftliche Revolution, die technologische Revolution, die ästhetische Revolution, die politische Revolution, die Revolution der Werte.	eine ökologische Vision: Leben in Harmonie mit der Natur, eine Vision einer fairen, demokratischen Gesellschaft, von der Dominanz zur Partnerschaft in sozialen Beziehungen, von der Kriegswirtschaft zur Friedenswirtschaft, ein lebenswertes Leben für die Armen der Welt, von der monokulturellen zur multikulturellen Gesellschaft, eine Vision von der Arbeit der Zukunft, Technologie im Dienste menschlichen Zugewinns, Lebenserfahrung im Dienste der Gesundheit, von der Standardisierung zur Kreativität.

Abb. 1

Der strukturelle Rahmen von Schule

Die Frage ist, ob eine Kulturschule ein angemessener Ansatz ist, die obigen gesellschaftlichen Revolutionen zu bewältigen und dabei den genannten Visionen ein Stück
näher zu kommen. Die Kulturschule kann dabei selbst als Vision oder als (konkrete)
Utopie verstanden werden.

Die Schule ist natürlich nicht die einzige Institution, die sowohl für die Bewältigung
der genannten Revolutionen als auch für die Verwirklichung der zitierten Visionen
verantwortlich ist. Doch soll auch sie einen Beitrag dazu leisten. Es besteht allerdings die Gefahr, dass die Schule es besonders schwer hat, als Ort der Bewältigung
gesellschaftlicher Herausforderungen zu dienen. Denn Schule ist – vielleicht sogar
in besonderer Weise – bürokratisch-rational organisiert (so etwa Pongratz 1989
oder Lenhardt 1984). Aufgrund ihrer pädagogischen Aufgabenstellung ist das Spannungsverhältnis zwischen der geforderten Rationalität in der Arbeitsweise und der
pädagogisch notwendigen Emotionalität besonders deutlich. Hierzu Charles Taylor:

> „Ein glückliches, nichtentfremdetes Leben (…) ist dort möglich, wo die Normen und Ziele, welche
> im öffentlichen Leben einer Gesellschaft zum Ausdruck kommen, auch diejenigen sind, nach
> denen die Mitglieder ihre Identität als menschliche Wesen vordringlich definieren. Denn dann
> empfinden sie den institutionellen Rahmen, in dem sie ihr Leben so oder so vollziehen müssen,
> nicht als etwas Fremdes, sondern vielmehr als die Essenz oder „Substanz" ihres eigenen Selbst.
> (…) Entfremdung entsteht dagegen dann, wenn die Normen, Ziele oder Werte, welche den
> gemeinsamen Praktiken und Institutionen zugrunde liegen, den Akteuren als irrelevant oder
> sogar monströs erscheinen." (Taylor, Hegel and Modern Society; zitiert nach Rosa 2011, S. 22).

Diese Situation erfasst Taylor mit der Formulierung eines „Mangels an Fülle".
Die Normen, Ziele und Werte der Schule dürften den Akteuren – hier: den Kindern und
Jugendlichen – in der Tat zunächst einmal als „irrelevant oder sogar monströs" vorkommen. Denn zum einen ist die Schule der erste Ort (ggf. nach dem Kindergarten), in dem die
Kinder von fremden Profis mit Leistungserwartungen konfrontiert werden, die sie nicht
immer nachvollziehen können. Schule ist zudem eine Zwangsanstalt und funktioniert nach
bestimmten Prinzipien, die sie erst zu Schule machen. In meinem Beitrag in Braun u.a.
2010 (S. 49ff.) habe ich einige Kataloge solcher Strukturprinzipien von Schule vorgestellt:

>> Sechs Strukturmerkmale von Herrlitz: raum-zeitliche Verselbständigung (Distanz
   zur Praxis); symbolische Vermittlung (stellvertretende Zeichensysteme); Zeit-
   bindung; professionelle Anleitung; formale Organisation öffentlich-rechtlicher
   Lernverpflichtung.
>> Vier Prinzipien von Baumert: dualer Zeithorizont (in Gegenwart für Zukunft lernen);
   Primat des Kognitiven; Kumulativität des Stoffes mit entsprechendem Aufbau der
   Lernorganisation; Schule als Bereich eigener Logik, in dem symbolisch die Welt
   abgebildet wird.

>> Die Überblicksdarstellung Cortina u.a. (2003, S. 30ff.) unterscheidet die folgenden Strukturprinzipien: Universalismus und Spezifität; Versachlichung; Interessensartikulation; Raum für freie Interaktion; individuelle Leistung; Stimulation sozialer Vergleiche; reflexive Distanz; Primat simulierter und pädagogisch aufbereiteter Erfahrung; organisatorische Unabhängigkeit; Professionalität der pädagogischen Arbeit.

Holzkamp (1993, S. 42ff.) spricht zudem in Anlehnung an Foucault von einer Einkreisung des Subjekts durch die Schuldisziplin (Abb. 2).

Es liegt auf der Hand, dass somit die Kriterien von Taylor erfüllt sind, von notwendiger Entfremdung zu sprechen, die die Heranwachsenden in der Schule erfahren. Zur Erinnerung: Lernen bedeutet stets eine Konfrontation mit Neuem, Fremdem. Dies alleine macht Entfremdung nicht aus, sondern kann im Gegenteil dazu dienen, sich lustvoll auf die dadurch stattfindende Ausweitung der Handlungskompetenzen einzulassen. Zur Entfremdung wird etwas dadurch, dass der Bezug zum eigenen Selbst nicht hergestellt werden kann.

Einkreisung des Subjekts durch die Schuldisziplin
>> Gesetzliche Schulpflicht
>> Ordnungsmaßnahmen
>> Permanente Aufsicht
>> Zeitdisziplin
>> Zwang zu räumlicher und mentaler Anwesenheit
>> Homogenisierung/Isolierung
>> Stattfinden von Unterricht
>> (Lernprozesse beim Schüler)
>> Vergleichsorientierte Bewertung des einzelnen „Schülers" – mit möglicher Abwertung und
  progressiv ausgrenzenden Sondermaßnahem

Schülerin/Schüler
>> Vergleichsorientierte Bewertung des einzelnen „Schülers" – mit möglicher Abwertung und
  progressiv ausgrenzenden Sondermaßnahmen
>> (Lernprozesse beim Schüler)
>> Stattfinden von Unterricht
>> Homogenisierung/Isolierung
>> Zwang zu räumlicher und mentaler Anwesenheit
>> Zeitdisziplin
>> Permanente Aufsicht
>> Ordnungsmaßnahmen
>> Gesetzliche Schulpflicht

Die Einkreisung bedeutet, dass Handlungsalternativen, die nicht im Dienste der Zurichtung auf individuell-vergleichende Bewertbarkeit stehen, systematisch verwehrt werden.

Quelle: Holzkamp 1993, S. 42 ff.

Abb. 2

Fremdbestimmt sind daher zunächst einmal die genannten gesellschaftlichen Funktionserwartungen an die Schule. Dies ist insbesondere Thema von Ludwig Duncker, der eine zu starke Betonung der gesellschaftlichen Funktionen von Schule sowohl in der Realität, aber auch in wissenschaftlichen Theorien der Schule kritisiert. Die Frage ist, wie eine Kulturschule mit dieser Situation umgehen kann.

Für die Umsetzung unseres Konzeptes einer Kulturschule ist die ästhetische Dimension und insbesondere die Wiederentdeckung der „Leiblichkeit als Dimension kindlicher Weltaneignung" (so Schultheiß in Duncker u.a. 2004, S. 93ff; siehe auch Duncker u.a. 2010) notwendigerweise einzubeziehen. Diese Überlegungen sind anschlussfähig an eine Anthropologie der Institution Schule, wie sie etwa von Gabriele Weigand (2004) vorgelegt wurde, die die *Person* in den Mittelpunkt ihrer Betrachtungen stellt. Zur Erinnerung: Die Begriffe „Organisation" und „Institution" sind nicht nur nicht deckungsgleich, sie haben auch unterschiedliche Begründungskontexte. Eine „Institution" hat es zu tun mit regelmäßig durchgeführten Handlungen in der Gemeinschaft, die auf der Ebene des Einzelnen routiniert durchgeführt und dann auch habitualisiert werden und die in Hinblick auf die Gemeinschaft ein normativ akzeptiertes Regelsystem darstellen: Institutionen sind Elemente der sozialen Ordnung und der Handlungssicherheit für den Einzelnen. In der philosophischen Anthropologie war es vor allem Gehlen, der Institutionen als Kompensation für die Instinktarmut des Menschen begreift.

Eine Organisation hat es mit der Ordnung von Handlungen zu tun, wobei es um die Koordinierung der beteiligten Akteure geht. Gesellschaftlicher und geistiger Hintergrund der Idee des Organisierens ist das Denken der Moderne, nämlich dass die Welt von Menschen systematisch gestaltet werden kann. Eine Institution stellt eine solche organisatorische Ordnung auf Dauer.

Schulen sind beides: Sie sind geordnete Handlungsstrukturen vieler Akteure, sie sind – bezogen auf das Handeln – geordnete, normierte und habitualisierte Verhaltenserwartungen.

Schule – so auch Duncker – steht im Widerspruch verschiedener Aufgabenzuweisungen. Allerdings zeigt sich diese Widersprüchlichkeit nicht bloß im Gegensatz von individueller Bildung und den jeweiligen gesellschaftlichen Funktionen: Jede dieser gesellschaftlichen Funktionen ist bereits in sich selbst widerspruchsvoll. So gibt es aus der Wirtschaft sehr unterschiedliche Erwartungen an die Schule, was in der Geschichte des Bildungswesens zu handfesten Konflikten geführt hat. Während des Wilhelminischen Kaiserreiches gab es etwa den Wunsch aus der dynamisch wachsenden Elektro- und Chemieindustrie nach besseren Qualifikationen der Mitarbeiter, wohingegen die traditionelle Stahl- und Montanindustrie mit den vorhandenen niedrigen Qualifikationen zufrieden war. Auch in Hinblick auf Legitimation konkurrieren durchaus verschiedene Politikmodelle ebenso wie es unsere plurale Gesellschaft schwer macht, für „die Gesellschaft" zu sozialisieren. Selbst die von Duncker hervor-

gehobene Enkulturation als Hineinentwicklung in die Kultur der Gesellschaft ist so
einfach nicht. Denn nicht von ungefähr spricht man heute von der (zu erhaltenden)
Vielfalt der Kulturen, was auch die Aufgabe der Enkulturation zu berücksichtigen
hat: In welche Kultur sollen sich die Heranwachsenden hineinentwickeln und wie
geht man damit um, dass innerhalb der Vielfalt von Kulturen durchaus handfeste
Widersprüche und Konflikte auftauchen können? Es wird daher unvermeidbar sein,
sich ausführlicher mit dem Kulturbegriff zu befassen.

Vor dem Hintergrund der oben angedeuteten Kritik an der Schule ist es nahe liegend,
ein Alternativmodell von Schule zu finden, bei dem der Leib, die Sinne, die Phanta-
sie, die Emotionalität wieder in ihr Recht gesetzt werden. Auch unser Konzept einer
Kulturschule lässt sich hier einordnen. Das Ästhetische als Gestaltungsprinzip von
Schule soll im Mittelpunkt stehen. Das Konzept von „Kultur" in seinen verschiedenen
Facetten (Fuchs 2008) weist zudem darauf hin, dass im Sinne eines letztlich für die
Formulierung von Bildungs- und Erziehungszielen unverzichtbaren emphatischen
Kulturbegriffs eine humanistische Zielorientierung (die Person als Subjekt ihres
Handelns; das „Leben in aufrechtem Gang") verdeutlicht wird und dass die Schule
zwar eine Lebenswelt für sich, jedoch eingeordnet ist in die heutige Gesellschaft
(Kultur als Reichtum sozialer Beziehungen). Basis eines jeglichen Enkulturati-
onsprozesses ist dabei das Lernen. Dabei ist zu berücksichtigen, dass eine häufig
anzutreffende Verengung des Lernbegriffs auf systematisch angelegtes kognitives
Lernen aufgebrochen werden muss zugunsten von informellem und nonformalem
Lernen mit allen Sinnen. *Daher ist eine Kulturschule insbesondere eine Schule der
Sinne*. Man kann zeigen, dass der Mensch ein lernendes Verhältnis zur Welt hat,
Lernen also eine anthropologische Grundkategorie ist: Der Mensch muss lernen, er
kann lernen und er tut es ständig. Lernen ist dabei nicht bloß Erweiterung, sondern
oft genug ein widerspruchsvoller Akt der Konfrontation mit Fremdem, bei dem auch
umgelernt – und früher Gelerntes vergessen – werden muss. Lernen ist kein kontinuierlicher, linear ablaufender Prozess, sondern widerspruchsvoll, stockend, mit
Rückschlägen, geschieht aber auch oft genug in Sprüngen. Lernen lässt sich nicht
delegieren, es lässt sich allerdings fördern. Lernen ist Welt- und Selbstaneignung. An
aussagefähigen Texten und Erläuterungen zu einem solchen Verständnis von Lernen
ist (inzwischen) kein Mangel.

Das Ästhetische wiederum geht in seiner Wortbedeutung auf aisthesis (= sinnliche
Erkenntnis) zurück. Eine Akzentsetzung in Richtung Schönheit der Gestalt(ung) setzt
sich spätestens seit dem 18. Jahrhundert durch. Im Hinblick auf das Subjekt – eine
Wende, deren Höhepunkt mit Kants Ästhetik (Kritik der Urteilskraft; 1790) erreicht
war – spielen ästhetische Wertung, Phantasie und vor allem ästhetische Erfahrung
eine Rolle (Fuchs 2011). Speziell für die Grundschule ist neben den Arbeiten von
Duncker etwa auf Mattenklott 1998 oder Aissen-Crewitt 1998 hinzuweisen, in denen
solche Überlegungen und Ansätze eine wichtige Rolle spielen. Offensichtlich bündeln

sich im Begriff des ästhetischen Lernens die Vorteile des Ästhetischen (Sinnlichkeit, Phantasie, Konstruktion, spezifische Form der Welt- und Selbstsicht und -aneignung) und eines aktuellen Konzeptes von Lernen (leibliches, performatives etc. Lernen; vgl. Göhlich/Zirfass 2007).

Es sind möglicherweise die Rahmenbedingungen für eine Schulreform oder zumindest für eine kulturelle Schulentwicklung, so wie sie hier beschrieben und anvisiert wird, selten so günstig gewesen wie heute. In Hinblick auf die Relevanz des Ästhetischen gibt es nicht nur eine starke Fraktion innerhalb der Erziehungswissenschaft, die diese Dimension unterstützt, auch in anderen Bereichen der Gesellschaft ist kulturelle Bildung in den letzten Jahrzehnten als unverzichtbares Element der Jugend-, Kultur- und Bildungspolitik nie so aktuell wie heute. Auch für Schulveränderungen ist die Zeit günstig.

In Hinblick auf Schule gibt es einige Einflussbereiche, die man berücksichtigen muss:

In der wissenschaftlichen Schulpädagogik geht man – ebenso wie in der Praxis – davon aus, dass Schulreform nicht mehr auf dem Wege einer Top-down-Steuerung erfolgen kann, sondern die einzelne Schule der zentrale Akteur ist. Ein wichtiges Stichwort ist educational governance, womit eine neue Form der Steuerung nicht nur im Binnenbereich der Schule, sondern auch auf der Makroebene der Vernetzung der Schule im Stadtteil sowie – in Grenzen – ein neues Verständnis von Schulpolitik auf Länderebene verstanden wird. Auf der Ebene der Länder mit ihrer starken Verantwortung für Schulangelegenheiten und insbesondere mit ihrer Gesetzgebungskompetenz in diesem Bereich muss man feststellen, dass inzwischen alle Schulgesetze wesentlich modernisiert wurden im Hinblick auf eine Vergrößerung der Selbstständigkeit der Einzelschule, der Erweiterung der Kompetenzen der Schulleitung (etwa bei Personalfragen), in Hinblick auf die Erarbeitung eines Schulprofils und Schulprogramms, um Stärken der jeweiligen Schule hervorzuheben, Visionen zu formulieren und eventuell ein „Alleinstellungsmerkmal" zu finden.

Ein weiteres einflussreiches Feld ist die zweite Ausbildungsphase, sind die Studienseminare, die insbesondere in Hinblick auf die Kompetenz der angehenden LehrerInnen im Bereich der Didaktik-Methodik wichtig sind. Auch hier gibt es ein erwachendes Interesse am „Prinzip Ästhetik", das nicht nur auf die künstlerischen Fächer beschränkt ist. Unterstützt wird diese m. E. günstige „Großwetterlage" durch große Modellprojekte.

Natürlich gibt es nicht bloß diese günstigen Rahmenbedingungen: Schulentwicklung als Organisationsentwicklung bedeutet immer auch Veränderungen im Kompetenzprofil der Beteiligten, und dies heißt Umlernen, dies heißt, dass bislang praktizierte Vorgehensweisen zumindest überdacht, wenn nicht sogar beendet werden müssen. Je nach biographischer Situation sind LehrerInnen dazu mehr oder weniger bereit. Man muss auch sehen, dass gerade in den letzten zehn Jahren die Schule im Zentrum verschiedener Verbesserungsbemühungen steht. So kommen erste Evaluationen des Konzeptes der kommunalen Bildungslandschaft auch zu dem Ergebnis, dass es eine gewisse Überforderung der Schule durch zu viele, nebeneinander und gleichzeitig betriebene Reformprogramme gibt: Inklusion, demokratische Schule, individuelle Förderung etc. Zum Teil werden im Rahmen dieser – in jedem Einzelfall durchaus begrüßenswerten – Programme sogar Strukturen geschaffen, die dann nebeneinander existieren und die alle auf die Kooperationsbereitschaft der Schulen und LehrerInnen angewiesen sind. Widerstände in den Kollegien sind daher durchaus nachvollziehbar, zumal nach wie vor das deutsche Bildungswesen im internationalen Vergleich deutlich unterfinanziert ist. Offensichtlich stellen sich hier für jede praktische Schulentwicklungsinitiative viele Herausforderungen.

Abschließend will ich noch einmal auf den oben vorgestellten Gegensatz zwischen funktionaler vs. pädagogischer Bestimmung der Aufgaben von Schule zurückkommen. Dieser Widerspruch ist nicht nur nicht neu, sondern – strukturell – in dem System Schule angelegt. Er erscheint nur gelegentlich mit anderen Begrifflichkeiten: Heydorn spricht von dem Widerspruch zwischen Bildung und Herrschaft, Foucault spricht von Gouvernementalismus als subtilerer Methode der Formung der Subjekte. *Man kann von einer Spannung zwischen Anpassung und Emanzipation sprechen.* Diese Widersprüche entstehen bei denjenigen, die mit einer zu glatten Eingliederung des Einzelnen in die jeweilige Gesellschaft nicht zufrieden sind. Zum einen widerspricht der Gedanke einer fugenlosen Eingliederung in die Gesellschaft grundsätzlich der Denkfigur des autonomen Individuums, die sich in der europäischen Moderne entwickelt hat. In diesem Spannungsverhältnis kommt zudem das Paradoxe einer jeglichen Pädagogik zum Ausdruck, nämlich durch *äußere* Einwirkung *innere* Freiheit erzeugen zu wollen. Bekanntlich spricht man gelegentlich in diesem Zusammenhang von der Pädagogik als einem „Gewaltverhältnis" (Benner 1987). Es kommt allerdings oft auch Unzufriedenheit mit der jeweiligen Gesellschaft zum Ausdruck, die man gerade nicht durch die Schule unverändert reproduzieren will.

Der Schule wird – meist in Alltagsgesprächen Betroffener – oft unterstellt, dass sie in besonderer Weise gegen Veränderungswünsche immun ist. Nun stimmt dieser Vorwurf sicherlich nur in Grenzen, da Schulen permanent mit Veränderungswünschen konfrontiert werden – etwa über die häufigen Erlasse, mit denen Schulministerien ihre Schulen steuern wollen. Zum anderen ist zu bedenken, dass es in der Natur einer Institution liegt, strukturkonservativ sein zu müssen. Denn dies ist – wie bei den definitorischen Annäherungen oben angemerkt – ihre Aufgabe: „Die sozialisierende, gewohnheitsbildende und kognitiv standardisierende Funktion von Institutionen vermittelt Menschen das Verständnis für die Art sozialer Situationen und den Sinn des Handelns in ihnen." (Offe in Fischer/Joas 2003, S. 174). Institutionen schaffen soziale Ordnung, sie sind – so der Institutionen-Theoretiker A. Gehlen – handlungsentlastend. Sie regeln „die Verteilung und den Zugang zu so wichtigen Gütern wie Gesundheit, Frieden, Macht, Wissen, Liebe, Reichtum, Gerechtigkeit, Erlösung, Bildung usw." (ebd., S. 174). Man kann formale (Schulen, Gerichte etc.) von informellen

Institutionen (Gruppen, Bürgerinitiativen etc.) unterscheiden. Was generell gilt, läst sich ohne Probleme auf die besondere Institution Schule übertragen. Es gibt hierbei allerdings negative Aspekte: Die Regeln, die eine Institution konstituieren, definieren eine Form von „Normalität", die die Handlungsspielräume einengen und Normab-weichungen sanktionieren. Institutionen schließen zudem Menschen aus, insofern es einen klaren Unterschied zwischen Innen und Außen gibt. Institutionen wirken zudem „ontologisch", haben den – oft auch noch von daran interessierten Menschen unterstützten – Anschein der Unveränderbarkeit, obwohl sie Menschenwerk und daher im Grundsatz veränderbar sind. Sie können daher zu einer Ideologisierung eines Weltbildes beitragen, indem sie dieses „alternativlos" erscheinen lassen. In den letzten Jahren hat man einen Ansatz auch für Institutionen aufgegriffen, die seinerzeit Ralph Dahrendorf als essentiell für die moderne Gesellschaft herausgestellt hat: Die Notwendigkeit von Konflikten. Dieser Ansatz kann durchaus hilfreich sein bei Schulentwicklungsprozessen, die aufgrund der Notwendigkeit von Veränderungen immer Widerstände bei Einzelnen oder sogar Gruppen hervorrufen und die daher notwendig mit Konflikten verbunden sind.

Widerstände gegen Veränderungen von Institutionen sind dabei tendenziell „normal". Man muss nämlich berücksichtigen, dass es eine enge Beziehung, nämlich eine Passfähigkeit, zwischen Institution und Profession gibt. Das heißt allerdings, dass Veränderungen der Institution Veränderungen in der Professionalität nach sich ziehen, was wiederum eine Belastung für die Akteure darstellt.

Perspektiven der Schulentwicklung

Wie kann unter diesen Umständen, die alle eher das Strukturkonservative stärken, Veränderung überhaupt gelingen? Eine erste Idee stammt von A. de Saint-Exupéry: Wenn Du möchtest, dass ein Schiff gebaut wird, dann wecke die Sehnsucht nach fernen Ländern. Dies heißt in unserem Kontext, dass die Vision und das Ziel einer Kulturschule eine wichtige Rolle spielen. Wichtig ist zudem, Zwischenerfolge erlebbar zu machen. Gerade deshalb, weil Taylors Warnung davor, dass rational organisierte Institutionen aufgrund ihres „Mangels an Fülle" (vgl. S. 10) zu Entfremdungserschei-nungen führen können, ist es notwendig, Erfolge sinnlich erfahrbar zu machen. Die Künste im Zentrum der Kulturschule bieten gerade hierfür sehr gute Möglichkeiten. Wichtig ist zudem die Einbeziehung der Akteure. Basis einer jeglichen Kooperation ist Kommunikation, die zu Partizipation führt: Es geht darum, gegen ein zentrales Strukturelement einer Institution, nämlich normativ Verhalten vorzuschreiben, Möglichkeiten autonomer Entscheidungen einzubauen.

Auf die wichtige Rolle von Symbolen und Ritualen, die mit dem Bild der neuen und gewünschten Schule verbunden sind, sei hier nur hingewiesen.

Der fachliche Kontext: Zur Genese des Konzeptes einer „Kulturschule"

Nach dieser systematischen Einführung in die Thematik und einem Überblick über die später vertiefend zu betrachtenden Themen ist zum besseren Verständnis der Zugangswiese eine kurze Beschreibung des fachlichen Kontextes, in dem diese Arbeit entstanden ist, hilfreich. Dieser wird im wesentlichen von dem Dachverband für Kinder und Jugendkulturarbeit, der Bundesvereinigung Kulturelle Kinder- und Jugendbildung gebildet.

Die Mehrzahl der Mitglieder des Dachverbandes BKJ agiert traditionell im außerschulischen Bereich. Allerdings gehören auch die Fachorganisationen der LehrerInnen der künstlerischen Fächer (Musik, Kunsterziehung, Theater, Tanz) zu dem Mitgliederspektrum, sodass bereits in den 1990er Jahren die Frage nach Gemeinsamkeiten und Unterschieden schulischer und außerschulischer (Kultur-)Pädagogik bearbeitet und die Kooperation von Schule mit Kultur- und kulturpädagogischen Einrichtungen diskutiert wurde (BKJ 1997). Der verbindende Slogan war: Allgemeinbildung: Gemeinsames Ziel – verschiedene Wege (ebd., S. 15ff.). Diese Orientierung lag deshalb nahe, weil das Verständnis von kultureller Bildung als Allgemeinbildung theoretisch abgesichert sowie politisch und bei den kulturpädagogischen Einrichtungen gut verankert war. Es lassen sich auch die Formulierungen der für die außerschulische Kulturarbeit relevanten §§ 1 und 11 des Kinder- und Jugendhilfegesetzes (KJHG) entsprechend deuten, dass es nämlich zentrales Ziel der Jugendhilfe ist, zur Entwicklung einer gemeinschaftsfähigen Persönlichkeit beizutragen.

Eine besondere Schubkraft erhielt die Tendenz zur Kooperation von Schule und Jugendarbeit durch die politischen Konsequenzen, die man aus den problematischen Ergebnissen von PISA gezogen hat. Insbesondere war es die Ganztagsschule, die die Jugendarbeit in Handlungsnot brachte. Denn man erwartete einen nicht sehr aussichtsreichen Kampf um die knappe Ressource Zeit der Kinder und Jugendlichen am Nachmittag. Neben diesem pragmatischen Motiv gab es allerdings auch pädagogische Erwägungen. Die außerschulische Pädagogik hat nämlich professionelle pädagogische Standards im Umgang mit Kindern und Jugendlichen entwickelt, die man aus ihrer Sicht in der Schule nicht unbedingt realisiert sah (zu dem Professionalisierungsgrad der Jugendarbeit insgesamt siehe etwa Otto/Thiersch 2011). Für die Kulturpädagogik liste ich die Kernbegriffe der entsprechenden Prinzipien auf (nach Schorn 2009): Ganzheitlichkeit, Selbstwirksamkeit, ästhetische und künstlerische Erfahrung, Stärkenorientierung und Fehlerfreundlichkeit, Interessenorientierung, Partizipation, Vielfalt, Selbststeuerung, Anerkennung, Freiwilligkeit. Einige dieser Prinzipien zeigen deutlich ihre Herkunft in Traditionen der Reformpädagogik , in deren Kontext das Konzept der musischen Bildung entwickelt wurde. Sie spielen daher immer schon in Debatten über Schulreform eine wichtige Rolle.

Man muss dabei feststellen, dass viele dieser Schlüsselbegriffe im außerschulischen Feld als Kontrast zur Schule verstanden werden. In der Tat war und ist die Kooperation zwischen Schule und Jugendarbeit durch zahlreiche Spannungen charakterisiert (zwischen unterschiedlichen professionellen Selbstverständnissen, verschiedenen Organisationskulturen, unterschiedlichen Einbindungen in die öffentliche Verwaltung, unterschiedlichen Förderarten, eine unterschiedliche Rolle des Staats etc.). Diese Spannungen werden auf unterschiedlichen Ebenen und in unterschiedlichen Diskurskontexten diskutiert: auf der Ebene der Praxis von Kooperationen, auf der Ebene der unterschiedlichen erziehungswissenschaftlichen Bereichsdisziplinen (Schul- bzw. Sozialpädagogik) und auf der politischen Ebene der Zuständigkeiten der Fachressorts. Um diese Spannungen abzumildern und Strategien für eine gelingende Kooperation zwischen Schule, Jugendarbeit und Kulturbereich zu entwickeln, wurde in NRW durch das Schul- und das Jugendministerium zusammen mit der Akademie Remscheid als Rechtsträger eine „Arbeitsstelle kulturelle Bildung in Schule und Jugendarbeit" gegründet, in der LehrerInnen und (außerschulische) Kulturpädagogen zusammen arbeiten (siehe etwa die Publikation Arbeitsstelle 2011).

Nach 2001 wurde „Bildung" zu einer übergreifenden politischen und fachlichen Leitkategorie in der Schul-, Jugend- und Kulturpolitik, allerdings musste sich das Verständnis von „Bildung" verändern. Hierbei spielte das Bundesjugendkuratorium, das gemäß KJHG eingesetzte jugendpolitische Beratungsgremium der Bundesregierung, eine zentrale Rolle (vgl. Münchmeier u.a. 2002).

Wichtig war auch eine Serie von Symposien an der Universität Bielefeld, die Vertreter der Allgemeinen Pädagogik, der Schul-, der Sozial- und der Kulturpädagogik zusammenbrachten (Otto/Oelkers 2006, Otto/Rauschenbach 2008). Bekannt wurden – als politisch wirksames Referenzdokument – die „Leipziger Thesen" des Bundesjugendkuratoriums, der Arbeitsgemeinschaft Jugendhilfe und der Sachverständigenkommission für den elften Kinder- und Jugendbericht aus dem Jahre 2002, in denen griffig formuliert wurde: „Bildung ist mehr als Schule" und „Schule ist mehr als Unterricht". In der Folgezeit war immer häufiger von der „gemeinsamen Verantwortung für Fragen der Bildung" die Rede. Eine organisatorische Konsequenz ist heute nicht bloß die vermehrte Kooperation von Schule mit außerschulischen Partnern, sondern sogar die Einrichtung „kommunaler Bildungslandschaften". Hierbei geht es um eine systematische Vernetzung aller Bildungsträger auf kommunaler Ebene, so wie sie spätestens mit der „Aachener Erklärung" des Deutschen Städtetages im Jahre 2007 gefordert wurde. Ein Aspekt dieses Paradigmenwechsels in der Bildungspolitik war die „Kommunalisierung" dieses Politikfeldes, was etwa bedeutet, dass die Kommune sich nicht länger mit der Rolle als bloßem Schulträger (der materielle und personelle Ressourcen bereitstellt) zufrieden gibt, sondern auch Einfluss auf die inhaltliche Gestaltung nehmen will (Luthe 2009). Auch dies ist ein Baustein im Rahmen einer „Modernisierung der Schule" (Brüsemeister/Eubel 2003), bei der z. T. Ansätze des seit den 1990er Jahren diskutierten New Public Management als neuem Paradigma öffentlicher Verwaltung nunmehr auch in Bildungseinrichtungen zur Anwendung kommen sollen. Stichworte einer „Neuen Steuerung im Schulsystem" (Altrichter/Maag Merki 2010) sind u.a. Schulautonomie, Regionalisierung, Governance, Evaluation. Im Kulturbereich ist diese Denkweise schon lange vertraut (und wird genauso lange kritisch diskutiert), weil Kultureinrichtungen die ersten Einrichtungen in der öffentlichen Verwaltung waren, an denen man diese „Neue Steuerung" ausprobiert hat.

Man sieht bereits an dieser Darstellung einiger relevanter Entwicklungstendenzen, dass (u.a.) wissenschaftlich-theoretische, empirische, ökonomische, politische und professionstheoretische Aspekte – und dies flankiert durch internationale Aktivitäten – bei der hier vorzustellenden Konzeptarbeit eine Rolle spielen.

Wesentliche Bausteine, die heute im Remscheider Konzept der kulturellen Schul-entwicklung integriert werden, wurden in den letzten zehn Jahren entwickelt. Zum einen stand an, dem Bedarf in der Praxis zu genügen, Orientierungshilfen für eine Kooperation der Schule mit kulturpädagogischen Einrichtungen zur Verfügung zu stellen. Dieses wurde notwendig, weil die geforderte Ganztagsschule nicht darin bestehen konnte, den Vormittagsunterricht bloß auf den Nachmittag auszudehnen. Es geht vielmehr um „innovative Bildungsallianzen", wobei die Kooperation zwischen recht unterschiedlichen Trägerstrukturen nicht einfach ist. Es wurde daher das For-schungsprojekt „Kultur macht Schule" (2004 – 2007) durchgeführt. Ein Ergebnis war die Identifikation von Qualitätsbereichen, in denen eine Klärung von Verantwort-lichkeiten zwischen den Partnern stattfinden musste. Ergebnis war ein Tableau von „Gelingensbedingungen" bei der Kooperation außerschulischer Kultureinrichtungen mit der Schule. Die elf Qualitätsbereiche sind: Gesamtkonzeption, Inhalte/Themen, Formate/Methoden, Ort/Raum, Zeit, Beteiligte/Zielgruppen, Personal, Kommunikation, Rechts- und Organisationsrahmen, Finanzen (Kelb 2007, S. 60ff.)

Ein zweiter konzeptioneller Block ist die Integration des „Kompetenznachweises Kultur" (KNK; Timmerberg/Schorn 2010) in den schulischen Kontext. Der KNK ist ein außerschulischer Bildungspass, bei dem es darum geht, bislang nicht erkannte und auch nicht gewürdigte Fähigkeiten und Kompetenzen von Jugendlichen, die an Kulturprojekten beteiligt waren, zu erkennen, zu beschreiben und zu dokumentieren. Dabei sind kultur-pädagogische Arbeitsprinzipien zu beachten. Insbesondere kann es bei der Bewertung nicht um eine einseitige top-down-Handlung von Lehrenden gehen. Es wird vielmehr ein dialogisches Prinzip, ein partizipatives Vorgehen angewandt, bei dem die betroffenen Jugendlichen gemeinsam mit der pädagogischen Fachkraft Lernfortschritte reflektieren. Dieses Projekt wurde im Rahmen eines europäischen Trends zur „Anerkennung non-formaler Bildung" in enger Zusammenarbeit mit internationalen Partnern, u.a. im Kontext der OECD durchgeführt (Rychen/Saljanik 2001). Geschult werden muss zudem die Beob-achtungs- und Beschreibungsfähigkeit der Fachkräfte. Es gehört daher ein obligatorisches Trainingsprogramm für diese dazu, das erst die Anwendung des KNK-Verfahrens gestattet (auch als Teil der Qualitätssicherung). Für pädagogische Fachkräfte geht es dabei darum, einen stärken- statt eines defizit-orientierten Blicks einzuüben. Dieses Verfahren wurde inzwischen mehrfach fremdevaluiert um zu überprüfen, ob auch in der Tat diejenigen Kompetenzen „gemessen" werden, die es zu erfassen beansprucht (Erpenbeck 2009).

Obwohl das Verfahren zunächst für den außerschulischen Bereich zur Anerkennung nonformal erworbener Kompetenzen bei Jugendlichen gedacht war, hat es sich gezeigt, dass es in Ergänzung zu seinem ursprünglichen Zweck auch in der Schule zur Weiter-

Qualifizierung von LehrerInnen bei der Entwicklung eines „anderen pädagogischen Blicks"
eingesetzt werden kann, der eher auf die Stärken der Jugendlichen und weniger auf ihre
Schwächen gerichtet ist. Dies war (u.a.) Gegenstand eines kürzlich abgeschlossenen
Forschungsprojektes, bei dem an 16 Modell-Standorten Grundlagen für eine erfolgreiche
kulturelle Schulentwicklung untersucht wurden (vgl. Braun 2011; der Bericht der wissenschaftlichen Begleitung von Wolfgang Mack findet sich dort auf S. 153 – 175).

Parallel zu den genannten Modellprojekten – es wären hier noch weitere Projekte,
z. B. Forschungsprojekte zu dem Konzept der Lernkultur zu nennen, die mittelbar in die
Remscheider Arbeit eingeflossen sind (Hill u.a. 2008) – lief zudem der bundesweite
Wettbewerb mixed-up, bei dem gelungene Kooperationsprojekte zwischen Schulen
und außerschulischen kulturpädagogischen Einrichtungen ausgezeichnet wurden
und werden. Dieser Wettbewerb lieferte eine weitere empirische Basis zur Gewinnung,
Sicherung und Erprobung von Erfahrungen und Ergebnissen. Einen ähnlichen Ansatz
verfolgt seit Jahren das NRW-Programm Kultur und Schule.

All diese Erfahrungen führten zu der Erkenntnis: Eine Kooperation zwischen Schule
und außerschulischen Kultureinrichtungen funktioniert umso besser, je ausgeprägter
das kulturelle Profil der Schule ist. Denn dann kennt die Schule die notwendigen räumlichen, zeitlichen und personellen Ressourcen der Kulturarbeit, sodass es nicht erst
während der Durchführung von Kulturprojekten zu Spannungen und Konflikten kommt.
Kulturarbeit ist nämlich gelegentlich laut und schmutzig, sie braucht mehr Zeit als eine
Doppel- oder sogar Einzelstunde, sie braucht Platz und gelegentlich auch eine bestimmte technische Ausstattung. Von dieser Erkenntnis aus war die Konsequenz nahe liegend,
im Interesse der außerschulischen Partner noch näher an die Schule heranzutreten mit
dem Ziel, ihr kulturelles Profil zu verstärken. Es konnte zudem darauf verwiesen werden,
dass Schulen mit kulturellem Profil auch bei Evaluationen und Wettbewerben – etwa
bei dem Deutschen Schulpreis – gut abschnitten (Fauser/Prenzel/Schratz 2007. Dies
bestätigten auch Erfahrungen in anderen Ländern, wobei die inzwischen mehrjährige
Zusammenarbeit mit der Initiative „creative partnerships", ursprünglich als Projekt des
Arts Councel England entstanden, eine wichtige Rolle spielt .

Profilbildung von Schule ist inzwischen allgemeiner Standard in Deutschland und in den
meisten, wenn nicht allen Schulgesetzen verbindlich vorschreiben. Es gibt inzwischen
auch eine reichhaltige Literatur zu dieser Frage (Philip/Rolff 2006), zumal das Feld der
Schulentwicklung national und international gut bestückt ist. Das Konzept einer Kulturschule musste nicht erfunden, sondern konnte gefunden werden. Es gibt nämlich
zahlreiche erfolgreich arbeitende Schulen mit einem kulturellen Profil, die z. T. selbst
diesen Begriff für sich verwenden. Man hat zudem in einzelnen Bundesländern einzelne Kulturschulen als Modellschulen bestimmt (Hamburg, Hessen, in NRW hat man im
Landesprogramm Kultur und Schule solche Schulen ausgezeichnet). Unser Ansatz ist
vom Verständnis her äußerst einfach: *„Kulturschule" heißt, dass in allen Dimensionen
und Bereichen von Schule die Rolle des Ästhetischen gestärkt wird*. Das bedeutet u.a.

regelmäßig und qualifiziert erteilter Fachunterricht in den künstlerischen Fächern, es bedeutet, künstlerische Arbeitsformen und/oder ästhetische Sichtweisen auch in nichtkünstlerischen Fächern zu praktizieren. Es bedeutet ein reichhaltiges Angebot an außerunterrichtlichen kulturellen Aktivitäten wie Schulorchester und -chor, Theater- und sonstigen AG's, es bedeutet regelmäßige Kooperation mit Kultureinrichtungen und Künstler-Projekte in der Schule. Auch die gegenständliche und soziale Umgebung sollen eine solche Dimension aufweisen. Ersteres lässt sich unter das Motto „Die Schule muss schön sein" fassen (Büchler u.a. 2007). Dies entspricht einem gewachsenen Interesse an Schularchitektur in der Schulpädagogik (vgl. Rittelmeyer 1991 oder Böhme 2009).

Die soziale Dimension ist möglicherweise die schwierigste Dimension. Hierbei geht es nicht nur um Lernkultur, sondern um Schulkultur, es geht um eine anerkennungsorientierte soziale Umgangsweise mit allen am Schulleben Beteiligten. Die Vision ist zudem, dass Kulturschulen gute Schulen – etwa gemessen an Kriterien des Deutschen Schulpreises – sind. Hierbei bietet die elaborierte Diskussion über Schulqualität eine gute Referenz. Inzwischen bietet zudem der SEIS-Ansatz, ursprünglich im Kontext der Bertelsmann-Stiftung entwickelt, inzwischen als selbständiges Institut betrieben, eine von vielen Bundesländern übernommene Referenzfolie für landeseigene Qualitätstableaus (SEIS = Selbstevaluation in Schulen). Die SEIS-Qualitätsbereiche sind: Ergebnisse, Lernen und Lehren, Schulkultur, Führung und Schulmanagement, Professionalität der Lehrkräfte, Ziele und Strategien der Qualitätsentwicklung (siehe www.seis-deutschland.de/toolbox.html; letzter Zugriff 01.02.2012). Die Deutsche Kinder- und Jugendstiftung (DKJS) hat zudem ein eigenes Qualitätstableau zur Ästhetischen Bildung in der Schule entwickelt. Die verschiedenen Dimensionen wurden von der BKJ in einer „Qualitätsmatrix" zusammengefasst.

Dass die Realisierung des Zieles einer „Kulturschule" nicht nur Utopie ist, zeigten zudem schon vor Jahren viele Schulen im In- und Ausland, die erfolgreich die Künste in ihren Schulen in dieser Weise etabliert haben. Insbesondere ist das Programm Creative Partnerships, entwickelt im Rahmen des Arts Council England, später in eine eigenständige Organisationsform überführt, das schon früh im neuen Jahrtausend begonnen hat, ähnliche Überlegungen flächendeckend umzusetzen. Regelmäßige Evaluationen der offiziellen englischen Evaluationsagentur OFSTED (2010) bescheinigen einen nachhaltigen Erfolg. Dieses Programm zeichnete nicht nur Schulen aus, die sich – in drei Etappen: Enquiry School, Change School, School of Creativity – ein Kulturprofil gegeben haben: Es wurden auch zahlreiche Materialien und Verfahren bereitgestellt, die den Schulen bei ihrem Entwicklungsprozess helfen.

Leitbegriff in England ist creativity basierend auf einem Kommissionsbericht („All our Futures" des National Advisory Committees on Creative and Cultural Education, 1999) unter der Leitung von Ken Robinson. Die Anbindung an creativity hatte in England dabei durchaus gewollt die Brücke zur creative industry und der Transformation der englischen Wirtschaft hin zu einer (kreativen) Dienstleistungsgesellschaft schlagen sollen. Creative learning ist ein Schlüsselbegriff nicht nur bei creative partnerships, sondern generell im anglo-amerikanischen Bildungsbereich (vgl. Sefton-Green u.a., 2011). Interessant an dem englischen Modell sind die unterschiedlichen Elemente, die die Schulen bei ihrem Entwicklungsweg unterstützen sollen: finanzielle Unterstützung der einbezogenen KünstlerInnen, Selbstevaluationsmaterial zur Feststellung des Status in Hinblick auf die Umsetzung des Anspruchs, Qualifizierungen von LehrerInnen, Selbststudienmaterialien zu Themen wie creativity, Unterrichts- und Schulentwicklung etc. (alle Materialien sind über die Homepage www.creative-partnerships.com) zugänglich. Vor allem gehört es zu dem Ansatz, über speziell ausgebildete creative agents die Schulen zu beraten. Es sind in diesem Projekt also verschiedene methodische Ansätze der Schulentwicklung zu erkennen, u.a. Unterrichtsentwicklung durch Einbeziehung von Künstlern in allen Unterrichtsfächern (als Basis für die Entwicklung der gesamten Schule), eine Unterstützung durch externe Berater, die finanzielle Förderung von Kulturprojekten, Materialien der Selbstevaluation und die Festlegung und Evaluierung verbindlicher Entwicklungsziele.

Es gibt daneben eine Vielzahl weiterer Möglichkeiten, Schule zu verändern, etwa die Auflösung des 45-Minuten-Taktes, jahrgangsübergreifende Arbeit, die Gestaltung des Gebäudes. Manche Autoren setzen auf die Kraft verstörender künstlerischer Interventionen (Engel 2004), andere vertrauen auf einen systematisch und planmäßig durchgeführten Entwicklungsprozess (Buchen/Rolff 2009).

Hessen geht den Weg über ein „Projektbüro kulturelle Bildung", das mobile Fortbildungen des Lehrerteams von Schulen mit einem Schwerpunkt in Theaterarbeit anbot. Der Ansatz ist also, als Hebel der Schulentwicklung Personal- und Unterrichtsentwicklung zu nehmen (siehe auch Oelkers 2003; Brüsemeister/Eubel 2003). Die Ergebnisse unserer Sichtung der relevanten Literatur und der verschiedenen Ansätze haben wir in Buchform (Braun u.a. 2010, Fuchs/Braun: Zur Konzeption und Gestaltung einer kulturellen Schulentwicklung; in Braun 2011) sowie auf einer eigens dazu eingerichteten Plattform „Werkzeugbox kulturelle Schulentwicklung", inzwischen auf der Homepage der bundesweiten Fachstelle „Kultur macht Schule" der BKJ (www.Kultur-macht-Schule.de), eingestellt. Diese Plattform wird regelmäßig weiterentwickelt. Mit dem neuen Programm „Kulturagenten für kreative Schulen" der Stiftung Mercator und der Bundeskulturstiftung, das im Jahre 2011 gestartet ist, zu dem die BKJ wesentliche konzeptionelle Vorarbeiten geleistet hat und bei dem sie die Verantwortung für die Umsetzung in NRW und Baden-Württemberg übernommen hat (weitere beteiligte Bundesländer sind Berlin, Thüringen und Hamburg mit insgesamt 150 Schulen), wird das Ziel verfolgt, eine Methodologie einer kulturellen Schulentwicklung zu erarbeiten.

Einzelne Bausteine und konzeptionelle Ideen, die in den nächsten Jahren weiterentwickelt, ergänzt und ggf. verändert werden sollen, konnten aufgrund der Literatursichtung, der eigenen empirischen Basis (die verschiedenen oben erwähnten Forschungsprojekte, die Zusammenarbeit mit den Schulen aus dem Wettbewerb mixed-up, den Erfahrungen aus der Zusammenarbeit mit creative parnerships) und Arbeitsbeziehungen

zu Hochschullehrern in Kassel, Erlangen, Essen, Heidelberg etc. identifiziert werden
(vgl. Fuchs/Braun 2011). Unstrittig ist heute, die einzelne Schule als Akteur in den
Blick zu nehmen (Fend 2006, 2008; Buchen/Rolff 2009). Ebenso ist ein systemischer
Ansatz unstrittig, der sowohl die Schule im Bildungssystem erfasst als auch die Schule
selbst als System auffasst (Altrichter/Maag Merki 2010, Göhlich 2001). Eine gewisse
Distanz zu eher stringent geplanten Entwicklungsvorstellungen, wie sie in Dortmund
lange bevorzugt wurden, wird geteilt und gut in der Rede von einer „Kunst der Schule"
(Liebau/Zirfas 2009) zum Ausdruck gebracht. Eine Steuerung der Schule als System
muss respektieren, dass sich Systeme nur begrenzt – wenn überhaupt – durch äußere
Einwirkungen steuern lassen: Die Entwicklungsimpulse müssen vielmehr von innen
kommen. Einzelne Ansätze der Schulentwicklung beruhen darauf, über gezielte künstlerische Interventionen und/oder Reflexionshilfen die interne Entwicklung befördern
zu können (Engel 2004, Göhlich 2001). Immerhin gibt es eine gewisse Zustimmung
zu dem Gedanken, dass das professionelle Bild des Lehrers das eines „reflektierten
Praktikers" sein müsse. Der „reflective practitioner" ist ein von Donald Schön in den
1980er Jahren vorgeschlagenes Konzept, das eng mit der Idee des organisationalen
Lernens verbunden ist. Dass es kein standardisiertes Verfahren der Schulentwicklung
geben kann, sondern jede Schule ihren eigenen Weg finden muss, ist ebenfalls Konsens.

Die Bildungskommission NRW (1995) bezeichnet die Schule als „Haus des Lernens" und
versteht sie als Lern- und Lebensraum (ebd., S. 77ff). Je nach Lernbegriff kann dieses
Leitbild eng oder weit angelegt werden. Die Rede von einer „Schul- und Lernkultur" (80ff)
verdeutlicht, dass – in heutiger Terminologie – das „informelle Lernen" im Lebensraum
Schule eine wichtige Rolle spielt, bei der Schule als Erfahrungsraum verstanden wird. Alle
aktuellen schulpädagogischen Aspekte wie demokratisches Miteinander, Inklusion oder
Sozialraumorientierung finden sich bereits in diesem Konzept. In eine ähnliche Richtung
gehen die Vorschläge der Bildungskommission der Heinrich-Böll-Stiftung (2004), die
sich zudem auf dasselbe Verständnis von Schlüsselkompetenzen stützt wie der Kompetenznachweis Kultur (s.o.). *Ohne Mühe lassen sich in beiden Entwürfen Grundideen
der Erziehungs- und Schultheorie von John Dewey (2010) mit der Ausrichtung auf die
Prinzipien der Demokratie, der Erfahrung und der Handlungsorientierung sehen.* In diesen
konzeptionellen Ansatz ist auch das hier vorgesellte Konzept einer Kulturschule einzuord-
nen mit der Besonderheit einer Ausrichtung auf ästhetisches Lernen. Es geht hierbei nicht
bloß um fachlich qualifizierten Unterricht in den künstlerischen Fächern oder um außerunterrichtliche künstlerische Arbeitsgemeinschaften. Es geht auch darum, Möglichkeiten
des ästhetischen Lernens auch in nicht-künstlerischen Fächern sowie insgesamt bei der
Gestaltung der sozialen und gegenständlichen Seite von Schule zu nutzen. Im Hinblick auf
die gegenständliche Seite ist es vor allem die Gestaltung des Schulgebäudes (Rittelmeyer
1991). Die Gestaltung des Sozialen – also dessen, was unter dem Begriff der Schulkultur
erfasst werden kann – rückt die Abläufe, Rituale, Regeln des Miteinander ins Zentrum. Es
geht um performatives und leibliches Lernen, so wie es aktuell in Ansätzen einer Wiederge-

winnung des Pädagogischen im Kontext des Lernens (Göhlich/Wulf/Zirfaß 2007; Göhlich/ Zirfaß 2007; Duncker u.a. 2004) diskutiert wird. Der Schlüsselbegriff, der den Ansatz von Dewey, das Konzept beider Bildungskommissionen und die hier vorgestellte Konzeption verbindet, ist der Begriff der Erfahrung, hier: der ästhetischen Erfahrung. In der Ästhetik ist dies der Kernbegriff der subjektiven Seite ästhetischer Prozesse (Fuchs 2011; Küpper/ Menke 2003). Als Aufgabe der PädagogInnen ergibt sich hieraus, in der Gestaltung des Schullebens reichhaltige Möglichkeiten zu schaffen, ästhetische Erfahrungen machen zu können. Dass hierbei die Aufgabe der Wissensvermittlung nicht nur nicht vernachlässigt wird, sondern auf diese Weise die Leistungsfähigkeit der Schule auch in Kategorien der Schulqualität, wie sie in Flächenevaluationen gemessen wird, gesteigert werden kann, zeigen Erfahrungen mit der Evaluation des oben erwähnten englischen Ansatzes der Creative Partnerships. Zentrale Ergebnisse dieser Evaluation sind neben dieser genannten Leistungssteigerung eine Absenkung der Quote der Schulschwänzer, eine Verbesserung des Gesundheitsstandes der LehrerInnen und eine Verbesserung der Einbeziehung von Eltern (OFSTED 2010). Diese Ergebnisse decken sich mit entsprechenden Studien in Deutschland. So stellt bereits die erste PISA-Studie einen engen Zusammenhang zwischen Fachleistungen und Sozial- und Selbstkompetenzen her (vgl. auch den Abschnitt über Gewalt an der Schule in Heitmeyer/Schröttle 2006, S. 191 – 236, mit Beiträgen von K.-J. Tilmann, W. Helsper, W. Melzer u.a.) Als Gegenstrategie werden Gestaltungsprinzipien von Schule empfohlen (eine Pädagogik der Anerkennung und der Teilhabe), wie sie den Grundsätzen kulturpädagogischer Arbeit entsprechen.

In der deutschen Erziehungswissenschaft sind Ansätze eines ästhetischen Lernens am weitesten in der Diskussion über die Grundschule ausformuliert worden (Mattenklott 1998, Aissen-Crewitt 1998).

In den nächsten Jahren wird es – u.a. in dem Programm „Kulturagenten für kreative Schule" (rund 150 Schulen in fünf Bundesländern) – eine Gelegenheit geben, die hier vorgestellten konzeptionellen Überlegungen in größerem Umfang zu implementieren und auf ihre Wirksamkeit zu untersuchen. Dabei ist zu bedenken, was Rolff (2007, S. 44) am Ende einer Präsentation von Möglichkeiten erfolgreicher Schulentwicklung angemerkt hat:

> „Die Erkenntnisse der Forschung sind noch sehr begrenzt. Vieles, vor allem was ich gegen Ende vorgetragen habe, stammt nicht aus Forschung, sondern aus „aufgeklärter Erfahrung". Aber wir wissen immerhin mehr über „gute Schulen" und deren Gelingensbedingungen, als wir anwenden. Dieses vorhandene Wissen sollte mutiger angewendet werden, aber wir sollten es gleichzeitig auch hinterfragen, damit wir offen bleiben für neue Erfahrungen und neue Forschungsprojekte."

Diese Aufforderung zu einer (auch selbstkritischen) Reflexivität gilt auch insofern für das hier vorgestellte Konzept, als es nicht beabsichtigt, die (unbewiesenen) „Versprechungen des Ästhetischen" (Ehrenspeck 1998) auch noch um das Versprechen einer erfolgreichen Schulentwicklung alleine durch eine umfassende Implementierung des Ästhetischen zu erweitern. Es ist vielmehr davon auszugehen, dass auch andere Schwerpunktbildungen in ähnlicher Weise funktionieren könnten. Dies gilt etwa für Sport, für den ähnliche Akzente gelten (Leiblichkeit, Performanz, Möglichkeiten einer Außendarstellung, Einbeziehung von vielen Akteuren etc.). Interessant wäre hierbei eine Vergleichsuntersuchung, welche spezifischen Wirkungen das Ästhetische – etwa im Vergleich zu Sport – erbringen kann. Als heuristisches Instrument, das zunächst interessante Fragestellungen in Hinblick auf organisationales Lernen generiert, kann dabei Abb. 3 dienen (vgl. Geißler 2000).

Bildung des Subjekts	Entwicklung der Schule
(Selbst-)Bildung	(Selbst-)Kultivierung
(individuelles) Lernen im Zentrum	(organisationales) Lernen im Zentrum
Anthropologie der Person	Anthropologie der Schule
Aufgabe der Pädagogik = Lernunterstützung	Aufgabe der Moderatoren: dito
Person als Akteur	Schule als (kollektiver) Akteur
Vision: handlungsfähiger Mensch	Vision: Schule als erfolgreiches Unterstützungs-system für die einzelnen Schüler
Erkennbar an: gelingender Lebenskunst	Kern: Definition gelungenen Lernens
Der Einzelne als „System"	Die Schule als System
Kultivierung der Selbstbeobachtung und Selbst-Reflexion	dito
Professionalisierung der Pädagogen	Professionalisierung der Moderatoren
als Lernunterstützer	
Kompetenznachweis Kultur als Ergebnis eines erfolgreichen dialogischen Bobachtungsprozesses	Zertifizierung/Gütesiegel als Ergebnis eines erfolgreichen Entwicklungsprozesses (auf der Basis von unterstützter Selbstbeobachtung und Reflexion)
Der Einzelne als Akteur	Die Schule als Akteur
Die Akteure in mir	Akteursgruppe in der Schule Mikropolitik/Macht
Menschenbild	Organisationsbild
die Rolle von Mythen	
Art of living	Art of schooling
Art in life	Art in school
reichhaltiges Leben	anregungsreiche Schulkultur
Kunst als Notwendigkeit des Lebens	Kunst als Notwendigkeit des Schullebens
Bildung als Koproduktion	Schule als Koproduktion
Ziele der persönlichen Entwicklung >> Wissen-Lernen >> Können-Lernen >> Leben-Lernen >> Lernen-Lernen	Ziele der Schulentwicklung dito

Abb. 3 Tabellarischer Vergleich: kulturelle Bildung der Person – Schulentwicklung

2. Anthropologische Grundlagen: Der Mensch als kulturell verfasstes Wesen

Von Scheler bis Tomasello und Welsch

Anthropologie hatte es – gerade nach dem Zweiten Weltkrieg – schwer, sich als seriöse philosophische Disziplin zu behaupten. Dies hatte seinen Grund in einem starken und begründeten Ideologieverdacht. Zum einen wurden unter diesem Begriff währen der Nazi-Zeit pseudowissenschaftlich Untersuchungen an Menschen vorgenommen, die die Rassenideologie untermauern sollten. Zum anderen öffnet gerade die Frage nach dem Bild vom Menschen die Tür für ideologische und weltanschauliche Spekulationen. Dabei haben anthropologische Erwägungen eine beachtliche Tradition. Denn – und dies ist bereits eine anthropologische Aussage – war der Mensch von Anbeginn seiner Fähigkeit zu bewusstem Denken immer sehr stark an sich selbst interessiert: Selbstreflexivität ist sein wesentliches Kennzeichen. „Erkenne Dich selbst" heißt es daher konsequent bei dem Orakel von Delphi. Und so stützen alle großen Philosophen explizit oder implizit ihre Überlegungen über das Wesen der Natur oder der Gesellschaft mit ihrer sozialen und politischen Ordnung, über das richtige Verhalten, über Fragen der Schönheit oder der Wahrheit auf Vorstellungen darüber, was der Mensch ist oder kann (im Folgenden stütze ich mich auf meine Ausführungen in Fuchs 1998, S. 15ff.; vgl. auch Welsch 2011, 2012).

Die Relevanz der Anthropologie betont E. Cassirer (1990) bereits am Anfang seines „Versuches über den Menschen": „Dass Selbsterkenntnis das höchste Ziel philosophischen Fragens und Forschens ist, scheint allgemein anerkannt". Selbst die skeptische Linie der Philosophie, die ansonsten jede Möglichkeit von Wissen bestreitet, bezweifelt gerade dieses Ziel nicht: „Und selbst die größten Skeptiker leugneten die Möglichkeit und Notwendigkeit von Selbsterkenntnis nicht... . Indem er die objektive Gewissheit der Außenwelt leugnet und destruiert, hofft der Skeptiker, das menschliche Denken aus dem Sein des Menschen selbst bestimmen zu können. Selbsterkenntnis, so erklärt er, ist die erste Voraussetzung der Selbstverwirklichung" (ebd., S. 15). Und in der Tat bestätigt die Philosophiegeschichte diese ursprüngliche Neugierde des Menschen an sich selbst, so dass man hierin eine erste „Kulturfunktion" von Philosophie im allgemeinen und von Anthropologie im besonderen festmachen kann: Die Orientierung des Menschen in der Welt ist immer auch eine Orientierung über sich selber, gleichgültig, an welchem „Erfahrungshorizont" der Mensch sein Denken orientiert. Die Geschichte der Anthropologie liefert offenbar in ihrer eigenen Genese eine erste „anthropologische Konstante": Mensch sein heißt anscheinend, über sich selbst nachzudenken.

Willi Oelmüller (in Dölle-Oelmüller/Oelmüller 1996; vgl. auch Oelmüller u.a. 1985) unterscheidet die Erfahrungshorizonte Gott, Natur und Kultur, um die Vielfalt möglicher philosophischer Zugänge zu einem „Diskurs: Mensch" zu ordnen. Die Reihenfolge Gott, Natur, Kultur ist dabei auch eine historische: Zwar findet man in der Gegenwart alle drei Grundorientierungen nebeneinander, doch lässt sich – zumindest grob – ein Nacheinander in den großen philosophiegeschichtlichen Epochen festmachen. Ich gebe Oelmüllers Gliederung (aus Oelmüller/Dölle-Oelmüller 1996) wieder, weil sie m. E. einen brauchbaren ersten Ordnungsvorschlag für Anthropologie-Konzeptionen darstellt:

Beginn der europäischen Geschichte

> Horizont Gott beziehungsweise neuer letzter Orientierungen: Altes Testament, Sophokles,
> Horizont Natur: Sokratiker, Platon, Aristoteles, Epikur, Kyniker, Stoiker,
> Horizont Kultur: Platon, Protagoras, Philosophische und wissenschaftliche Anthropologien;

seit dem 18. Jahrhundert

> Horizont Gott: Pascal, Kant,
> Horizont Natur: Holbach, Darwin, Monod,
> Horizont Kultur: Kant, Herder, Marx, Plessner.

Und gegenwärtig sieht er verschiedene Strömungen, die erneut nach „letzten Orientierungen" suchen

> Nietzsche, Blumenberg, Marquard.

Als entscheidende Frage gilt Oelmüller jedoch die Richtungsentscheidung: Fortführung der Aufklärung (Habermas, Popper) oder ihre post- oder gegenmoderne Beendigung. Eine Schlüsselstellung nimmt hierbei der Umgang mit Tradition ein: „Mein allgemeiner Leitsatz", so zitiert Oelmüller (1996, S. 65) zustimmend L. Kolakowski,

> „ist einfach und gar nicht neu. Es gibt zwei Umstände, deren wir uns immer gleichzeitig erinnern
> sollen: Erstens, hätten nicht die neuen Generationen unaufhörlich gegen die ererbte Tradition
> revoltiert, würden wir heute noch in Höhlen leben; zweitens, wenn die Revolte gegen die ererbte
> Tradition einmal universell würde, werden wir uns wieder in den Höhlen befinden."

Auch die Geschichte des Nachdenkens über den Menschen lässt sich vor dem Hintergrund dieser Dialektik eines Umgangs mit Tradition verstehen, wobei wir dem Prozess dieser permanenten Auseinandersetzung eine Richtung geben können bzw. eine (normative) Meßlatte finden. Ernst Cassirer formuliert diese quasi als Ertrag seiner anthropologischen und kulturphilosophischen Studien am Ende seines „Versuchs über den Menschen" (und damit praktisch auch am Ende seines Lebens) wie folgt:

> „Im ganzen genommen könnte man die Kultur als den Prozeß der fortschreitenden Selbst-
> befreiung des Menschen beschreiben. Sprache, Kunst, Religion und Wissenschaft bilden
> unterschiedliche Phasen in diesem Prozeß. In ihnen allen entdeckt und erweist der Mensch
> eine neue Kraft - die Kraft, sich eine eigene, eine „ideale" Welt zu errichten." (1990, S. 345)

Diese Tendenzaussage über die Entwicklung ist bei Cassirer nicht als eine naiv-aufklärerische Gesetzesaussage über die menschliche Geschichte zu verstehen; sie unterstellt keinen Automatismus hin zur zwangsläufigen und ständigen „Verbesserung des Menschengeschlechts" (Lessing). Dass dies in der Realität nicht zutrifft, hat der jüdische Philosoph am eigenen Leib, in der eigenen Familie durch Vertreibung und Mord selbst erleben müssen: Die menschliche Entwicklung hält grundsätzlich die Möglichkeit eines Rückfalls in die Barbarei parat, sodass politische Gestaltung der gesellschaftlichen Prozesse zwingend notwendig ist. Und doch entwickelt der Mensch in der Geschichte neue symbolische Formen, die diesen Prozess der Selbstbefreiung ermöglichen und erweitern können. Jedoch: Eigene Gestaltung, ein eigener tätiger Umgang mit symbolischen Formen ist dazu notwendig.

Auch die von Oelmüller angegebenen „Horizonte" Gott - Natur - Kultur lassen sich vor dieser Perspektive in eine Reihenfolge bringen, dass nämlich das Aktivitätszentrum immer näher an den Menschen heranrückt. Die Selbstbefreiung des Menschen ist der Prozess einer schrittweisen Verantwortungsübernahme für das eigene Leben. So schreibt denn auch Ernst Cassirer (1973; 1974) seine historischen Darstellungen zur Renaissance, zur Aufklärung, zur (deutschen) Geistesgeschichte: als heroisches Ringen um Autonomie und Freiheit. Und es ist insbesondere die Befreiung der Philosophie und Naturwissenschaft aus den Zwängen der Theologie, die ihn in der Renaissance die eigentliche Wendemarke in der Geschichte der menschlichen Kultur erblicken lässt.

Auch der „Natur"-Diskurs ist zu Beginn der Neuzeit eine entscheidende Legitimations-Kategorie, die die (Selbst-)Befreiung der Menschen gegenüber klerikal-religiöser und feudaler Abhängigkeit und Unterdrückung befördert (vgl. F. Unger 1978). Der entscheidende Paradigmenwechsel besteht hierbei darin, von der „Natur" als religiös vorbestimmter Weltordnung, der sich der Einzelne unterzuordnen hat, hin zu einer Auffassung des Menschen zu gelangen, in der es „natürlich" für alle Menschen ist, ihre Interessen selber zu regeln. Damit wird schlagartig klar, dass die Anthropologie als Aussage über die „Natur des Menschen" ganz entscheidend eine politische Philosophie ist. Die Entdeckung und Thematisierung des Ichs in der Philosophie und in den Künsten, die Hinwendung zum Porträt, zum Tagebuch, die Entdeckung eines ästhetischen Verhältnisses zur Welt (wie etwa Petrarcas Besteigung des Mont Ventoux) ist Ausdruck dieser Befreiung des Menschen aus dem mittelalterlichen Kollektivismus (vgl. Kon 1983 sowie die einzelnen Kapitel zur Genese des Ichs in den verschiedenen Bänden der Philosophie der symbolischen Formen von Cassirer).

Mit dieser Entdeckung des Ichs und der gleichzeitigen Einsicht in die Notwendigkeit, Naturgesetze als vom Menschen unabhängig existierende Formen anzuerkennen, entsteht zugleich die entscheidende Grundfrage der neuen bürgerlichen Philosophie: Wie können Freiheit und Form, wie können Individualität und Naturgesetz gleichzeitig gedacht werden? Diese Dialektik ist es auch, die Cassirer in seinen systematischen und historischen Schriften immer wieder hervorhebt.

„Natur" als Legitimationskategorie wird spätestens im 19. Jahrhundert obsolet. Die Entdeckung und Thematisierung der Geschichtlichkeit der Menschen (spätestens seit Vico 1990), aber auch offen anti-rationale Strömungen bringen ganz andere Leitkategorien ins Spiel: „Leben" und „Kultur". Nietzsche und Dilthey spielen hier als Begründer der Lebensphilosophie eine wichtige Rolle (vgl. Lieber 1974), wobei es immer wieder Kant ist, an dem sich die Diskussion abarbeitet. Kant ist der Vordenker und Systematiker des autonomen Subjekts, der Freiheit und Gesetz gleichermaßen denkbar macht. In seiner „Kritik der reinen Vernunft" liefert er der neuen Naturwissenschaft ein erkenntnistheoretisches Gerüst durch seine „Kopernikanische Wende": Der Mensch erkennt „Wirklichkeit" (und konstituiert somit den Gegenstand) nach Maßgabe transzendental vorgegebener Kategorien. Erkennen ist Tätigkeit unter Nutzung von Werkzeugen, die der Mensch nicht in einer unabhängig von ihm existierenden Realität vorfindet, sondern die das Subjekt mitbringt. Und dieses erkenntnistheoretische Konzept einer Aneignung von Welt durch deren Konstituierung durch das Subjekt ist eingebettet in das Programm einer Zivilisierung, Kulturisierung und Moralisierung des Menschen, in das Programm von Menschenrechten, in das Ziel des „ewigen Friedens".

Zur Erreichung dieses Zieles hat der Mensch drei Anlagen, die Kant in seiner „Anthropologie" unterscheidet: die technische Anlage zur Kulturisierung, die pragmatische Anlage zur Zivilisierung und die moralische Anlage zur Moralisierung. Und den Zusammenhang dieser drei Begriffe denkt er sich (am Ende des Siebenten Satzes seiner „Idee zu einer Allgemeinen Geschichte in weltbürgerlicher Absicht", 1982, S. 44) wie folgt:

> „Wir sind in hohem Grade durch Kunst und Wissenschaft kultiviert. Wir sind zivilisiert, bis zum Überlästigen, zu allerlei gesellschaftlicher Artigkeit und Anständigkeit. Aber, uns für schon moralisiert zu halten, daran fehlt noch sehr viel. Denn die Idee der Moralität gehört noch zur Kultur; der Gebrauch dieser Idee... macht bloß die Zivilisierung aus."

Und zu Beginn des Siebten Satzes nimmt er Cassirers oben wiedergegebene Kultur-Vision einer Selbstbefreiung des Menschen in politischer Hinsicht vorweg:

> „Man kann die Geschichte der Menschengattungen im großen als Vollziehung eines verborgenen Planes der Natur ansehen, um eine innerlich - und, zu diesem Zwecke, auch äußerlich - vollkommene Staatsverfassung zu Stande bringen, als den einzigen Zustand, in welchem sie alle ihre Anlagen in der Menschheit völlig entwickeln kann" (ebd., S. 45).

Hier ist sie also wieder: die Natur mit dem ihr innewohnenden Plan einer Emanzipation der Menschheit, die als äußere Rahmenbedingung eine freiheitliche politische (naturgewollte!) Verfassung braucht.

Einige Jahre später legt ausgerechnet der Kant-Anhänger und Freiheitsdenker Schiller (1801) aus Frustration gegenüber den ständigen politischen und militärischen Niederlagen gegen Napoleon in seinem Entwurf für das unvollendet gebliebene Gedicht „Deutsche Nation" die Grundlage dafür, dass die bei Kant unterschiedenen, aber zusammengehörig gedachten Begriffe der Zivilisierung, Kulturalisierung und Moralisierung nicht bloß auseinander gerissen, sondern in ihren Wertigkeiten auch politisch aufgeteilt werden: dem politisch nicht geeinten Deutschland bleibt die Vorsehung (!), zwar nicht als Staat, aber zumindest als kulturelle Nation vor allen anderen Nationen seinen entscheidenden Beitrag zur Weltgeschichte zu leisten. Dies ist die Wurzel für eine spätere Entgegensetzung einer (englischen und französischen) „Zivilisation", die sich auf politische, wirtschaftliche, technische, aber auch auf religiöse oder moralische Errungenschaften bezieht, und der deutschen „Kultur" mit ihrer Konzentration auf das Geistige, das Künstlerische und das Religiöse.

Einen qualitativen Sprung machte die Anthropologie mit dem Werk der – oft zusammen genannten, von ihren Ansätzen und Vorgehensweisen aber sehr unterschiedlichen – Philosophen Max Scheler und Helmut Plessner (beide legen ihre Arbeiten in der zweiten Hälfte der 1920er Jahre vor) und dem politisch bedenklichen, aber unbestritten intellektuell anregenden Arnold Gehlen, der sein erstes Hauptwerk „Der Mensch" zuerst 1940 vorlegt. Max Scheler war dabei der genialisch-brillante Anreger, der lange Zeit das eher unzugängliche Hauptwerk von Helmut Plessner überstrahlte. Dabei ist erst mit Plessner und seiner Berücksichtigung nicht bloß der Philosophiegeschichte, sondern der Einbeziehung aktueller biologischer Erkenntnisse eine bloß spekulative Zugriffsweise auf die Anthropologie überwunden.

Helmut Plessner, Philosoph, Biologe und Soziologe, trägt eine Fülle dieses Wissens über den Menschen zusammen, das seiner Meinung nach erst einmal geordnet und systematisiert werden muss, bevor erneut die Philosophie ihre Reflexionsprozesse beginnt.

Philosophisch geschult leistet er sich (Plessner 1928/65) eine breite philosophiegeschichtliche Exposition, um das von ihm als zentral gesehene Problem der kartesischen Trennung in eine res extensa (Körper) und res cogitans (Geist), in Außen und Innen, in Objekt und Subjekt, in Organismus und Umwelt darzustellen. In Abgrenzung zur seinerzeit einflussreichen Lebensphilosophie (Bergson; Dilthey), untersucht er „Lebendigkeit" in ihren Erscheinungsformen der Pflanze, des Tieres und schließlich des Menschen.

Sein zentrales Merkmal des Menschen ist dessen „exzentrische Positionalität" (ebd., Kap. 7): Im Gegensatz zum Tier, das stets aus seiner Mitte lebt, das „Leib ist", hat der Mensch eine Distanz zum eigenen Leib, lebt nicht in seiner Mitte, sondern außerhalb, eben: exzentrisch. Dies hat zur Folge, dass er in eine bewusste Beziehung zu seiner eigenen Existenz treten kann, ja: treten muss (ebd., S. 288 f.). Erst jetzt entwickelt sich die „Person" als Subjekt ihres Erlebens, ihrer Wahrnehmungen und ihrer Aktionen (ebd., S. 293):

> „In doppelter Distanz zum eigenen Körper, d.h. noch vom Selbstsein in seiner Mitte, dem Innenleben, abgehoben, befindet sich der Mensch in einer Welt, die entsprechend der dreifachen

Charakteristik seiner Position Außenwelt, Innenwelt und Mitwelt ist. In jeder der drei Sphären hat
er es mit Sachen zu tun, die als eigene Wirklichkeit, in sich stehendes Sein ihm gegenüber treten".

Aus dieser Grundtatsache entwickelt Plessner drei anthropologische Grundgesetze:

>> Das Gesetz der natürlichen Künstlichkeit
   Der Mensch muss sich zu dem, was er schon ist, erst machen (309). Dies ist die
   Künstlichkeit. Das Werkzeug hierfür ist die Kultur (311). Weder ist es ein Macht-
   trieb (Nietzsche), eine Verdrängungsleistung von Trieben (Freud), eine besondere
   utilitaristische Berechnung, sondern es ist Ausdruck seiner Natur, „existentiell
   bedürftig, hälftenhaft, nackt" zu sein (316), der durch die „Exzentrizität gesetzte
   Umweg zu einem zweiten Vaterland": „Künstlichkeit im Handeln, Denken, Träumen
   ist das innere Mittel, wodurch der Mensch mit sich in Einklang steht." (318).
>> Das Gesetz der vermittelten Unmittelbarkeit
   Die menschlichen Objektivationen müssen sich von ihrem Schöpfer lösen, müssen
   von ihm unabhängig werden, sollen sie ihre Kulturfunktion erfüllen: sich selber
   an Dingen betrachten zu können, Soziabilität herzustellen: „In der Expressivität
   liegt der eigentliche Motor für die spezifisch historische Dynamik menschlichen
   Lebens." (339) Sprache ist eine wichtige Form der Expression - über Gegenstände
   hinaus. Denn hierdurch entsteht als zweite, vielleicht die wirkliche Welt die Welt
   der Bedeutungen, die Welt des Sinns. (340)
>> Das Gesetz des utopischen Standortes
   Dieses Gesetz vermittelt den Gedanken der Individualität mit der Notwendigkeit
   des Gemeinsamen, „das Wissen darum, dass wir im Grunde alle dieselben sind,
   weil wir, jeder für sich, Individuen und so voneinander verschieden sind." (344)

Man sieht, dass die Anthropologie von Plessner „Kultur" erklärt und begründet. Sie
ist also zugleich eine Kulturphilosophie. In systematischer Hinsicht sei dies bereits
als Ertrag gesichert.

Festzuhalten sind ebenfalls die Gedanken der Objektivation, der Dialektik von Soziabilität
und Individualität, der – nur für den Menschen – gegebenen Natürlichkeit des Kulturellen.

Reichlich 30 Jahre später gibt Plessner in seinem Einführungsbeitrag zur Propyläen-Weltgeschichte (Mann/Heuß 1960-64/1991) eine komprimierte Zusammenfassung seiner Sichtweise der Conditio humana, in der er weitere, zwischenzeitlich
erfolgte Erkenntnisse der Fachwissenschaften integriert:

>> der Mensch als „sekundärer Nesthocker", der eigentlich noch ein Jahr lang im
   Mutterschoße bleiben müsste (Portmann),
>> der Zusammenhang von langer Jugendphase, Triebüberschuss und Spielfähigkeit
   (Buytendijk),
>> der aufrechte Gang und der Werkzeuggebrauch,
>> die Reziprozität (im Sozialverhalten) und die Sprache.

Auf dieser Grundlage erneuert er seinen Ansatz der exzentrischen Positionalität als Motor der menschlich-kulturellen Entwicklung. Dies ist es, was aus dem vorgeblichen „Mängelwesen" den Schöpfer seiner eigenen Welt macht: „Der Mensch ist nur, wozu er sich macht und versteht." (78)

Neben Plessner ist A. Gehlen (1904 - 1976) ein wichtiger Repräsentant einer Anthropologie, die einzelwissenschaftliche Erkenntnisse systematisch integriert. Während Plessner und Cassirer vor den Nationalsozialisten fliehen müssen, macht Gehlen in Deutschland Karriere. Im Jahre 1940 legt er sein Hauptwerk „Der Mensch" in einer ersten Fassung vor, die er freilich nach dem Zweiten Weltkrieg erheblich überarbeitet. Insbesondere verwirft er seine Lehre von den „obersten Führungssystemen" und entwickelt seine Konzeption von „Institutionen" als gesellschaftlichem Instinktersatz.

Im Hinblick auf den sozialen Charakter menschlicher Existenz ist Gehlen wenig ergiebig, denn er fasst den Menschen nur abstrakt, nur sozial isoliert. Doch trotzdem ist Gehlen aktuell, etwa in seiner These vom Menschen als nicht festgestelltem Tier (1950, S. 18; in Anlehnung an Nietzsche, Genealogie der Moral III, S. 13, der fortfährt: „Kein Zweifel er ist das kranke Tier"). Vor allem seine These von der Kompensation des Mängelcharakters des Menschen ist bis in die aktuelle Diskussion relevant (O. Marquard), da Gehlen (und andere) hieraus die auch im vorliegenden Text relevante Aussage folgern: Der Mensch ist ein handelndes Wesen. Er überlebt, weil er handelnd seine Kultur (Sprache, Religion, Recht, Kunst, Technik, Wissenschaft, Politik etc.) schafft.

Herder ist eine wichtige Bezugsperson bei der These vom Menschen als Mängelwesen. Er weist darauf hin, dass der Mensch weder Klauen, Giftzähne noch einen schützenden Pelz hat. In seinen „Ideen zur Philosophie der Geschichte der Menschheit" (1784-1791) entfaltet er sein Verständnis von „Humanität", die der Mensch zu lernen hat. Und dann formuliert er sehr modern:

> „Der Mensch ist der erste Freigelassene der Schöpfung; er steht aufrecht. Die Waage des Guten und Bösen, des Falschen und Wahren hängt in ihm; er kann forschen, er soll wählen. Wie die Natur ihm zwar freie Hände zu Werkzeugen gab und ein überblickendes Auge, seinen Gang zu leiten, so hat er auch in sich die Macht, nicht nur die Gewichte zu stellen, sondern auch, wenn ich so sagen darf, selbst Gewicht zu sein auf der Waage" (ebd., S. 119).

Was bei Herder jedoch ein humanistischer Bildungsprozess ist, in dem sich der Mensch die Verfeinerung seiner Gaben erarbeitet, ist bei Gehlen ein Prozess der Führung durch Religionen, Kulturanschauungen und - 1935 - durch den Staat:

> „Denn in Wirklichkeit sagt der Staat dasselbe aus, was die Religion aussagt und das Leben: daß der Mensch eine Kreatur ist, unfreiwillig ins Dasein geworfen und durch diesen Wurf schon festgelegt und charakterisiert: denn der Staat ist die vorentscheidende Gewalt für den engen Spielraum der Entscheidung aller, die in ihn hineingeboren werden..." (zitiert nach Lorenz 1990, S. 73).

Sicherlich nicht ohne Bezug zur deutschen Geschichte kommentiert Plessner diese Kompensationsthese: „Es bedarf offenbar nur geringerer Akzentverlagerung, um aus dem Herderschen ,Invaliden seiner höheren Kräfte' einen Kriegsteilnehmer seiner niederen zu machen" – und so denkt er zur gleichen Zeit, während Gehlen in Leipzig seinen Kotau vor den neuen Herren macht, im niederländischen Exil über die Gründe und Folgen von Deutschland als „verspäteter Nation" (Plessner 1974) nach.

Allerdings hörte damit die Skepsis gegenüber der Anthropologie nicht auf. Einflussreich war die Kritik des jungen Jürgen Habermas an Gehlen:

> „Als Beispiel sei hier eine Untersuchung Gehlens genannt (Urmensch und Spätkultur, Bonn 1956, zweite neubearbeitete Auflage, Frankfurt 1964). Deren Grundgedanke ist etwa folgender: der Überschuß plastischer Antriebe, die Mannigfaltigkeit erlernbarer Bewegungen, die Reizüberflutung der Sinne, die Offenheit der Intelligenz nötigen den Menschen zum Handeln, nämlich dazu, sein Verhalten beherrschen zu lernen. Nun könnte daraus sehr wohl mit Herder gefolgert werden, daß der Mensch zur Freiheit organisiert, zur Autonomie bestimmt ist. Gehlen hingegen verallgemeinert ein historisch frühes Stadium menschlicher Entwicklung, in dem die überpersönliche Gewalt archaischer Institutionen das fundamentale Verhältnis von Instinkt und Auslöser auf der höheren Ebene des willkürlichen, erkennbaren Verhaltens wiederherzustellen scheint. Unversehens wird das, was für primitive Kulturen sehr wohl gelten mag, der menschlichen Natur schlechthin zugerechnet; so entsteht der Anschein, als sei der Mensch auf Repression angewiesen, ein für allemal; aus der Natur des Menschen springt die Notwendigkeit einer autoritär verfaßten Gesellschaft heraus. Gehlens anthropologische Invariantenlehre erhebt die Zucht und Härte archaischer Institutionen, die Strenge der auferlegten Versagungen, die Gewalt des erzwungenen Triebverzichts über den historischen Befund hinaus zum Rang des Natürlichen und darum Wünschbaren. Überhaupt sollen irrationale Zwangs- und Zuchtanstalten die Individuen derart subsumieren, daß ihnen Bestimmung und Neigung, Subjekt zu sein, vergeht: ‚Wer so mit Haut und Haaren in seinen Status hineingeht, hat keine andere Wahl, als sich von den geltenden Institutionen konsumieren zu lassen, er findet außerhalb ihrer überhaupt keinen Punkt, wo er hintreten könnte. Die Würde ist es, die unserer Zeit so weitgehend fehlt, wo die „Subjekte" in dauernder Revolte gegen das Institutionelle sind'." (S. 108 f.)

Für die marxistische Stellung zum Anthropologie-Problem ist die Angst genau vor einer solchen Anthropologisierung von historisch erklärbaren Fakten und ihrer antihumanen politischen Nutzung maßgeblich. Diese Position stützt sich auf die Auseinandersetzung von Marx mit Ludwig Feuerbach, wie sie am komprimiertesten in den Thesen zu Feuerbach zum Ausdruck kommen (MEW 3, 5.5 f.). Bis heute relevant - und uns auch in diesem Text bereits begegnet - sind die folgenden Gesichtspunkte und Überlegungen aus diesen „Thesen":

>> die Rolle der gegenständlichen Tätigkeit, mit der der Mensch seine Kultur (und damit sich selber) schafft und insbesondere auch politisch die Gesellschaft gestaltet (Thesen 12 und 3),

>> das Konzept „des menschlichen Wesens als Ensemble der gesellschaftlichen Verhältnisse" und nicht als „dem einzelnen Individuum innewohnendes Abstraktum" (These 6),

>> eine Kritik an der Anthropologie des „abstrakt-isolierten Individuums" ohne historische und gesellschaftliche Bezüge; dagegen die Dialektik zwischen dem

Menschen als Gattungswesen (als „natürlich verbindender Allgemeinheit") und den je konkreten, lebendigen Individuen,

>> die grundsätzliche gesellschaftliche Bedingtheit philosophischer Reflexion (These 10),

>> und letztlich natürlich die Notwendigkeit der Veränderung der Welt anstelle bloßer Interpretation (These 11).

Der Mensch ist also, was er aus sich macht. Von seinen Anlagen her ist er universell: er ist – dem berühmten Marxschen Diktum zufolge – in der Lage, nach Maßgabe jeder Spezies zu formen. Und diese Anlagen sind – entsprechend dem oben erwähnten „Organon-Prinzip" der Anthropologie – an seinen Vergegenständlichungen und Objektivationen zu erkennen: Die Industrie, so Marx, ist das aufgeschlagene Buch menschlicher Wesenskräfte.

Der Marxismus hat oft genug hieraus eine grundsätzliche Ablehnung der Anthropologie herausgelesen und diese in Geschichte und Politische Ökonomie aufgelöst. Paradoxerweise war gerade der orthodoxe Marxismus dadurch gegen einen Biologismus (der Mensch als bloßes Naturwesen im Rahmen einer „Dialektik der Natur") nicht gefeit. Immer wieder gab es jedoch auch Ansätze zu anthropologischem Fragen: etwa deshalb, weil der „subjektive Faktor", das „revolutionäre Bewusstsein der Massen" nicht in der Stärke auftrat, wie es eine mechanistische Ökonomie und Geschichtsgesetzlichkeit scheinbar vorgezeichnet hat. Unorthodoxe marxistische Ansätze verknüpften daher Marx mit der Phänomenologie (Merleau-Ponty), der Existenzphilosophie (Sartre) oder der Psychoanalyse (Fromm). Insbesondere gab es - auch aus psychologischen und pädagogischen Interessenslagen in den siebziger Jahren - Ansätze zu einer Persönlichkeitstheorie und Anthropologie (z.B. L. Sève, K. Ottomeyer, K. Holzkamp; vgl. insbesondere Rückriem/Tomberg/Volpert 1978), wobei die Rezeption der „kulturhistorischen Schule" der Psychologie in der Sowjetunion (L. Wygotsky, mit dem sich bereits J. Piaget auseinandersetzte; N. Leontiew) eine wichtige Rolle spielte. Dieser psychologische Forschungsansatz wurde zwar auch während der Stalin-Zeit betrieben, war aber in ihrer Frontstellung zur offiziellen Lehrmeinung (v.a. Pawlow) bestenfalls geduldet.

Nebenbei bemerkt war die Wiederentdeckung von Wygotsky und seinen Anhängern auch für die DDR-Psychologie Neuland, denn neben einer eher positivistischen, quantitativ arbeitenden Psychologie und Humanwissenschaft gab es letztlich als - auch international anerkannter - Ausrichtung die Handlungsstrukturanalyse (F. Hacker). Das Ringen um eine Anthropologie verbarg sich sehr stark hinter Untersuchungen zur Anthropogenese im Tier-Mensch-Übergangsfeld (so wie es sich etwa bei G. Heberer in seinem einführenden Beitrag „Die Herkunft der Menschheit" in der Propyläen-Weltgeschichte 1991, S. 87-154, findet; aus marxistischer Sicht siehe die Publikationen von Volker Schurig).

Als letzte Position im Reigen einer Anthropologiekritik will ich kurz die postmoderne These vom Verschwinden des Subjekts erwähnen. Es ist auf den ersten Blick überraschend, dass ausgerechnet der Autor, der in seinen letzten Publikationen eine neue „Lebenskunst" propagiert, der das Leben als – auch und gerade ästhetisch inszeniertes – Kunstwerk auffasst, bereits sehr früh das „Verschwinden des Menschen" in Erwägung zieht:

> „Wenn diese Dispositionen verschwinden, so wie sie erschienen sind, wenn durch irgendein Ereignis, dessen Möglichkeit wir höchstens vorausahnen können oder dessen Form oder Verheißung wir im Augenblick noch nicht kennen, wenn diese Dispositionen ins Wanken gerieten, wie an der Grenze des 18. Jahrhunderts die Grundlage des klassischen Denkens es tat, dann kann man sehr wohl wetten, daß der Mensch verschwindet wie im Meerufer ein Gesicht im Sand" (Foucault 1971, S. 462).

Damit handelte sich der Autor Vorwürfe des Irrationalismus, des Anti-Humanismus, der politischen Reaktion ein (vgl. Picher in Weiland 1995). Dabei geht es Foucault, der fast wie kein anderer ausschließlich über den Menschen – und vor allem: über die Möglichkeiten seiner Unterdrückung und Disziplinierung – handelt, nicht um das Ausradieren des Menschengeschlechts, sondern um philosophisch und wissenschaftlich geschaffene Bilder von Menschen, die dann politisch in eine – oft unterdrückende – Praxis umgesetzt werden. Hier ist die Humanwissenschaft Handlangerin der Unterdrückungsverhältnisse, indem sie Bilder von Normalität und Abweichung, von – anthropologisch „fundierten" – Strategien der Heilung und Besserung entwickelt, die letztlich doch nur im Triebverzicht, in Psychiatrien und in Gefängnissen enden (vgl. Fuchs 2012, S. 108ff.).

Ins Gerede gekommen sind jedoch auch Vorstellungen vom Menschen, die diesen – nach dem Muster künstlerisch-kreativer Gestaltungsprozesse – als schöpferisches Wesen, als „produktiven Realitätsverarbeiter" (Hurrelmann) begreifen. Bestritten wird die Behauptung und das Ziel der Möglichkeit einer konsistenten Identität, die angesichts der Zerrissenheit der Gesellschaft, angesichts der Wirklichkeit jeglicher „Wirklichkeits"-Bilder weder möglich noch wünschenswert sind (vgl. Breyvogel 1991, der die entsprechenden Thesen von J. Baudrillard aufgreift).

Der Angriff erfolgt auf verschiedenen Ebenen: auf das transzendentale Subjekt der idealistischen Philosophie, auf konsistente Identitätskonzepte der Soziologie und Sozialpsychologie, auf Vorstellungen eines handlungsmächtigen und gestaltungsbereiten politischen Subjekts seiner gesellschaftlichen Verhältnisse.

Die theoretischen Grundlagen dieser Angriffe sind dabei sowohl von der fachlichen Herkunft (Philosophie, einzelne Fachwissenschaften), von der philosophischen Grundüberzeugung und in der Zielstellung denkbar heterogen: Der Strukturalismus und systemtheoretische Vorstellungen spielen eine Rolle, in denen ohnehin kein systematischer Platz für Individuen mehr ist, da diese hinter abstrakten Funktionsprinzipien der Strukturzusammenhänge verschwinden. Das Individuum verschwindet aber auch hinter anonymen, schicksalsträchtigen Mächten, die das Sein bestimmen (vgl. beispielhaft Nagl-Docetal/Vetter 1987; Frank/Raulet/van Reijen 1988 oder Brose/Hildebrand 1988 für die unterschiedlichen philosophischen beziehungsweise soziologischen Ansätze; eine Konzeption, die die berechtigte Kritik an zu starken Autonomie-Zuschreibungen an das Subjekt respektiert, ohne vollständig auf die Figur eines handlungsfähigen Individuums zu verzichten, entwickle ich in Fuchs 2008, Kap. 4: Das Subjekt und seine Bildung).

Auch heute ist die Anthropologie vor unzulänglichen Zugriffsweisen nicht gefeit. So muss sie immer noch herhalten, um die Dreigliedrigkeit unseres Schulsystems zu begründen. Oder man spekuliert – bis in neueste Publikationen zur pädagogischen Anthropologie – munter vor sich hin, ohne Erkenntnisse anderer Disziplinen oder internationale Diskurse zu berücksichtigen. Zwei .E. hochrelevante aktuelle Diskurse sollen daher erwähnt werden.

Der erste Ansatz, eine „schwache Antrhopologie", stammt von M. Nussbaum und A. Sen. (Brumlik/Brunkhorst 1993, S. 334 ff.). Er ist aus der Tätigkeit der Autoren in der UNO (im Kontext der Armutsbekämpfung) entstanden.

> *„Die Gestalt der menschlichen Lebensform – Sterblichkeit*: Alle Menschen haben den Tod vor sich und wissen nach einem bestimmten Alter auch, daß sie ihn vor sich haben. Dieses Faktum überformt mehr oder weniger jedes andere Element des menschlichen Lebens. Außerdem haben alle Menschen eine Abneigung gegen den Tod. Auch wenn unter bestimmten Umständen der Tod gegenüber verfügbaren Alternativen vorgezogen wird, ist der Tod eines geliebten Menschen oder die Aussicht auf den eigenen Tod ein Anlaß zu Kummer und/oder Angst.
>
> *Der menschliche Körper*: Wir alle leben unser Leben in Körpern einer bestimmten Art, deren Möglichkeiten und Verletzbarkeiten als solche keiner einzelnen menschlichen Gesellschaft mehr angehören als einer anderen. Diese Körper, die (angesichts des enormen Spektrums von Möglichkeiten) weitaus ähnlicher als unähnlich sind, sind gewissermaßen unsere Heimstatt, indem sie uns bestimmte Optionen zugleich machen und andere verwehren, und indem sie uns nicht nur bestimmte Bedürfnisse, sondern auch bestimmte Möglichkeiten zu außer gewöhnlichen Leistungen verschaffen. Die Tatsache, daß jeder Mensch irgendwo hätte leben und jeder Kultur hätte angehören können, macht einen großen Teil dessen aus, was unsere wechselseitige Anerkennung begründet; diese Tatsache hängt wiederum in hohem Maße mit der allgemeinen Menschlichkeit des Körpers, mit seiner großen Verschiedenheit gegenüber anderen Körpern zusammen. Die Körpererfahrung ist sicherlich kulturell geprägt, aber der Körper selbst, der in seinen Anforderungen der Ernährung und anderen damit zusammenhängenden Anforderungen kulturell invariant ist, legt Grenzen für das Erfahrbare fest und garantiert eine weitgehende Überschneidung.
> Unter „Körper" lassen sich mehrere weitere Eigenschaften aufzählen, die ich hier nicht weiter erörtern kann: Hunger und Durst, das Bedürfnis nach fester und flüssiger Nahrung; ein Bedürfnis nach Behausung; sexuelles Bedürfnis und Begehren; die Fähigkeit, sich zu bewegen und die Lust an der Mobilität; die Fähigkeit zur Lust und die Abneigung gegen Schmerz.
>
> *Kognitive Fähigkeit – Wahrnehmen, Vorstellen, Denken:* Alle Menschen haben diese Fähigkeit, zumindest in einer gewissen Form, und sie wird als überaus wichtig angesehen.
>
> *Frühkindliche Entwicklung*: Alle Menschen fangen ihr Leben als hungrige Säuglinge an, die sich ihrer Hilflosigkeit bewußt sind und ihre wechselnde Nähe und Distanz sowohl davon als auch von denjenigen erleben, von denen sie abhängig sind. Diese gemeinsame Struktur des Lebensanfangs, so verschieden sie durch unterschiedliche gesellschaftliche Gegebenheiten auch gestaltet sein mag, gewährt eine Gemeinsamkeit der Erfahrung im Bereich von Gefühlen

wie Kummer, Liebe und Zorn. Und dies ist wiederum eine Hauptquelle unserer Fähigkeit, uns in den Leben anderer wiederzuerkennen, die sich von uns in mannigfacher Hinsicht unterscheiden.

Praktische Vernunft: Alle Menschen beteiligen sich (oder versuchen es) an der Planung und Führung ihres eigenen Lebens, indem sie bewerten und diese Bewertungen dann in ihrem Leben zu verwirklichen suchen.

Zugehörigkeit zu anderen Menschen (Affiliation; soziale Bindung): Alle Menschen anerkennen und verspüren ein gewisses Gefühl der Zugehörigkeit oder der sozialen Bindung zu anderen Menschen und ein Gefühl der Anteilnahme ihnen gegenüber. Außerdem wertschätzen wir die Lebensform, die durch diese Anerkennung und Zugehörigkeit gebildet wird.

Bezug zu anderen Spezies und zur Natur: Die Menschen erkennen, daß sie nicht die einzigen lebenden Wesen in ihrer Welt sind: daß sie Tiere neben anderen Tieren und auch neben Pflanzen sind, in einem Universum, das als komplexe Verkettungsordnung sie sowohl unterstützt als auch begrenzt. Von dieser Ordnung sind wir in zahllosen Hinsichten abhängig, und wir empfinden auch, daß wir dieser Ordnung eine gewisse Achtung und Anteilnahme schulden, sosehr wir uns auch darin unterscheiden mögen, was genau wir schulden, wem gegenüber und auf welcher Basis.

Humor und Spiel: Menschliches Leben räumt überall, wo es gelebt wird, Platz für Erholung und für das Lachen ein. Die Formen, die das Spiel annimmt, sind zwar überaus vielfältig, trotzdem erkennen wir andere Menschen über kulturelle Schranken hinweg als die Lebewesen, die lachen.

Vereinzelung: Sosehr wir auch in Bezug zu anderen und für andere leben, so sind wir, ist jeder von uns „der Zahl nach einer", der von Geburt an bis zum Tod die Welt auf einem separaten Weg durchläuft. Jede Person empfindet ihren eigenen Schmerz und nicht den einer anderen. Selbst die intensivsten Formen menschlicher Interaktion sind Erfahrungen des wechselseitigen Reagierens oder Antwortens (responsiveness) und nicht der Verschmelzung. Diese offenkundigen Tatsachen müssen erwähnt werden, besonders dann, wenn wir von einem Fehlen des „Indiviualismus" in anderen Gesellschaften hören.

Starke Vereinzelung: Aufgrund der Vereinzelung hat jedes menschliche Leben sozusagen seinen eigenen Kontext und seine Umgebung - Gegenstände, Orte, eine Geschichte, besondere Freundschaften, Standorte, sexuelle Bindungen -, die nicht genau die gleichen sind wie die von jemand anderem und aufgrund derer die Person sich in einem gewissen Maß selbst identifiziert. Auch wenn die Gesellschaften sich in Grad und Art der strengen Vereinzelung unterscheiden, die sie jeweils zulassen und fördern, ist bisher noch kein Leben bekannt, das es tatsächlich (wie Platon es wünschte) unterläßt, die Wörter „mein" und „nicht mein" in einem persönlichen und ungeteilten Sinn zu verwenden."

Martha Nussbaum weist darauf hin, dass diese Liste Fähigkeiten und Grenzen enthält. Im Hinblick auf die Fähigkeiten beschreibt sie eine „Minimalkonzeption des Guten". Die Grenzen wiederum sind ständige Herausforderung ihrer Überschreitung. Wichtig ist die Unterscheidung zweier Schwellen: die Schwelle zum menschlichen Leben und die Schwelle zum guten menschlichen Leben - auch als Ziel für die politische Gestaltung und als Meßlatte zur Beurteilung bestimmter Gesellschaften. Diese zweite Schwelle wird durch die folgende Liste beschrieben:

>> Fähig zu sein, bis zum Ende eines vollständigen menschlichen Lebens zu leben, soweit, wie es möglich ist; nicht frühzeitig zu sterben, bevor das Leben so vermindert ist, daß es nicht mehr lebenswert ist.

>> „Fähig zu sein, eine gute Gesundheit zu haben; angemessen ernährt zu werden; angemessene Unterkunft zu haben; Gelegenheit zur sexuellen Befriedigung zu haben; fähig zu sein zur Ortsveränderung.

>> Fähig zu sein, unnötigen und unnützen Schmerz zu vermeiden und lustvolle Erlebnisse zu haben.

>> Fähig zu sein, die fünf Sinne zu benutzen; fähig zu sein, zu phantasieren, zu denken und zu schlußfolgern.

>> Fähig zu sein, Bindungen zu Dingen und Personen außerhalb unserer selbst zu unterhalten; diejenigen zu lieben, die uns lieben und sich um uns kümmern; über ihre Abwesenheit zu trauern; in einem allgemeinen Sinne lieben und trauern sowie Sehnsucht und Dankbarkeit empfinden zu können.

>> Fähig zu sein, sich eine Auffassung des Guten zu bilden und sich auf kritische Überlegungen zur Planung des eigenen Lebens einzulassen.

>> Fähig zu sein, für und mit anderen leben zu können, Interesse für andere Menschen zu zeigen, sich auf verschiedene Formen familialer und gesellschaftlicher Interaktionen einzulassen.

>> Fähig zu sein, in Anteilnahme für und in Beziehung zu Tieren, Pflanzen und zur Welt der Natur zu leben.

>> Fähig zu sein, zu lachen, zu spielen und erholsame Tätigkeiten zu genießen.

>> Fähig zu sein, das eigene Leben und nicht das von irgend jemand anderem zu leben.

>> Fähig zu sein, das eigene Leben in seiner eigenen Umwelt und in seinem eigenen Kontext zu leben."

Der zweite Hinweis gilt den Forschungen von Michael Tomasello (2006, 2010) am Max-Planck-Institut für evolutionäre Anthropologie.

Kulturelle Lernprozesse, so Tomasello, treten beim Menschen an die Stelle genetischer Anpassungsprozesse. Zu diesen gehört nicht nur die Entwicklung eines symbolisch gestützten Systems der Repräsentation der Welt, also der Sprache oder der Bilder, es gehört auch die Fähigkeit einer zwischenmenschlichen Verständigung dazu. Bei aller Respektierung des Aspekts der je individuellen Konstruktion des eigenen Bildes von der Welt: Wenn sich diese je individuellen Konstruktionen nicht auf ein Gemeinsames beziehen, ist Kommunikation und Kooperation nicht möglich. Ausgangspunkt eines solchen verständigungsbasierten Handelns ist das Zeigen auf ein Objekt, wobei gemeinsam geteiltes Wissen entsteht. Menschliche Kommunikation, so Tomasello, entsteht aus dem sinnlichen Akt der Gestenkommunikation. Interpersonalität bedeutet dann auch, dass man die Absichten anderer versteht, was offenbar selbst die höchstentwickeltsten Primaten (unterhalb des Menschen) nicht können. Offensichtlich werden so von der Sozialpsychologie und der Sozialphilosophie entwickelte Konzepte der Perspektivverschränkungen und der Empathie eingeholt, wobei Tomasello all diese Aussagen auf der Basis von Experimenten (mit Primaten und Kleinkindern) entwickelt.

Auch bei Tomasello ist die Ontogenese der Schlüssel der Anthropogenese: „Was den Menschen vom Affen trennt, ist eine Art von Kommunikation, die sowohl die intersubjektive Bündelung wie die generationsübergreifende Weitergabe und erneute Bearbeitung kognitiver Ressourcen möglich macht." (Habermas 2009, 3). Interessant ist zudem eine offenbar genetisch bedingte Tendenz des Menschen, altruistisch zu handeln (was ihm die spätere Erziehung offensichtlich austreibt).

Solche Ansätze werden inzwischen auch von der Philosophie zur Kenntnis genommen. So mündete ein interdisziplinäres Forschungsprojekt in die Formulierung einer Anthropologie, die den Menschen als Naturwesen ernst nimmt (und die damit an Erkenntnisse aus materialistischen Ansätzen – z. B. Holzkamp 1983 – anschließt; vgl. Welsch 2011 und 2012).

Cassirer und die Symbole

In besonderer Weise ist die Arbeit von Ernst Cassirer für die Zwecke dieser Arbeit tauglich, da sie die Komplementarität von Kulturphilosophie und Anthropologie und gleichzeitig die gleichberechtigte Relevanz von theoretischer, ästhetischer, politischer, ökonomischer und moralischer Zugangsweise zur Welt zeigt. Ich greife hier auf Ausführungen in Fuchs 2008 zurück, weil Cassirer mit seiner Definition von „Kultur" als Summe aller symbolischen Formen einen „Kanon" festlegt, der auch für den Lehrplan der allgemeinbildenden Schule verbindlich sein müsste. Denn diese hat die Aufgabe, ein systematisches Bild der Welt zu vermitteln. Zudem ist der Symbolbegriff geeignet, verschiedene Zugangsweisen zur Welt zu konzeptionalisieren.

> „Der Mensch hat eine neue Art des Ausdrucks entdeckt: den symbolischen Ausdruck. Dies ist der gemeinsame Nenner all seiner kulturellen Tätigkeiten: in Mythos und Poesie, in Sprachen, in Kunst, in Religion und in Wissenschaft. Diese Betätigungen sind sehr unterschiedlich, aber sie erfüllen alle ein und dieselbe Aufgabe: die Aufgabe der Objektivierung. In der Sprache objektivieren wir unsere Sinneswahrnehmungen" (Cassirer 1949, S. 63).

In diesen Ausführungen sind einige, in meinem Kontext wesentliche Bestimmungen des Verhältnisses Mensch-Kultur angesprochen: Der Mensch ist ein aktives Wesen, das - indem es in die Welt eingreift - sich selbst konstituiert. Der Mensch erschafft sich, indem er die Welt gestaltet und umgekehrt. Dies kommt sehr schön in einer komprimierten Bestimmung von „Kultur" – es ist quasi eine systematische Zusammenfassung des „Versuchs über den Menschen" – zum Ausdruck:

> „Im ganzen genommen könnte man die Kultur als den Prozeß der fortschreitenden Selbstbefreiung des Menschen beschreiben. Sprache, Kunst, Religion bilden unterschiedliche Phasen in diesem Prozeß. In ihnen allen entdeckt und erweist der Mensch eine neue Kraft - die Kraft, sich eine eigene, eine „ideale" Welt zu errichten" (Cassirer 1990, S. 345).

Der Mensch begegnet der Welt also keinesfalls unmittelbar, sondern er schafft sich eine Vielzahl „symbolischer Formen". Neben den bereits genannten gehören noch die Wirtschaft, die Technik und der Staat dazu. All dies sind „symbolische Formen", und Kultur kann als das Universum dieser symbolischen Formen betrachtet werden. Jede dieser Formen hat eine eigene Logik, hat eigene Möglichkeiten und Grenzen, kann jedoch grundsätzlich das Ganze zum Inhalt haben. Es gibt also keine Hierarchie der symbolischen Formen, kein automatisches Bewegungsgesetz, etwa vom Mythos zur Wissenschaft. Allerdings haben im Universum der symbolischen Formen Mythos und Sprache – auch entwicklungsgeschichtlich – eine gewisse grundlegende Bedeutung, was auch im Aufbau und in der Gliederung der „Philosophie der symbolischen Formen" abzulesen ist. Die Tatsache jedoch, dass jede der symbolischen Formen das Ganze zum Gegenstand haben kann, dass jede für sich eine spezifische Weltzugangsweise, eine Lebensform darstellt, ist insbesondere dort ein Problem, wo die spezifische symbolische Form nicht zur Humanität, sondern zur Barbarei führt, wie er es in seinem letzten Buch über den „Mythus des Staates" beschreibt.

Eine Einheit in dieser Pluralität symbolischer Formen ist daher auch nicht in ihrem Gegenstands- und Anwendungsbereich zu finden, sondern diese sucht Cassirer im handelnden Subjekt und in der gemeinsamen Funktion all dieser Formen: der Selbstbefreiung durch die Schaffung einer eigenen „idealen" Welt. Dies ist zugleich das Bestimmungsmoment von „Menschsein" schlechthin (ebd., S. 114), das Ziel, auf das alle verschiedenen Formen von „Menschsein" trotz aller Unterschiede und Gegensätze hinarbeiten (ebd.). Charakteristisches Kennzeichen dieser geschaffenen „idealen Welt" ist Ordnung. Dies ist daher quasi eine grundlegende anthropologische Konstante: der Bedarf, Ordnung zu schaffen in den Empfindungen, Wünschen und Gedanken. Dazu schafft sich der Mensch die symbolischen Formen. Und alle diese Formen lösen ihre Ordnungsaufgabe, und sie leisten dies durch eine Vermittlung von Subjekt und Objekt, von Sinn und Sinnlichkeit, nämlich durch je spezifische Symbole:

> „Unter einer „symbolischen Form" soll jede Energie des Geistes verstanden werden, durch welche ein geistiger Bedeutungsgehalt an ein konkretes sinnliches Zeichen geknüpft und diesem Zeichen innerlich zugeeignet wird." (Cassirer 1990, S. 175).

Erkennen – im weiten Sinn eines Umgangs mit allen symbolischen Formen – ist daher kein passiver Prozess des bloßen Aufnehmens von Eindrücken, sondern ein produktiver, tätiger Schöpfungsprozess von Zeichen und Bildern, die diese Vermittlungsaufgabe zwischen Subjekt und Objekt leisten.

Das Symbol löst das zentrale Problem nicht nur der Erkenntnistheorie (also die Vermittlung zwischen Denken und Sein), sondern jeglicher Beziehung zwischen

Mensch und Welt. Die symbolische Beziehung des Meinens und Bedeutens ist eine nicht weiter hintergehbare, ursprüngliche Beziehung. Sie ist weder ontologisch nur im Sein noch psychologisch nur im Subjekt zu begründen:

> „Das Symbolische ist vielmehr Immanenz und Transzendenz in Einem: sofern in ihm ein prinzi-
> piell überanschaulicher Gehalt in anschaulicher Form sich äußert." (Cassirer 1954, S. 370 und
> 450). Die Frage nach der Entstehung der Symbolfunktion ist jedoch „mit wissenschaftlichen
> Mitteln nicht lösbar". (Cassirer 1961, S. 100).

Für jede der genannten symbolischen Formen lassen sich die Ausdrucks-, Darstellungs- und Bedeutungsfunktion unterscheiden, wobei es bei jeder symbolischen Form in jeder dieser Funktionen Stufen der Entwicklung gibt. Dies hat Cassirer jedoch nicht mehr systematisch für jede symbolische Form untersucht. Lediglich über die Ausdrucksfunktion hat er die Stufenfolge: mimetisch, analogisch, symbolisch (Cassirer 1953, 134 -148) unterschieden.

Der Mensch im Verständnis von Cassirer braucht also Mittel im Zugang zu sich und der Welt: Der Mensch ist mittelverwendendes Wesen. Diese Mittel beginnen bei wirklichen Gegenständen wie Werkzeugen und reichen bis zu abstrakten begrifflichen Mitteln. Der Mensch ist insofern Kulturwesen, als er seinem Ausdruck Form verleihen kann (vgl. Schwemmer 1997, S. 31 f.)

Hierin steckt ein – auch für die Pädagogik – entscheidender Gedanke: nämlich die Lösung des Widerspruches zwischen Freiheit, Kreativität und Schöpfung auf der einen Seite und Form, Gestalt, Grenze und Gesetz auf der anderen Seite. Dies ist ein Widerspruch, der gerade für die bürgerliche Philosophie seit der Renaissance von besonderer – auch politischer – Bedeutung ist: Wie lässt sich die notwendige Freiheit des Menschen (auch und gerade als Freiheit gegenüber den absolutistischen Fürsten) gleichzeitig begründen mit der Vorstellung einer gesetzmäßig funktionierenden Natur, die ohne willkürliche Einmischung von außen regelgeleitet funktioniert. Gesetzmäßigkeit und Form sind also in emanzipatorischer Absicht gleichzeitig zu denken mit Freiheit und Autonomie. Die dualistische Lösung einer Aufspaltung in eine gesetzmäßige Natur und in eine „Kultur" als Reich der Freiheit, so wie sie Descartes vorgezeichnet hat, bedeutet letztlich einen Bruch im Denken, der insbesondere dann nicht zu akzeptieren ist, wenn der Mensch in seiner doppelten Bindung an Natur und Kultur begriffen werden soll.

Dies ist auch ein zentrales Problem bei Cassirer, wie schon Überschriften seiner Bücher verraten: „Freiheit und Form" (1916) oder „Idee und Gestalt" (1924). Immer wieder kommt Cassirer hier auf Goethe zurück, und es ist gerade im pädagogischen Kontext meines Beitrages von hohem Interesse, dass er dieses philosophische (und letztlich politisch-ideologische) Grundproblem in engem Zusammenhang mit Bildung, nämlich mit Goethes Konzept einer Bildung als Lebensform, behandelt: die Vermittlung von Geist und Natur, die zugleich eine Vermittlung von schöpferischer, kreativer Entfaltung und Form ist. Der Gedanke, der immer auftaucht, ist der: dass sich Freiheit nur in der Begrenzung entfalten kann. Form und Gestalt, also auf den ersten Blick Einengung und Begrenzung, sind Bedingungen der Möglichkeit von Freiheit. Dies ist geradezu ein universelles Prinzip, gültig für Geist und Natur, gültig aber auch für das soziale Zusammenleben der Menschen, für Sittlichkeit und Politik. Der Mensch ist also deshalb ein „Kulturwesen", weil er seinem Ausdruck eine Form geben kann, weil er ein tätiges Wesen ist, das für seine Tätigkeit und seine schöpferischen Gestaltungsprozesse Formen schafft. Diesen Gedanken, Form nicht nur als Begrenzung, sondern sogar als Bedingung der Möglichkeit von Freiheit zu betrachten, ist in unserem Zusammenhang relevant. Denn Institutionen (wie die Schule) sind eine besondere „Form", die auch mit diesem Cassirerschen Gedanken eine anthropologische Begründung finden (s.u.).

Die je individuelle Schaffung dieser Formen: dies macht zugleich die „Bildung" aus. In diesem Sinne referiert Cassirer mit großer Zustimmung Goethe am Beispiel der Pandora:

> „Aber das Reich, das sie (die Pandora; M.F.) jetzt gründet, die Herrschaft der Form, die sie aufrichtet, gehört nicht mehr dem Epimetheus allein. Sie gehört nicht dem Sinnenden und Schauenden, sondern dem Wertenden und Schaffenden: den Landleuten und Hirten, den Fischern, den Schmieden. Nur dem gibt sich die Form in ihrem realsten Wesen zu eigen, nur der vermag sie festzuhalten, der sie täglich aufs neue schafft und hervorbringt. Und diese Art des Schöpfertums geht nicht ins Weite, ins Unbestimmte, sondern sie hält und bewährt sich im engsten Kreise. Nur wenn jeder Einzelne in seiner eng begrenzten Sphäre eine solche Erfüllung sucht und leistet, erfüllt sich in ihm und durch ihn das Ganze - wird er zum Träger der echten und wesenhaften Form des Seins." (Cassirer 1993, S. 109).

Kultivierung ist also
>> ein Akt des Wirkens, des Schaffens von Werken,
>> ein Akt der gleichzeitigen Selbstbegrenzung durch Formen,
>> ein Akt der Präsentation von sich gegenüber anderen (Objektivation),
>> ein Akt des Versprechens der Verlässlichkeit (Schwemmer 1997, S. 173).

Auch wenn Cassirer seine Priorität stets auf den geistigen Akt der Formgebung legt - auch in den Naturwissenschaften -, auch wenn das Geistige und Allgemeine stets Priorität gegenüber dem Materiellen und je (zufällig) Einzelnen und Besonderen hat, sind viele seiner Aussagen passfähig zu Anthropologien, die in einem materialistischen Grundverständnis formuliert werden:
>> der Gedanke der Objektivierung des Geistigen,
>> das daraus entstehende „soziale Gedächtnis", das erst eine kumulative Entwicklung des Menschen gestattet,
>> seine tätigkeitsorientierte Auffassung des Menschen,
>> seine humanistische Grundposition einer Selbst-Befreiung des Menschen und sein ethisch-moralischer Grundton in seiner gesamten Philosophie,
>> die Versuche einer dialektischen Vermittlung der Gegensätze Subjekt/Objekt; Geist/Natur; Individuum/Allgemeines.

All dies ist auch dann kompatibel mit materialistischen Ansätzen (und den Überlegungen von Welsch 2012), wenn man berücksichtigt, daß ein „Primat des Ökonomischen" natürlich nicht bei Cassirer vorkommen kann. Diese Kompatibilität zeigt sich auch und gerade an dem (gemeinsamen) Gedanken der Objektivation der Wesenskräfte:

> „Der Mensch hat in den symbolischen Formen, die das Eigentümliche seines Wesens und seines Könnens sind, gewissermaßen die Lösung einer Aufgabe vollzogen, die die organische Natur als solche nicht zu lösen vermochte. Der „Geist" hat geleistet, was dem „Leben" versagt blieb. Hier ist das Werden und Wirken des einzelnen in ganz anderer und tiefer eingreifender Weise mit dem Ganzen verknüpft. Was die Individuen fühlen, wollen, denken, bleibt nicht in ihnen selbst verschlossen; es objektiviert sich im Werk. Und diese Werke der Sprache, der Dichtung, der bildenden Kunst, der Religion werden zu „Monumenten", zu den Erinnerungs- und Gedächtniszeichen der Menschheit. Sie sind „dauernder als Erz"; denn in ihnen besteht nicht nur ein Stoffliches weiter, sondern sie sind der Ausdruck eines Geistigen, das, wenn es auf verwandte und empfängliche Subjekte trifft, jederzeit wieder aus seiner stofflichen Hülle befreit und zu neuer Wirkung erweckt werden kann."

Und kurz später:

> „Dieser Prozeß ist es, der die bloße Umbildung, die sich im Kreise des organischen Werdens vollzieht, von der Bildung der Menschheit unterscheidet. Die erstere vollzieht sich passiv, die zweite aktiv. Daher führt die erstere nur zu Veränderungen, während die zweite zu bleibenden Gestaltungen führt. Das Werk ist im Grunde nichts anderes als eine menschliche Tat, die sich zum Sein verdichtet hat, die aber auch in dieser Verfestigung ihren Ursprung nicht verleugnet." (Cassirer 1961, S. 126f.).

Politisch hat sich Cassirer m. W. zwar mit den sozialistischen Bestrebungen der Marburger nicht einverstanden erklärt, immerhin liegt in Marburg ein Zentrum des „ethischen Sozialismus" (vgl. aktuell Holzhey 1994). Allerdings ist seine Position – in heutigen Begriffen – sozial-liberal, demokratisch und republikanisch (s. u.). Im folgenden will ich kurz Technik, Staat und Kunst als symbolische Formen im Sinne von Ernst Cassirer beschreiben.

Wer sich daran erinnert, wie sehr Technik in deutscher Tradition zur bloßen „Zivilisation" gerechnet wird, wird ihre Aufnahme in den Reigen symbolischer Formen neben Sprache, Kunst und Religion nicht für selbstverständlich halten: Technik, angewandter Verstand, bloßes sinnliches Machen soll ein Beitrag zum Verstehen von Welt sein, wo es in einer „Kultur" doch eher darum geht, die gerade von technischen Zivilisationen zerstörten Möglichkeiten zur Humanität zumindest zu bewerten, wenn nicht schon zu kompensieren oder zu ändern? Diese Überlegungen sind in unserem Zusammenhang relevant, wo es um eine Bewertung der technischen Medien innerhalb der kulturellen Bildung – dem Leitbegriff der Kulturschule – geht. Denn ein wesentlicher Unterschied zwischen der kulturellen und der musischen Bildung besteht in einer ausdrücklichen Einbeziehung der Medien. Sogar: Mit dem Cassirerschen Ansatz einer Kultur- als Medienphilosophie werden technische Medien und Künste gleichermaßen in einen übergeordneten Medienbegriff integriert.

Technik – so Cassirer und so auch Marx – steht gleich am Beginn der Menschwerdung. Sie schafft „eine Art von Schicksalsgemeinschaft zwischen all denen, die an ihrem Werke tätig sind" (Cassirer 1985, S. 89).

In seiner Schrift „Form und Technik" aus dem Jahre 1930 setzt sich Cassirer auch mit kulturpessimistischen Bewertungen der inzwischen zur größten Kulturmacht gewordenen Technik auseinander (vgl. zu dem geistigen Hintergrund Fuchs 2013 – i.V.). Kurz vor Ende des Zweiten Weltkrieges wird er diese tendenziell optimistische Grundhaltung an der Stelle revidieren, wo er den Faschismus als unselige Verknüpfung des vormodernen Mythos mit der modernen Technik deutet. Denn diesem ist es gelungen, das zentrale humanistische Ziel menschlicher Entwicklung aufzuheben: nämlich in selbstverantwortlicher Entscheidung eine eigene Persönlichkeit und Verantwortlichkeit auszubilden, statt blindlings eine mythisch-kollektive Identität zu übernehmen, im strengen Sinn also auf ein Wesenselement von Menschsein zu verzichten.

Ist Technik eine symbolische Form, so wird man den Nachweis erwarten, dass sie all deren Bestimmungsmerkmale erfüllt: u. a. Aktivität, Ordnung, geistige Steuerung, Vermittlung von Sinn und Sinnlichkeit.

Eingangs stellt Cassirer eine große Diskrepanz fest: Während Mathematik, das Historische, die Geistes- und Naturwissenschaften die „seit der Renaissance notwendig zu beantwortenden Fragen nach ihrem Sinn und Recht, ihrem Ursprung und ihrer Geltung" angemessen beantwortet hätten, steht diese bei der Technik noch aus (S. 40 f.).

Ebenso wie bei den anderen symbolischen Formen führt die Sichtung der bloßen Werke nicht weiter. Es ist vielmehr nach der „Bedingung der Möglichkeit", nach der forma formans, der gestaltenden Kraft zu fragen, die der Technik zugrunde liegt. (ebd.)

Den ersten Anlauf hierzu gewinnt Cassirer aus einem Hinweis auf den (gemeinsamen) Werkzeugcharakter von Sprache und Werkzeug, also in der Ausdehnung der B. Franklinschen Bestimmung des Menschen als „tool-making animal". Auch Sprache ist Werkzeug, indem sie die Welt nicht bloß darstellt, sondern indem sie sich ihrer bemächtigt und indem sie wirkt. Dieses Wirken geht vom Menschen aus, ist ein produktiver Akt der Schöpfung und kein bloß rezeptiv-passiver Akt des Hinnehmens.

Hier gibt es sogar eine Gemeinsamkeit mit der Magie (als Teil des Mythos als symbolischer Form), die sich eben auch die Welt nur deterministisch denken kann, da sonst die stets gleiche Anwendung der magischen Praxen nicht funktionieren könnte, mit denen man ebenso die Welt beherrschen will, wie man dies mit den anderen symbolischen Formen anstrebt. Dies ist der rationale Kern selbst der Magie. Was dieser jedoch fehlt, ist das Mittel, den gewollten Zustand der Welt aus dem So-Sein auch hervorgehen zu lassen.

Der Wille und die Fähigkeit zur Tat realisiert sich über die Schaffung, Nutzung und Weiterentwicklung des Werkzeuges. Dieses liefert das notwendige Mittel, vermittelt zwischen Mensch und Welt, vermittelt aber auch zwischen möglichem Ziel und realem Zustand. Das Werkzeug zerstört die Unmittelbarkeit des Bezuges zur Welt, schafft Distanz, und es ist die ungeheuere Abstraktionsleistung, das angestrebte Ziel der

Veränderung in eine Ferne rücken zu lassen zugunsten der Konzentration auf ein Mittel, dem die Realisierbarkeit dieses Zieles kaum anzusehen ist.

Der werkzeugverwendende Mensch erlebt hier zweierlei: Das deterministische Gesetz der Kausalität im Bereich der Dinge, ihre strenge Form, aber auch die Möglichkeit, unter Nutzung dieser Form freie Gestaltung zu realisieren. Das Werkzeug löst praktisch die Dialektik von Begrenzung und Schaffensdrang zugunsten freier Gestaltung und Schöpfertum.

Diesen Gegensatz von Form und Freiheit untersucht Cassirer immer wieder in der Geistes- und Kulturgeschichte. Er findet ihn vor allem in den Theorien der ästhetischen Produktivität, etwa in F. Schillers Konzeption der Kunst als Ergebnis der Dialektik von Freiheit und Form. (69 ff.) Und er findet dort einen weiteren wichtigen Gedanken, quasi ein anthropologisches Grundprinzip: Der Mensch schafft zwar Kunst (in der Dialektik von Freiheit und Form), aber diese schafft zugleich ihn als Menschen. Das Produkt wird zum Mittel, und das Subjekt wird zum Objekt eines produktiven Umgangs mit Kunst als Selbstbildung des Menschen durch seine Objektivation der Kunst. Dieser Gedanke wird aus dem Ästhetisch-Expressiven ausgedehnt zunächst auf die Sprache (v. Humboldt) und dann auf jegliche Arbeit. Hier findet sich auch einer der seltenen Bezüge auf Marx bei Cassirer, wenn er den Gedanken widerlegt, dass Technik bloße Organverlängerung sei. Technik transzendiert – ebenso wie andere symbolische Formen – die Grenzen des Organischen, sie überschreitet die Grenzen einer unmittelbaren Bedürfnisorientierung.

Ein weiterer Gedanke – durchaus marxistischer Provenienz, hier jedoch unter positivem Bezug auf (den zeitweiligen AEG-Chef und später von rechten Kräften ermordeten) Walther Rathenau (1917): Die Kritik an der völligen Entseelung und Mechanisierung der Arbeit, am härtesten Frondienst, am zügellosen Ehrgeiz, am sinnlosen Warenhunger. Er zitiert Rathenau mit der aktuell klingenden Passage:

> „Betrachtet man… die Produktion der Welt, so zeigt ein furchtbares Erschrecken uns den Irrsinn der Wirtschaft. Überflüssiges, Nichtiges, Schädliches, Verächtliches wird in unseren Magazinen gehäuft, unnützer Modetand, der wenige Tage falschen Glanz spenden soll."

Und er prangert geradezu an:

> „Ihre Herstellung, ihr Transport und Verschleiß erfordert die Arbeit von Millionen Händen, fordert Rohstoffe, Kohlen, Maschinen, Fabrikanlagen und hält annähernd den dritten Teil der Weltindustrie und des Welthandels in Atem." (Ebd.)

Zustimmung findet Rathenau auch mit seiner Ursachenanalyse,

> „daß all die Mängel und Schäden der modernen technischen Kultur… nicht sowohl aus ihrer selbst als vielmehr aus ihrer Verbindung mit einer bestimmten Wirtschaftsform und Wirtschaftsordnung zu verstehen sind - und daß danach jeder Versuch der Besserung an dieser Rolle den Hebel anzusetzen hat."

Hieran knüpft Cassirer das „Zentralproblem der heutigen Kultur": die Ethisierung der Technik. Denn die Ziele ihrer Anwendung können nicht aus ihr selbst stammen. Ihre geistige Qualität, ihr Sinn ist die „Freiheit durch Dienstbarkeit", also der produktiven

Nutzung naturgesetzlicher Regelungen. Was ansteht ist die sittliche Bewertung, da erst durch die Bezwingung der Naturgewalten durch die Technik diese zur „Bezwingerin der chaotischen Kräfte im Menschen selbst" wird. Auch die Hinweise auf die seinerzeit äußerst populären Schriften des Ökonomen und Politikers Rathenau auf die Rolle der Wirtschaftsordnung ist relevant. Denn gerade heute steht die Pädagogik (wie andere Arbeitsfelder) vor dem Problem, wie mit dem universellen Anspruch einer ökonomischen Denkweise auch im Bildungsbereich umzugehen ist. „Bildung zwischen Staat und Markt" war folgerichtig das Motto einer der letzten Jahrestagungen der Deutschen Gesellschaft für Erziehungswissenschaft. Unter Rückgriff auf die Gouvernementalismusstudien von Foucault hat sich daher eine Kritische Erziehungswissenschaft etabliert, die auch und gerade die Schule in den Blick nimmt (zu Foucault siehe Fuchs 2012, 188ff; siehe auch Pongratz 1989). Doch zurück zu Cassirer.

Da der Vorgang der Beherrschung der Technik nur gemeinschaftlich erfolgen kann, schafft sich der Mensch soziale Ordnungsformen, insbesondere den Staat. Der Staat, so Cassirer (1990), ist ein spätes Produkt der Zivilisation: „Lange bevor der Mensch diesen gesellschaftlichen Organisationsmodus entdeckte, hatte er schon andere Versuche gemacht, seinen Empfindungen, Wünschen und Gedanken Ausdruck und Ordnung zu verleihen." So ordnet Cassirer den Staat in das Universum symbolischer Formen ein: als Ausdrucks- und Ordnungsmittel. Und auch: Die Betrachtung des Staates liefert – eben als Objektivation des Menschen – Aufschluss über dessen Wesen. Das Politische ordnet sich bei Cassirer ein in seine anthropologische Grundüberzeugung: Der Mensch muss die Welt gestalten, damit sie seine wird. Dies gilt speziell für eine politische Gestaltung. Und die Richtung dieser Gestaltung bezieht Cassirer aus dem Humanismus der Renaissance und der Aufklärung:

> „Schreibt man die Cassirersche Position in den damaligen Diskurs der Politik ein", so H. Paetzold (1995, S. 112), „so könnte man sagen: Einerseits gab es den politischen Dezisionismus des Anti-Parlamentariers Carl Schmitt, ein Pendant zum Existentialismus Heideggers. Cassirer zufolge verkennt eine solche Position die Verankerung der republikanischen Verfassung im europäischen Rationalismus. Andererseits aber richtet sich Cassirers Plädoyer für die Idee des demokratischen Republikanismus gegen das irrationale Machtdenken eines Hans Freyer. Der Souverän Cassirers ist an den Rationalismus der Gesetze gebunden, d.h. auch er muß Regeln befolgen und schließt sich nur so mit dem Willen des Volkes zusammen. Schließlich desavouiert Cassirer, indem er die Idee der demokratischen Republik als Errungenschaft der Moderne ausgibt, alle rückwärts gewandten Propheten von Formen vormoderner Hierarchien, für die Othmar Spann, Oswald Sprengler und Moeller van den Bruck als Namensgeber dienen mögen. Für Cassirer ist der Ausstieg aus der Moderne mit ihren Formen der sozialen, politischen und kulturellen „Ausdifferenzierung" (M. Weber) eine gefährliche Illusion."

Zur kulturellen Evolution des Menschen und der Bedeutung der Symbole

Die Rede von einer „kulturellen Evolution" birgt zahlreiche Fallstricke. Ein erstes Problem ergibt sich bereits aus der Zusammenstellung der beiden Begriffe „Kultur" und
„Evolution". Denn eine traditionsreiche, nicht nur im marxistischen Denken verankerte
Sichtweise unterscheidet in der Anthropogenese zwischen einer Naturgeschichte
des Menschen, die den Gesetzen der (biowissenschaftlich) verstandenen Evolution
gehorcht (vgl. Scheunpflug 2001, Teil I), und einer Kulturgeschichte des Menschen, bei
der der Mensch seine Geschichte selbst macht und aus den Gesetzen der Evolution
ausbricht. Kultur wird hier geradezu zu einem Gegensatz zur Evolution. Allerdings
kann man sinnvollerweise danach fragen, wie sich die Fähigkeiten des Menschen,
seine Geschichte selber machen zu können, entwickelt haben, welches also die
naturgeschichtlichen Grundlagen von Kultur sind. „Kultur" wiederum ist ein ausgesprochen schillernder Begriff (Fuchs 2008). In dem Zusammenhang dieses Beitrages
muss man den weiten Kulturbegriff wählen, der alle Aktivitäten und Fähigkeiten des
Menschen – und deren Ergebnisse – erfasst, mit denen dieser die Welt zu einer Welt
des Menschen macht. „Kultur" erfasst hier die Breite dessen, was Ernst Cassirer als
Summe der „symbolischen Formen" betrachtet, nämlich Sprache, Religion und Mythos, Technik, Politik und Wirtschaft, Wissenschaft und Kunst (vgl. Cassirer 1990).
Mit dieser begrifflichen Annäherung lässt sich die Themenstellung so präzisieren,
dass man nach der Genese der Fähigkeiten der Menschen fragen kann, zu sprechen,
technisch, politisch und ökonomisch aktiv werden zu können, sich über Religion und
Mythos seinen Platz in der Welt zu erklären und natürlich auch: künstlerisch aktiv zu
werden. Allerdings ist damit die Brisanz der Themenstellung keineswegs aufgehoben.
Denn es stellen sich nicht nur die – v. a. in den USA relevanten – Konflikte zwischen
denen, die an eine Schöpfung Gottes glauben (die „Kreationisten"), und denen, die
eine Erklärung der Entstehung des Menschen durch Evolution bevorzugen (vgl. Müller
2008), man hat es auch mit dem Jahrhundertproblem zu tun, was am Menschen genetisch bedingt ist und was dieser (sozialkulturell) durch Lernen erwirbt. Immerhin
ist dadurch ein weiteres wesentliches Charakteristikum des Menschen benannt:
Seine Fähigkeit zu lernen. Nur durch diese Fähigkeit entstehen so wichtige „Gesetze"
der menschlichen Entwicklung wie die Tatsache der Kumulation, dass nämlich die
jeweils folgende Generation auf den Erfahrungen und Erkenntnissen der Vorgänger
aufbauen kann und nicht wieder am Nullpunkt anfangen muss. Dadurch ist auch
das Faktum der Entwicklung gesetzt, das sich in dieser Form bei keinem anderen
Lebewesen findet. Bei der Erklärung dieses kumulativen Prozesses spielt wiederum
eine Rolle, dass die Fähigkeiten und Fertigkeiten des Menschen nicht bloß als rein
geistige Kompetenzen im Menschen verbleiben, sondern vielmehr dazu genutzt
werden, die Umwelt zu gestalten: Diese gestaltete Umwelt wird – in Anlehnung an
eine Formulierung von Marx – zum „aufgeschlagenen Buch der menschlichen Wesenskräfte". Ein weiteres Spannungsfeld bei jeglicher Rede von Evolution besteht

darin, dass man hierbei eine kontinuierliche Vorwärtsentwicklung – und diese seit der Entdeckung der Geschichtlichkeit des Menschen in der Neuzeit zielgerichtet („teleologisch") als ständigen Verbesserungsprozess – betrachtete. Bekanntlich ist jedoch der Kulturdiskurs der Moderne über weite Strecken ein kritischer Diskurs, der die optimistische Vorstellung einer ständigen Verbesserung bestreitet. Es wird auch bestritten, dass gesellschaftliche und individuelle Veränderungsprozesse nur kontinuierlich und harmonisch verlaufen: Bei Gesellschaften rechnet man durchaus mit Revolutionen und auch in der individuellen Entwicklung, der Ontogenese, geht man von Sprüngen aus. Politisch bedeutsam ist zudem die Frage danach, ob es verschiedene (evolutionäre oder revolutionäre) Entwicklungspfade gibt. So ist eine verbreitete Entwicklungstheorie der modernen Gesellschaft, die soziologische Modernisierungstheorie, auch dadurch in Verruf geraten, dass sie nur das westliche Entwicklungsmodell hin zur Moderne kannte und es im Rahmen der Entwicklungspolitik allen anderen Ländern vorschreiben wollte. Man sieht, dass es recht schwierig ist, gerade über das Thema der kulturellen Evolution ohne Einbeziehung seiner weltanschaulichen und politischen Dimensionen zu verhandeln. Dies kommt auch in der Bewegung des Sozialdarwinismus zum Ausdruck, bei der das Gesetz des „survival of the fittest" zur Begründung ungerechter gesellschaftlicher Verhältnisse (bis hin zum Genozid) hat herhalten müssen (Scheunpflug a.a.O., 34).

Trotz all dieser Problematik lohnt jedoch ein Blick auf die kulturelle Evolution, weil zum einem sowohl Kulturtheorie und Anthropologie ohne Berücksichtigung des Entwicklungsaspektes kaum sinnvoll betrieben werden können, und zum zweiten dieser Blick Aufschluss über die kulturelle und anthropologische Relevanz von ästhetisch-künstlerischer Praxis geben kann. Es gibt zudem seit einiger Zeit interessante Forschungsansätze und Forschungsergebnisse, die für das Arbeitsfeld der kulturellen Bildung relevant sind.

An Theorien zur Menschwerdung ist kein Mangel. Der Gebrauch oder die Herstellung von Werkzeugen, Sprache, Denkfähigkeit, Religion, Kunst: es gibt kaum eine menschliche Fähigkeit, die nicht in einer der zahlreichen, meist hochspekulativen Theorien als die entscheidende Ursache für die Entwicklung des Menschen genommen wurde (vgl. Fuchs 1999). Heute noch gültige ältere Anthropologiekonzeptionen (wie etwa die von Helmut Plessner oder Ernst Cassirer) haben bei allem philosophisch-spekulativen Überschuss sehr genau den Erkenntnisstand in Biologie, Verhaltensforschung, Archäologie etc. berücksichtigt. Dies gilt auch heute noch. So stützt sich Michael Tomasello (2006, 2010a), Direktor des Max-Planck-Instituts für evolutionäre Anthropologie in Leipzig, auf Experimente im Bereich der Verhaltensforschung bei Primaten und Kleinkindern. Die Human Ethnology Group des Max-Planck-Instituts für Ornithologie in Andechs (eine Gründung von Konrad Lorenz) macht vielfältige ethologische und ethnologische Studien insbesondere in ihrem Projekt EthArts – The Ethology of Arts zur Untersuchung der Reichweite evolutionärer Erklärungsmodelle im Umgang mit den Künsten (Eibl-Eibesfeldt/Sütterlin 2008; Schievenhövel 2011). Auch in einigen Schulen der Psychologie befasst man sich mit naturgeschichtlichen Grundlagen der menschlichen Existenzweise. So finden sich etwa im Rahmen der kulturhistorischen Schule (Wygotski, Leontiew) und der Kritischen Psychologie, die auf deren Ergebnissen aufbaut, umfangreiche Studien zur Naturgeschichte des Psychischen und zur Entstehung des Bewusstseins. Holzkamp hat dies zu einem methodischen Dreischritt weiterentwickelt, der die Naturgeschichte, die Sozialgeschichte und schließlich die Ontogenese der Psyche unterscheidet (Holzkamp 1983). Ähnlich verfährt Günter Dux (2005) in seiner „Historisch-genetischen Theorie der Kultur", wobei er als Schlüssel zum Verständnis der kulturellen Evolution die jeweils individuelle Aneignung eines vorhandenen kulturellen Entwicklungsstandes in der Ontogenese, also die Enkulturation, sieht. Hierfür sieht er in der konstruktivistischen Entwicklungspsychologie von Jean Piaget den relevanten Ansatz.

Sein Anliegen: „Die Evolution von den prähumanen Anthropoiden zum Menschen ist eine Evolution von einer genetisch präfixierten zu einer konstruktiven Autonomie" (ebd., 56). In diesem Konzept lassen sich Reflexivität des Menschen (auch als Basis für die Plessnersche exzentrische Positionalität) sowie die Bedeutsamkeit der Symbole i.S. von Ernst Cassirer integrieren. Soviel sollte deutlich geworden sein: Fragen der kulturellen Evolution lassen sich nur mehrdimensional und unter Einbeziehung der Erkenntnisse unterschiedlicher Disziplinen klären. Lässt sich diese anthropologische Perspektive auch auf das Ästhetische anwenden, das in dem Konzept der Kulturschule eine zentrale Rolle spielt?

Evolutionäre Ästhetik

Dass Ästhetik i.S. einer Wahrnehmungslehre („aisthesis") nicht bloß Philosophen und Kunsttheoretiker, sondern auch Psychologen und Biologen beschäftigt, liegt nahe. Es könnte sogar so sein, dass eine Ausweitung der Themen über eher enge kunstphilosophische Themen hinaus zu epistemologischen Fragestellungen einer „unübersehbaren akademischen Ermattung der Ästhetik in den letzten 10 Jahren" (so Ch. Menke, zitiert nach Lauschke 2007, 20) beheben könnte. Diese Ausweitung des Fragespektrums erfasst dann auch die kultur- und naturgeschichtliche Gewordenheit unserer Sinne wie Sehen, Hören, Schmecken etc., also die körperliche Basis einer jeglichen ästhetischen Weltzugangsweise. Zwanglos lassen sich dann die Forschungen aus dem Bereich der Historischen Anthropologie (Wulf 1997) anschließen, die sich (u.a.) mit der Kulturgeschichte der Sinne (und der entsprechenden philosophischen Reflexionen) befasst. Eine „evolutionäre Ästhetik" versteht sich als biologisch informierter Zugang nicht bloß zu den Sinnen, sondern durchaus auch zum Problem der Schönheit und ihrer Rolle in der Evolution. Unter Bezug auf Charles Darwin lässt sich daher fragen, welche Entwicklungsvorteile eine so verstandene ästhetische Disposition in der Evolution der Menschen erbringt. Vergleiche mit dem Tierreich zeigen, dass prächtige Ausgestaltungen beim Männchen die Funktion haben, sich Weibchen als geeignete Sexualpartner anzudienen. Bestimmte „ästhetische Kategorien" (etwa der Körperbau) identifizieren die Träger solcher Eigenschaften als besonders durchsetzungsstark im Kampf um das Überleben und die Erhaltung der Art. Andere „Schönheits"-Leitlinien unterstützen die notwendigen Instinkte zur Hege und Pflege des Nachwuchses. Ellen Dissanayake (2002), in diesem Feld anerkannte Forscherin, zeigt in ihren Arbeiten, dass eine für die (kulturelle) Evolution des Menschen bedeutsame Funktion des Ästhetischen darin bestand, im alltäglichen Überlebenskampf hochrelevante Dinge oder Handlungsabläufe durch Schmuck oder andere Hervorhebungen in ihrer Besonderheit und Bedeutung hervorzuheben. Der Psychologe E. Neumann (1996) zeigte wiederum, dass die Herausbildung ästhetischer Expressivität beim Menschen notwendig war, um die Emotionen zu beherrschen.

Auch Ästhetiker scheuen sich nicht, in dieser Form naturwissenschaftliche Forschungen zur Klärung von Problemen zuzuziehen. Einen ambitionierten Entwurf hat die Cassirer-Schülerin Susanne Langer (1979) vorgelegt. Auch Wolfgang Welsch (2004) befasst sich mit evolutionärer Ästhetik. Unterstützt werden solche Ansätze durch eine Verbindung von ethnologischen und ethologischen Forschungsansätzen (vgl. Welsch 2011, 2012). Das Ziel ist es, neben der philosophischen Aufgabe, die Künste und das Ästhetische als unverzichtbaren Teil der conditio humana nachzuweisen, naturwissenschaftliche Belege für diese These zu erbringen. Dabei kommen – neben der kognitiven Zugangsweise des Menschen zu sich und zur Welt – die nichtintellektuellen Welt- und Selbstverhältnisse des Leibes sowie andere als diskursive Kommunikationsformen in das Blickfeld. Es geht um Bilder, Gesten, musikalische, theatrale und tänzerische Ausdrucksformen. Es ist dabei daran zu erinnern, dass diese Vielfalt menschlicher Welt- und Selbstverhältnisse gerade die Spezifik der Cassirerschen Philosophie der symbolischen Formen ausmacht, wobei es um eine Überwindung falscher Dichotomien (Geist/Körper; Verstand/Sinne etc.) geht. Dabei sind gerade diejenigen Prozesse von Interesse, die im Tier-Mensch-Übergangsfeld geschehen, an deren Ende die Naturgeschichte des Menschen in die Kulturgeschichte des Menschen übergeht. Es geht um das Rätsel der Kunst als einer Vermittlung von Sinn und Sinnlichkeit: „Kunst", so Eibl-Eibesfeldt/Sütterlin (2008, 19) mit ihrem Schwerpunkt auf Bildkunst, „ist ein Medium der Mitteilung, das die Zeit überdauert. Sie wirkt, wie das geschriebene Wort, nachhaltig über Generationen. Sie appelliert an unsere Sinne, unser Gefühl, auch an ethische Normen." Ein solcher kultur-evolutionärer Zugang zum Ästhetischen und zur Kunst kann jedoch nicht von Kunsttheorie und Ästhetikkonzeptionen ausgehen, die aufs Engste mit der Moderne verbunden sind. Insbesondere ist eine – oft auch nur erkürzte – Verständnisweise von Kunstautonomie zu überwinden, die die Kunst von den Erfordernissen des (Über-)Lebens abtrennen will, da es gerade um ihre kulturelle Relevanz geht. Ein übergreifender Ansatzpunkt zur Klärung dieser Fragen bietet, wie am Beispiel von Cassirer gesehen, das Symbol.

Das Kreuz ist zunächst einmal ein materieller Gegenstand. Wäre es nur dies, könnte man nicht verstehen, warum sich Menschen dafür umbringen. Hinter dem materiellen Ding, das zudem sehr unterschiedlich aussehen und aus verschiedensten Materialien hergestellt sein kann, steckt eine nicht sichtbare, aber im Bewusstsein der Menschen vorhandene Bedeutung. Das materielle Ding repräsentiert diese, macht sie kommunizierbar, organisiert Diskurse und soziale Gruppierungen und transportiert die Bedeutung über Raum und Zeit (Fuchs 2011a). Offensichtlich hat diese Kombination von Materialität und Bedeutung, eben: ein „Symbol", eine erhebliche Macht im Leben der Menschen. Alles kann dabei zu einem Symbol werden, wobei der Kreis derer, für die ein beliebiges Ding eine Symbolqualität gewinnt, als Träger von Bedeutung wird, unterschiedlich groß sein kann. Sprache – wie jede andere Form von Kommunikation – ist offensichtlich ein Symbolsystem. Symbole sind so zentral für den Menschen, dass Cassirer diesen als „animal symbolicum" definiert: Es ist nur der Mensch, der die Fähigkeit zur Symbolbildung hat. Wie diese Fähigkeit zustande gekommen ist, ist für jede der symbolisch gestützten Formen der der Welt- und Selbstverhältnisse des Menschen im einzelnen zu untersuchen: Wie entsteht Sprache? Wie entsteht die Fähigkeit zum Gebrauch von Bildern und Gesten? Wie entsteht die Fähigkeit zur Musik? (Zur Komplexität der Symboltheorien siehe Rolf 2006).

Es gibt zumindest zwei Belege für die These, dass Kunst und ästhetische Praxis von Anbeginn der Menschheit eine Rolle gespielt haben. Dabei darf unter „Kunst" nicht der moderne Kunstbegriff verstanden werden, so wie er sich erst gegen Ende des 18. Jahrhunderts entwickelt hat. Sondern es ist damit eine besondere Art des Gestaltens gemeint, es geht um Schmuck, um ästhetische Zugaben zu Alltagsgegenständen, die mit dessen Funktion nichts zu tun haben. Die erste Erkenntnisquelle sind Funde aus der Frühgeschichte der Menschheit, wobei es hier um Artefakte der Bildenden Kunst und Architektur, also um Gegenstände, um Dinge und gestaltete Umgebungen geht. Bei den Höhlenmalereien, etwa denen aus den Cevennen oder den Pyrenäen, hat man zusätzlich die Chance, vergängliche „performative" Kunstformen wie Tanz/ Theater zu studieren, wenn diese Gegenstand der Abbildungen sind. Musik wiederum ist zu rekonstruieren anhand von Instrumenten.

Eine zweite Möglichkeit ist das Studium von so genannten „Naturvölkern". Aus all diesem lässt sich schließen, dass es von Anbeginn der Menschheit eine künstlerische Praxis gegeben hat (Dissanayake 2002). Doch wie erklärt man sich diese vor allem dann, wenn eine Alltagsfunktionalität auf den ersten Blick nicht erkennbar ist? Ich will dies am Beispiel der Höhlenmalerei erläutern.

Fels- oder Höhlenbilder lassen sich bis 8000 v. d. Z. nachweisen (Mann/Heuß 1991, Bd. 1; DIE ZEIT: Welt- und Kulturgeschichte, Bd. 1, Hamburg 2006; Faulstich 1997). Sie finden sich in allen Teilen der Erde – und wurden an einigen Stellen der Erde bis ins 20. Jh. angefertigt. Schon früh lässt sich die Verwendung von Farbe nachweisen. Natürlich gibt es Kulturfunde wie Waffen, Werkzeuge oder Beerdigungsstätten, die weitaus länger in die Vergangenheit zurückreichen. Die Entwicklung des Menschen mit all seinen Vorstufen und Nebenzweigen dauerte einige Millionen Jahre. Das „Tier-Mensch-Übergangsfeld" (Heberer) zwischen Pliozän und Pleistozän wird mit 10 Millionen Jahren angegeben – und spätestens der Fund von Ötzi zeigt, dass Datierungsversuche über bestimmt Aspekte der Menschheits- und Kulturentwicklung sehr rasch bei neuen Funden revidiert werden müssen. Die folgende Eingangspassage der Propyläen-Weltgeschichte dürfte jedoch unbestritten sein: „Der Mensch aber wurde geboren, als er zum ersten Mal etwas „Unnatürliches", etwas Künstliches schuf, als er einen natürlich vorkommenden Gegenstand zu einem Artefakt umformte, zu einen erdachten, planvoll gestalteten menschlichen Produkt" (Rust in Mann/Heuß 1991, S. 157). Ab diesem Moment „scherte er aus den biologisch-natürlichen, „gesetzmäßigen" Entwicklungsabläufen aus und lebte unter künstlich geschaffenen Bedingungen" (Ebd., S. 159).

Dieser Kulturprozess der Selbstschöpfung des Menschen beschleunigt sich in dem Maße, in dem der Mensch neue Mittel der Naturgestaltung entwickelt: Die Eroberung der Natur ist zugleich die Selbstschöpfung des Menschen als kulturell verfasstem Wesen. In diesem Kontext spielt die bildhafte Darstellung eine entscheidende Rolle. Im folgenden werde ich einige Bestimmungsmomente dieser frühen Bildpraxis entwickeln.

>> Ein erster Aspekt ergibt sich bereits aus der Tatsache, dass wir heute, vielleicht 10.000 Jahre nach ihrer Herstellung, mit Hilfe der Bilder überhaupt Überlegungen zu ihrer Funktion und ihrer Wirkungsweise anstellen und so ein Stück (Kultur-) Geschichte rekonstruieren können. Bilder sind nämlich Teil eines sozialen bzw. kulturellen Gedächtnisses (Maurice Halbwachs). Sie konservieren einen kulturellen Entwicklungsstand und gestatten so die Herstellung eines bewussten Verhältnisses zur Geschichte des Menschen, sogar noch grundsätzlicher: Sie sind vitale Zeichen dafür, dass der Mensch Geschichte hat und dies bewusst erlebt. Zur Erinnerung: Eine aktuelle Bestimmung des Begriffs von Bildung versteht unter dieser die Herstellung eines bewussten Verhältnisses zu sich, zu seiner natürlichen und sozialen Umgebung, zu seiner Vergangenheit und Zukunft (vgl. Fuchs 2000). Mit dieser Geschichtsfunktion, die das Bild erfüllt, realisiert sich also ein entscheidender Aspekt von Bildung. Der etymologische Zusammenhang von Bild und Bildung ist also kein zufälliger, sondern ein inhaltlicher. Als paradox mag man bewerten, dass ausgerechnet ein Medium, das in seiner Darstellung die Zeit festhält, eine entscheidende Rolle bei der Gewinnung eines Zeitbewusstseins spielt. Diese Rolle zähle ich zu den Kulturfunktionen, also zu solchen Bedingungen, die in einer Gemeinschaft erfüllt sein müssen, wenn sie Bestand haben soll.

>> Die Höhlenbilder sind Darstellungen überlebensrelevanter Situationen (Vgl. Holzkamp 1978, v. a. den Beitrag „Kunst und Arbeit ...".). Die ikonisch-symbolische Präsentation ist Teil des Alltages, und es ist ein existenziell bedeutsamer Teil. Kunst hat also auf dieser Stufe der menschlichen Entwicklung eine unmittelbar einsichtige Überlebensfunktion. Es gibt gerade keine Kluft zwischen Alltag und Kunst. Bevor man darüber all zu sehr erstaunt ist – denn immerhin ist die erneute Herstellung

dieser Einheit ein wichtiges programmatisches Ziel aller Avantgarden seit über 100 Jahren –, sollte man daran denken, dass die Trennung von Kunst und Alltag, die uns heute oft genug als selbstverständlich erscheint, in dieser heutigen Form gerade mal 200 Jahre alt ist und mit dem sozialen und politischen Gebrauch der von Schiller und Kant ausgearbeiteten „Autonomie" zu tun hat (vgl. Bollenbeck 1994).

>> Die Darstellungsweise der Höhlenbilder ist äußerst stilisiert. Es ist offensichtlich kein Naturalismus, es ist etwa nicht der konkrete Büffel der letzten Jagd, sondern ein höchst stilisierter, geradezu abstrakter Büffel. Auch dies lässt sich aus der Funktion des Bildes erklären: Nämlich eine allgemeine – und allgemeingültige – Jagdszene darstellen zu wollen, weil nur eine solche für zukünftige Jagden auch Relevanz beanspruchen kann. Der dargestellte Büffel ist daher der Büffel schlechthin, ist die visuelle Darstellung einer Abstraktion, einer theoretischen Kategorie. Die Jagdszene wiederum enthält dadurch verallgemeinertes Wissen über das Jagen. Und dieses Wissen ist wesentliches Wissen, das auch nur stilisiert angemessen dargestellt werden kann. Dies kann man sich etwa dadurch verdeutlichen, dass eine Fotografie mit ihren vielen konkreten Einzelheiten völlig ungeeignet für diesen Zweck der Erfahrungsvermittlung wäre, eben weil sie zu sehr von den entscheidenden Bildelementen ablenkt. Nur die verdichtete und sparsame künstlerische Form leistet dies.

>> Überleben als Mensch ist nur über die Gestaltung der Umweltbedingungen möglich. „Gestaltung" ist eine Form von Herrschaft und Macht. Der Mensch muss Ordnungsprinzipien des zu gestaltenden Bereichs kennen bzw. entwickelt haben. Zu diesem Zweck entwickelt er „symbolische Formen" (Cassirer 1990, Fuchs 1998). Das Bild als symbolische Form ist in dieser Perspektive Mittel der Ordnung, der Macht, denn es enthält Machtwissen. Den in der Überschrift hergestellten Zusammenhang von Bild, Mensch und Macht gibt es also schon bei dem ersten Auftreten des Bildes. Er ist vermutlich auch eine ursprüngliche Motivation zur Bildherstellung.

>> Die Macht über die äußere Natur lässt sich nur herstellen als Gemeinschaftsaktion des Stammes, der Herde oder der Gens. Viele der Jagdszenen zeigen Menschen in unterschiedlichen Funktionen, etwa als Jäger und Treiber. Diese Bilder geben also eine frühe Form von Arbeitsteilung wieder, sie sind Abbilder der sozialen Organisation der Gemeinschaft. Auch dies ist eine wichtige Kulturfunktion, die jede stabile Gemeinschaft braucht: Eine Form der Symbolisierung von Gemeinschaftserfahrung als Grundlage für die Entwicklung einer sozialen Identität.

Doch geht es nicht nur um „objektive" und notwendige Funktionsaufteilungen einer gelingenden Jagd, sondern es geht auch um die soziale Hierarchie in der Gruppe: Wer ist der Anführer, wer trägt Waffen, wer ist bloß Treiber – und wer nimmt überhaupt nicht teil? Neben dem offiziellen Lehrplan des Bildes als Bildungsmittel in der Jagdunterweisung gibt es also einen heimlichen Lehrplan, der eine gewisse soziale Hierarchie als sachlich begründet und „selbstverständlich" darstellt. Bilder wirken als Machtmittel also auch in die Gruppe hinein, sie sind frühe Mittel des „ideologischen Klassenkampfes".

Als Zwischenbilanz kann man festhalten, dass nicht nur viele wichtige Kulturfunktionen mit Bildern realisiert werden: Bilder sind zugleich eine Einheit von Erkenntnis/Wissen, Handlungsanleitung (Ethik/Moral) und Ästhetik. Daran zu erinnern ist gerade heute relevant. Denn es gehört zur Geschichte der Moderne, dass eine als analytische Trennung menschlicher Funktionsbereiche (in Erkennen, moralisches Bewerten und ästhetisches Gestalten) im Laufe dieser Geschichte zu einer „ontologischen" Trennung so geführt hat, dass man heute wieder erhebliche Anstrengungen unternehmen muss, Erkenntnistheorie, Moralphilosophie und Ästhetik zusammen zu denken. In (reform-)pädagogischer Formulierung heißt dies: die Einheit von Kopf, Herz und Hand ist wieder herzustellen.

Offensichtlich braucht der Mensch Bilder zum Überleben. Es sind Bilder von sich und seiner Lebenswelt. Bilder sind also Mittel der Selbstbezüglichkeit und Selbstreflexivität. Genau dies scheint notwendig zum Menschsein zu gehören: Der Mensch ist dasjenige Wesen, das sich immerzu – und offenbar ausschließlich – über sich selber verständigen muss. „Dass Selbsterkenntnis das höchste Ziel philosophischen Fragens und Forschens ist, scheint allgemein anerkannt," so beginnt Ernst Cassirer (Cassirer 1990; vgl. auch Langer 1979) seinen „Versuch über den Menschen". Bilder sind also auch eine praktische Form von Philosophie „avant le lettre". Ihre ikonische Präsentationsform erzwingt eine anschauende Zugangsform. Es ist also ein Augenblick – ein Blick der Augen –, mit dem die Totalität des Bildes erfasst wird, und dieses wiederum erfasst auf spezifische Weise eine Totalität des Gegenstandes. Zu dieser Totalität des Gegenstandes – und dies führt zu einer entscheidenden, vielleicht der wichtigsten anthropologischen Erkenntnis – gehört der Betrachter selbst. Das Bild als eine distanzierte Betrachtung einer Situation, in der sich die urzeitlichen Betrachter selber befunden haben und wieder befinden werden, ist also die gleichzeitige Verkörperung von Involviertheit und Distanz. Es hat bis in die zwanziger Jahre des 20. Jahrhunderts gedauert, bis die Philosophie diesen Mechanismus angemessen erklären konnte. Helmut Plessner (Plessner 1970, 1983, 1965. Vgl. als Überblick Fuchs 1999), Biologe und Philosoph, hat dies wie oben ausgeführt mit seinem Konzept der „exzentrischen Positionalität" geleistet: Der Mensch unterscheidet sich vor allem dadurch wesentlich von den anderen Arten und Gattungen, dass er – virtuell oder fiktiv – aus seiner Mitte heraustreten und sich selber zum Gegenstand von Betrachtungen machen kann. Jedes andere Lebewesen lebt selbstverständlich – aber unbewusst – in seiner Mitte. Nur der Mensch sieht sich bewusst in seinen Lebensvollzügen, hat Geschichte und Zukunft und verfügt nicht mehr über eine instinktgesteuerte Selbstverständlichkeit des Überlebens: Er muss sein Leben führen. Diese Distanz zu sich selber ermöglicht also Reflexivität, ermöglicht, dass er sich auf vielfältige Weise zum Gegenstand unterschiedlichster Betrachtungen machen kann.

„Reflexivität" meint dabei nicht nur kognitives Überlegen oder diskursive Erörterung, sondern sie ist zugleich Grundmechanismus seiner Sinnlichkeit: Auch das Sehen, Hören, Fühlen, Schmecken und Riechen sind reflexiv.

Auf besonders komplexe Weise ist das Sehen, speziell das Sehen von Bildern, reflexiv:

>> Beim Sehen nimmt der Mensch nicht bloß visuell einen Gegenstand wahr. Er nimmt sich selbst auch als Sehenden wahr.

>> Insbesondere betrachtet sich der Mensch selbst beim Handeln: Er ist also zugleich Subjekt und Objekt des Sehens, eine Rückkopplung, die wiederum u. a. zur erheblichen Verbesserung seiner Steuerungsfähigkeit führt.

>> Beim Sehen von Bildern gilt nicht nur diese doppelte Reflexivität: Er hat es zugleich mit einem Gegenstand zu tun, der selber eine reflektierte Stellungnahme zur Welt enthält.

Sehen von ästhetisch gestalteten Bildern ist also mitnichten simple Wahrnehmung, sondern Auseinandersetzung mit einer spezifischen Reflexionsleistung. Und immer wieder begegnet er in diesen Prozessen der Wahrnehmung/Reflexion sich selbst: Er sieht – durchaus in Hegelschem Sinne – seine individuelle Existenz „aufgehoben" in der Kulturleistung der Gattung Mensch. Auch die individuellste Versenkung in ein Bild führt daher zur sozialen Integration, insofern das Bild als Menschenwerk gesehen wird und daher nach menschlicher Erfahrung in diesem Bild gefahndet werden kann. Zudem ist das Bild – ob nun gegenständlich oder nicht – eine abgeschlossene Ganzheit, ein gestalteter kleiner Kosmos, der im Hinblick auf Ordnungsprinzipien befragt werden kann. Bilder sind also wichtige Mittel einer reflexiven Stellungnahme zu sich und seiner Beziehung zur Welt . Sie sind symbolische Ordnungs- und Machtmittel nach draußen in Richtung äußere Natur und nach innen in Richtung soziale Gemeinschaft. In der Entwicklung der Malerei sind es G. Braque („Die Sinne lügen") und vor allem Paul Cézanne, bei denen eine Einbeziehung der theoretischen Reflexion des Sehens in den Prozess der Bildentwicklung selbst stattgefunden hat, was sie zu Gründervätern des späteren Kubismus hat werden lassen. In jedem Fall macht sie ihre „reflektierte" Malerei zu denjenigen Vertretern der bildenden Kunst, die aus philosophischer bzw. soziologischer Sicht besonders gerne analysiert werden, etwa von Merleau-Ponty (vgl. Boehm 1994 bzw. Gehlen 1986). Insbesondere scheint der Begriff der Bildrationalität von Gehlen ertragreich bei dem Verständnis von Bildern zu sein (vgl. auch die Auseinandersetzung in Holz 1990ff.).

Eine anthropologische Erklärung der Entstehung des „Ästhetischen" (Neumann 1996) zeigt zudem, dass Bilder entschieden Macht- und Ordnungsmittel auch gegenüber der inneren Natur des Menschen sind. E. Neumann erläutert mit hoher Plausibilität, wie der Mensch mit der durch seine exzentrische Positionalität erzeugten Bewusstheit feststellen muss, dass er von Fress-Feinden oder anderen natürlichen Gefahren umgeben ist: Er lebt (schon lange vor Ulrich Becks Analyse der Moderne) in einer „Risikogesellschaft" – und er bemerkt dies. Die Folge wäre Angst und Panik, wäre letztlich Verrücktheit, würde er nicht sofort eine Möglichkeit entwickeln, seine Panik zu bearbeiten und schließlich zu beherrschen: Und dieses Mittel ist ästhetische Expressivität, ist gestaltete Bewegung, sind gestaltete Töne, ist die plastische oder zeichnerische Gestaltung. Ästhetische Praxis ist also auch dort, wo sie nicht unmittelbar überlebensrelevant schein, also dort, wo sie keine Gebrauchsgegenstände herstellt, Waffen schmiedet oder Feste gestaltet, ein symbolisches Mittel der Ordnung.

Eine erste Deutung erhalten die frühen Artefakte also über die – auch ansonsten hochrelevante – Anthropologie von Helmut Plessner. Diese basiert auf dem Prinzip der Reflexivität als dem wichtigsten Entwicklungsmotor der menschlichen Geschichte – phylo- und ontogenetisch. Eine ästhetisch-künstlerische Praxis ordnet sich hier problemlos ein, wie Plessner selbst in seinen Studien zur Anthropologie des Leibes und zum Theater später gezeigt hat. Eine zweite Erläuterung stammt von Arnold Gehlen (1950). Künste entwickeln sich bei ihm daraus, dass sinnlich wahrnehmbare Signale (akustisch, visuell, gestisch, haptisch), die ursprünglich der Warnung vor Fressfeinden oder anderen Gefahren gedient haben, auf die der Mensch instinktmäßig reagieren musste, diese Warn-Funktion verloren. Der Mensch entwickelte andere, bewusstere Handlungsstrategien zur Gefahrenabwehr. Die Signale blieben jedoch, waren nur nicht mehr Anlass für reflexartiges Verhalten. Dies verarbeitete der Mensch als Gewinn an Handlungsfreiheit, was in ihm Freude auslöste: An diesem frühen ästhetischen Genuss zeigt sich, dass es eine enge Verbindung zwischen ästhetischer Wahrnehmung und der lustvollen Empfindung von Freiheit und Lebenssouveränität gibt. Es ist zudem festzuhalten, dass und warum Ernst Cassirer die Künste in seinen Katalog symbolischer Formen aufgenommen hat: Sie vermitteln ebenso wie die anderen symbolischen Formen (Sprache, Technik, Religion, Mythos etc.) ein spezifisches Bild der Realität, konstruieren also eine Wirklichkeit, die wichtig ist für den Menschen.

Eine weitere interessante Deutung der Relevanz von Kunst ergibt sich im Rahmen der Evolutionstheorie. Die amerikanische Ethnologin Ellen Dissanayake (2002) hat hierzu einen interessanten Vorschlag gemacht (s.u.).

Es ist also heute zum einem die Anthropologie, es ist die Verhaltensforschung, es ist die Ethnologie, die Belege dafür beibringen, dass es eine enge Verbindung von Darwin und Kunst gibt. Auch die Philosophische Ästhetik geht an der Relevanz eines entwicklungsgeschichtlichen Zugangs zur Kunst nicht vorüber. So befasste sich der anerkannte Ästhetiker Wolfgang Welsch (2012) mit „Animal Aesthetics" auf dem XVIth International Congress on Aesthetics 2004 in Rio de Janeiro und suchte nach Wurzeln menschlicher Kunst noch vor der Kulturgeschichte des Menschen. Natürlich stellte er klar, dass er keinen Picasso unter den Säbelzahntigern sucht. Ausführlich beschreibt er, dass Darwin sein zentraler Impulsgeber war. In der Tat befasst sich dieser immer wieder mit der Tatsache, dass Konzepte von „Schönheit" gerade bei der Auswahl von Sexualpartnern im Tierreich eine Rolle spielen: Die „schönen" Männchen signalisieren Kraft und Energie (K. Richter 1999). Welsch spricht in diesem Zusammenhang von „nichtästhetischer" und „vorästhetischer" Schönheit. Interessant auch der folgende Aspekt: Der Kampf zwischen den Männchen verläuft nunmehr unblutig als Casting-Show, bei der der Schönere siegt.

Doch bleibt auch bei dieser Erklärung eine Lücke, weil sich nicht alle ästhetischen Präferenzen eindeutig mit einem Fitness-Vorsprung der Träger der schönen Merkmale in Verbindung bringen lassen. Eine enge Evolutionstheorie, die sehr kurzschlüssig nur unmittelbar erkennbare Entwicklungsvorteile gelten lässt, erklärt zwar manches, doch bleiben unerklärte Reste: Es gibt offensichtlich einen Überhang an ästhetischer Gestaltung über die unmittelbare Nützlichkeit hinaus. An dieser Stelle führt Welsch die Neurowissenschaften ein – und stößt auf die wichtige Rolle des Vergnügens im menschlichen Leben (man erinnere sich an die Rolle von Lust/Unlust bei Kant). Liegt Horaz mit seiner Funktionsbeschreibung von Kunst des delectare und prodesse, des Nutzens und Vergnügens, also auch nach 2000 Jahren Wissenschaftsgeschichte immer noch richtig? Welsch sagt ja. Doch hilft hier das Werk einer interessanten Seiteneinsteigerin, der amerikanischen Ethnologin und Ethologin Ellen Dissanayake (2002) weiter. Ihre zentrale Idee enthält Kap. 4 des genannten Buches „Making Special". Dahinter steckt der Ansatz, dass es zum einen in der Tat einen Überschuss an ästhetischer Gestaltung gibt, der über eine enge Funktionalisierung von Kunst hinausgeht. Sie kann jedoch zumindest einen Teil dieses Überschusses erklären: Mit ästhetischer Expressivität wird besonderen wichtigen Ereignissen oder Dingen eine Bedeutung verliehen. Ästhetik wird so zu einer Unterstützung des kollektiven Gedächtnisses, der Hervorhebung überlebensrelevanter Ereignisse, der Stiftung von Gemeinschaft rund um bestimmte kultische Handlungen. Jagdfeste, Beerdigungen, Ritualen oder besonders wichtige Personen: Bei allem hebt eine ästhetische Inszenierung deren Bedeutung aus dem Alltag heraus.

Dieser kurze Streifzug durch ein Feld, das man heute etwa in dem Ansatz einer „evolutionären Ästhetik" behandelt, bringt eine vielleicht überraschende Erkenntnis: Man muss die engen Grenzen eines eurozentrischen Kunstverständnisses zunächst einmal verlassen (gerade Ellen Dissanayake wird nie müde, auf die erkenntnisverhindernde Wirkung hinzuweisen, die die 200-jährige Ideologiegeschichte von „Kunst" für sie hatte). Dann aber wird man reichhaltig fündig und kann entwicklungsgeschichtlich viele Funktionen von Kunst belegen, die wir im alltäglichen politischen Gebrauch oft und zurecht für ihre Legitimation verwenden: Künste sind identitätsstiftend, erkenntnisfördernd, sie leisten einen Beitrag zur Selbstreflexion von Einzelnen und Gruppen. Künste stärken die emotionale Seite und bieten „ganzheitlich" Entwicklung- und Erkenntnisimpulse. Sie tun dies in einer einmaligen Verbindung von Nützlichkeit und Genuss. Sie haben eine Alltagsrelevanz, wie man sie kaum vermutet und wie man sie nicht erfahren kann, wenn man eine – oft auch noch nur halb verstandene – Autonomiebehauptung wie eine Monstranz vor sich herträgt.

Ein solch weiter Begriff von Kunst, der dann auch nicht zulässt, Kunst aus Afrika weiterhin bloß als Folklore oder Volkskunst zu begreifen (wie noch lange Zeit bei Kunstmessen geschehen) ist auch notwendig in der internationalen Zusammenarbeit. So hagelte es zahlreiche Proteste bei der ersten Weltkonferenz zur künstlerischen Bildung 2006 in Lissabon, weil die UNESCO zur Kunst lediglich die traditionellen europäischen Kunstformen zählen wollte (Musik, Bildende Kunst, Theater): KollegInnen aus Afrika und Asien bestanden dagegen darauf, dass in einigen Ländern Stelzenlaufen oder Haare flechten für sie sehr viel relevantere Kunstformen seien. 150 Jahre nach Darwins „Entstehung der Arten": Ein guter Anlass also, auf die Lebensrelevanz von Kunst hinzuweisen.

Anthropologische Grundlagen des Lernens

Der Mensch ist ein kulturell verfasstes Wesen. Dies bedeutet, dass er als Teil der Natur zwar auch Teil der Phylogenese des Lebendigen ist, es ihm allerdings gelingt, aus der Naturgesetzlichkeit der Evolution auszubrechen. In der Frühgeschichte nennt man die Zeit, in der dies geschah, Tier-Mensch-Übergangsfeld. Damit hat man zwar einen Namen für den Zeitabschnitt gefunden, weiß allerdings noch nicht, was exakt geschehen ist. Zur Zeit handelt es sich noch um eine black box, obwohl es intensive Forschungen dazu gibt, die konkreten Abläufe genauer zu bestimmen (Tomasello 2006, 2010). Was sich allerdings abzuzeichnen scheint, ist eine Bestätigung von theoretischen Konzepten, die bereits in den 1920er Jahren entwickelt wurden und die daher guten Gewissens als zumindest hoch plausible Konstrukte weiterer Überlegungen zugrunde gelegt werden können. Ich denke hier vor allem an die Arbeiten von Helmut Plessner (1976) und Ernst Cassirer (1990). Es mag durchaus als Bekräftigung dieser Annahme gelten, dass man in Debatten um ästhetisches Lernen oder zur kulturellen bzw. ästhetischen Bildung häufig auf diese Autoren zurückgreift. So hält Mattenklott (1998, S. 171) für die Theorie und Praxis ästhetischer Bildung vier Richtungen für besonders fruchtbar: Die Symboltheorie Ernst Cassirers und seiner Schülerin Susanne Langer; die psychoanalytische Symbolbildungstheorie von Winnicott; die phänomenologischen Forschungen zum Leib und zu den Sinnen (Plessner, Merleau-Ponty, Strauss etc.), die entwicklungspsychologischen Ansätze etwa von Howard Gardener. Dies deckt sich zum großen Teil mit den Referenzautoren von Aissen-Crewett (1998).

Der Grundgedanke von Plessner (1976) besteht darin, dass es dem Menschen als einzigem Wesen gelingt, in eine „exzentrische Positionalität" zu gelangen: Er tritt quasi virtuell neben sich und kann sich so zum Beobachter von sich selbst machen. Zentrale Konzepte ergeben sich hieraus (vgl. ausführlicher Fuchs 2008, 1999):

>> Der Gedanke der Reflexivität auf der Basis einer so gewonnenen Distanz zur Unmittelbarkeit seiner Lebensvollzüge.
>> Dadurch entsteht die Möglichkeit zur Bewusstheit, was wiederum die Grundlage für seine bewusste Lebensführung ist.
>> Der Mensch ist hierbei Leib, also ganzheitlich in die Prozesse der Lebensgestaltung eingebunden.

Bereits aus dieser knappen Skizze wird deutlich, dass „Bildung" als Entwicklung eines bewussten Verhältnisses zu sich, zu anderen, zur Natur und Kultur und zur Zeit sich quasi zwanglos diesen anthropologischen Thesen ergibt. Bildung ist so gesehen die menschliche Art und Weise der Lebensbewältigung, sie ist ein nicht endender Prozess und sie kann nur durch das Subjekt selbst geschehen.

Auch die Kategorie des Subjektes lässt sich so einführen. Zwar hat man weitgehend Abschied genommen von der Idee eines allmächtigen Subjektes, das umfassend die Bedingungen seines Lebens kontrolliert (Meyer-Drawe 1990). Doch bleibt eine hinreichend tragfähige Vorstellung einer auf eine Person bezogenen Handlungsfähigkeit, die das Subjekt hinreichend charakterisiert (Fuchs 2008, Reckwitz 2006). Die Erreichung einer Subjektivität als (relativer) Steuerungsfähigkeit der Bedingungen seines Lebens ist das zentrale Bildungsziel, sodass Bildung und Subjekt(ivität) aufs engste miteinander verknüpft sind. Dieser Prozess wird nicht passiv erlitten, sondern aktiv gestaltet: Daraus ergibt sich die Notwendigkeit der Kategorie der Tätigkeit. Tätigkeit lässt sich in „einfache Grundmomente" unterteilen:

Subjekt — Mittel — Objekt

Es ergibt sich so als weiteres Element das Gegenüber des Subjekts, das zu bewältigende Objekt: Menschliche Tätigkeit hat ein Ziel, einen Gegenstand, nutzt verschiedenste Mittel und geschieht immer schon in einem sozialen Kontext, in einer kulturell aufgeladenen Situation. Ernst Cassirers „Philosophie der symbolischen Formen" zeigt, wie der Mensch diesen Prozess der Selbst- und Weltaneignung gestaltet: Er „erfindet" symbolische Formen des Weltzugangs (Sprache, Kunst, Politik, Wirtschaft, Technik, Mythos, Religion, Wissenschaft), die alle je eigene Bilder von der Welt, also spezifische „Wirklichkeiten", zu produzieren gestatten. Alle symbolischen Formen erfassen die Welt als Ganzes, jede allerdings unter einem spezifischen Brechungsindex.

Was hat dies mit Lernen zu tun? Man kann davon ausgehen, dass alle Verhältnisse des Menschen zu sich und zur Welt sich entwickeln müssen: Der Mensch hat grundsätzlich eine lernende Haltung zur Welt. Es lassen sich dabei drei „anthropologische Grundgesetze des Lernens" identifizieren:
>> Der Mensch ist auf Lernen angewiesen, er ist lernbedürftig. Denn mit seiner Geburt hat er nahezu gar keine überlebensrelevanten Kompetenzen.
>> Der Mensch ist auf Lernen hin angelegt, er ist lernfähig. Dies ist, wenn man so will, seine evolutionäre Mitgift.
>> Er lernt ständig und überall.

Lernen hat also naturgeschichtliche Wurzeln. Lernen wird aber dann auch kulturgeschichtlich geformt (Scheunpflug 2001a und b); siehe aber auch die Studien zur Naturgeschichte des Psychischen im Kontext der kulturhistorischen Schule – Wygotski, Leontiew u.a. – und der Kritischen Psychologie – Klaus Holzkamp 1983).

Im Rahmen der Tätigkeitstheorie – und nicht nur dort – lassen sich weitere Prinzipien erkennen. Ein zentraler Mechanismus der Menschwerdung (phylo- und ontogenetisch) ist

>> das Prinzip der Aneignung und Vergegenständlichung.

Dies meint, dass der Mensch Dinge (und Prozesse) so gestaltet, dass sie für sein Überleben relevant sind. Dies macht die „Bedeutung" der Dinge und Prozesse aus. In den gestalteten Dingen und Prozessen ist dann – die vorgängige Erfahrung inkorporiert vergegenständlicht. Durch Gebrauch dieser Dinge – man denke etwa an den Gebrauch von Werkzeugen – eignet man sich das in dem Werkzeug geronnene Erfahrungswissen an, macht es „flüssig" und so nutzbar für sich.

Aus diesem Prozess erklärt sich als weiteres Prinzip

>> das Kumulative des Prozesses.

Es muss daher nicht jede Generation vom Nullpunkt an beginnen. Jeder wird in eine bereits gestaltete (was eben auch heißt: bereits mit Sinn und Bedeutung angefüllte) Umgebung hinein und nimmt quasi en passant das hier verkörperte (Überlebens-)Wissen in sich auf.

Im Hinblick auf das Lernen lässt sich aus diesen Überlegungen festhalten:

>> Lernen hat Überlebensrelevanz in einem bestimmten kulturell definierten Milieu

>> Lernen bezieht sich auf Wissen und Können und letztlich auf das Leben

>> Lernen ist eng verbunden mit dem Leib in all seinen Dimensionen

>> Lernen ist Tätigkeit.

Letzteres ist zu präzisieren. Der Mensch muss tätig sein Leben bewältigen. Es lassen sich so verschiedene Tätigkeitsformen unterscheiden: Arbeit, aber eben auch Spiel, Lernen, Soziales Handeln, politisches Handeln, ästhetisches Handeln.

Diese Kategorien lassen sich jedoch nur analytisch voneinander unterscheiden. Denn es ist jede Arbeitstätigkeit gleichzeitig ein sozialer Prozess, setzt politische Grundentscheidungen über Arbeitsteilung voraus (und bestätigt diese performativ), ein ästhetischer Prozess, und alles ist begleitet von der Unvermeidbarkeit des Lernens. Auch die Bereiche der Persönlichkeit (Kognition, Emotion und Motivation, Phantasie etc.) sind nur analytisch zu trennen (selbst falls es zutrifft, dass bestimmte Regionen des Gehirns sich auf bestimmte Teilaufgaben spezialisiert haben). Dies betrifft auch die seit der Antike gewohnte Aufteilung des Mensch-Welt-Verhältnisses in

>> Wissenschaft/theoretischer Zugang

>> Ethik und Moral / praktischer Zugang

>> Kunst und Ästhetik / ästhetischer Zugang.

Mensch und Kultur

In einer allgemeinen Bestimmung erfasst der Kulturbegriff die vom Menschen gemachte Welt (Fuchs 1998, 2008 b). In der Anthropogenese, also der Menschwerdung,
zeigt es sich, dass entwicklungsgeschichtlich der Mensch die Fähigkeit erhält, immer
mehr Kontrolle über seine Lebensbedingungen zu gewinnen. In diesem Prozess
gestaltet er nicht nur die Welt: Er gestaltet auch sich selbst (Plessner 1974). Man
spricht davon, dass seine Welt- und Selbstverhältnisse komplementär zueinander
sind. In pädagogischer Hinsicht heißt das, dass Weltgestaltung (also Kultur) und
Selbstgestaltung (also Bildung) aufeinander bezogen und Kulturphilosophie und Anthropologie daher zwei Seiten derselben Medaille sind. In der pädagogischen Tradition
findet sich dieser Gedanke in Formulierungen wie der, dass Bildung die subjektive
Seite von Kultur und Kultur die objektive Seite von Bildung ist. Dieser Gedanke steckt
auch in der Aufgabenzuweisung, dass die Pädagogik dafür sorgen möge, dass der
Einzelne sich in seinen kulturellen Kontext hineinentwickele ("Enkulturation"), oder –
wie Humboldt es sagt – so viel Welt wie möglich in sich aufnähme. "Bildung" bedeutet
dann nichts Anderes als die konkrete Umsetzung einer anthropologischen Mitgift.
Damit wird jede Pädagogik zur "Kulturpädagogik". Eine Spezialisierung kann dadurch
geschehen, dass sich bestimmte pädagogische Teildisziplinen auf bestimmte Welt-
zugangsweisen konzentrieren, die Kulturpädagogik also etwa auf die Künste, wobei
die Plessnersche Erkenntnis der Bedeutsamkeit des Leibes und seiner Sinne eine
zentrale Rolle spielt. Doch was bedeutet "Kultur" in dem Begriff der Kulturpädagogik?
    Der Diskurs über Kulturbegriffe ist seit 200 Jahren denkbar unübersichtlich (Fuchs
2008b). Eine m.E. sinnvolle Reduktion dieser Komplexität könnte durch folgende
Unterscheidungen geschehen (vgl. auch S. 124 ff.):

Der philosophisch-anthropologische Kulturbegriff

Der Mensch ist die einzige biologische Art, die aus der Naturgesetzlichkeit der Evolution
hat ausbrechen können. Wie dies hat geschehen können, wird die Spezialwissenschaft
noch lange beschäftigen (vgl. etwa Tomasello 2006). In diesem Prozess der Menschwerdung kristallisierte sich heraus – und trieb ihn zugleich voran –, dass der Mensch
aufgrund seiner "exzentrischen Positionalität" (H. Plessner) ein reflexives Verhältnis
zu sich und zu seiner Umgebung hat entwickeln können. Damit ist gemeint, dass er
nicht mehr – wie jedes andere Lebewesen – "aus seiner Mitte heraus" lebt, sondern –
virtuell – neben sich treten und sich betrachten kann. Dies ist die Grundlage dafür, dass
der Mensch seine Lebensbedingungen und letztlich auch sein Leben entsprechend
seinen Zielen und Bedürfnissen bewusst gestalten kann. Durch diese bewusste tätige
Gestaltung seiner Umgebung wird diese zu einem Wissens- und Kompetenzspeicher, so
dass nicht jede nachfolgende Generation erneut am Nullpunkt wieder beginnen muss,
sondern sich durch tätigen Umgang mit den gestalteten Dingen die darin verkörperten

Kenntnisse aneignen kann. Dieser Prozess der Aneignung und Vergegenständlichung führt zu einer Kumulation von Wissen. Grundprinzip dieses Vorgangs ist Tätigkeit. Die Prozesse der tätigen Lebensbewältigung machen zunehmend Kommunikation und soziale Koordination erforderlich. Herstellende Tätigkeit (Arbeit) und soziales und politisches Handeln sind daher unterscheidbare Tätigkeitsformen.

Für den Kulturbegriff bedeutet dies, dass er das Gemachtsein von Dingen und Prozessen erfasst und dies zugleich auf der gegenständlichen Seite (materielle Kultur), auf der Seite des Subjekts (subjektive Kultur, Bildung) und auf der Ebene des Geistigen. Ernst Cassirer (1990) sieht als Ursprung all dieser Gestaltungs- und Erkenntnisprozesse unterschiedliche „Energien des Geistes", die zu einer ausdifferenzierten Vielfalt „symbolischer Formen" führen (Kunst, Sprache, Religion, Mythos, Wissenschaft, Politik, Wirtschaft, Technik), mit denen der Mensch Ordnung in seiner Welt schafft. Er nennt „Kultur" die Gesamtheit dieser symbolischen Formen, und diese bilden quasi einen Kulturkanon menschlicher Lebensbewältigung. „Kultur" ist in diesem Verständnis ein Totalitätsbegriff, der alle menschlichen Lebensäußerungen erfasst: „Kultur" ist das, was den Menschen (als Gattungswesen) zum Menschen macht.

Der ethnologische Kulturbegriff

Johann Gottlieb Herder kann als Stammvater der Ethnologie/Völkerkunde gelten. Ihm wird das Verdienst zugeschrieben, mit „Kultur" die (real vorfindlichen) menschlichen Lebensweisen erfasst zu haben, wobei als menschlich alle seinerzeit bekannten Formen – auch und gerade außerhalb Europas – gewertet wurden. Herder wird damit zum Entdecker des kulturellen Pluralismus.

Für heutige Zwecke sind drei Dinge hiervon zu lernen:

>> Kultur ist Lebensweise, Kultur ist, wie der Mensch lebt und arbeitet.
>> Kultur ist ein Pluralitätsbegriff: man sollte stets von Kulturen sprechen.
>> „Kultur" ist ein Begriff der Unterscheidung und des Vergleichens – und kein Begriff der Vereinheitlichung und Integration.

Kultur als Begriff der Entwicklung und der Mischung

Eine vergleichsweise neue Erkenntnis besteht darin, dass man als Fehler früherer Kulturstudien die Annahme herausgefunden hat, Kulturen seien statisch und homogen. Heute weiß man, dass selbst in Stämmen, bei denen man früher keine Entwicklung vermutet hat, ein statisches Konzept von Kultur in die Irre führt. Ebenso hat sich die Annahme als falsch herausgestellt, eine „Kultur" sei eine genau abgrenzbare, vielleicht nur für bestimmte Menschen und Regionen gültige Kategorie. Heute weiß man, dass Kulturen noch nicht einmal durch das Bild eines Mosaiks (das immerhin Vielfalt widerspiegelt), sondern durch einen Fluss wiedergegeben werden muss (so etwa im UNESCO-Kontext): Kultur funktioniert stets im Modus des Interkulturellen und ist ein dynamischer Prozess.

Kultur und die Werte

Das erste belegte Auftauchen des Kulturbegriffs wird Cicero zugeschrieben, der die berühmte Parallelisierung von cultura agri (Landwirtschaft) und cultura animi (Pflege des Geistes, Philosophie) verwendet hat. „Kultur" wird hier nicht nur mit Entwicklung in Verbindung gebracht, sie erhält auch eine normative Dimension: die Entwicklung unter guter Pflege ist eine Entwicklung zum Besseren. An der positiven Konnotation etwa von „Kultivieren" kann man dies noch erkennen. Diese Bedeutung von „Kultur" wurde während der „Sattelzeit" (1770 – 1830) wie viele andere Begriffe in die Hochsprache der Gebildeten eingeführt Auch im Alltagsgebrauch überwiegt ein positiv besetzter Kulturbegriff. Ernst Cassirer musste erst die Vertreibung aus Deutschland erleben, um eine ursprünglich auch bei ihm vorzufindende positive Besetzung des Kulturbegriffs zu revidieren: Nicht alles, was der Mensch macht, ist gut. Entwicklung kann auch in die falsche Richtung geschehen, Kultur bedeutet durchaus auch Zerstörung (vgl. Thurn 1990). Wo die Entwicklungsrichtung derart unbestimmt ist, bedarf es also der besonderen Anstrengung einer spezifischen Gestaltung, will man ein bestimmtes positives Ziel verfolgen. Dies gilt sowohl für den Einzelnen (Bildung) als auch für Gemeinschaften.

Kultur als gesellschaftliche Sphäre der Werte

Kultur hat es also auch mit Werten zu tun. Werte werden spürbar in den Handlungen der Menschen. Über Werte wird jedoch auch kommuniziert. Sie werden symbolisch dargestellt: Durch Sprache, Gesten, Musik, Theater, Tanz. Auch dies ist daher eine Dimension von „Kultur": Sie erfasst die symbolisch vermittelte Wertsphäre der Gesellschaft.

Kultur als gesellschaftliches Subsystem

An „Wertsphären" haben die Gründungsväter der Soziologie mehrere unterschieden. In einem engeren Sinn zählt man zu „Kultur" in diesem soziologischen Sinn die Künste, die Sprache, die Wissenschaften, die Religion. Gelegentlich zählt man auch das Bildungswesen dazu. In zwar umstrittener, aber sehr klarer Weise wird dies in der systemtheoretischen Soziologie in Anschluss an Parsons in dieser Weise gehandhabt. Dort werden vier gesellschaftliche Subsysteme unterschieden, die jeweils ein eigenes Kommunikationsmedium haben: die Wirtschaft das Medium Geld, die Politik das Medium Macht, die Gemeinschaft das Medium Solidarität und die Kultur (in jenem erwähnten additiven Sinn) das Medium Sinn. Wirtschaft, Politik und Gemeinschaft bilden dabei die gegenständliche und soziale Welt, die durch das Kultursystem ständig reflektiert und in Hinblick auf die Legitimität der ablaufenden Prozesse bewertet wird.

Kultur und die Künste

Seit der erwähnten Sattelzeit hat sich in Deutschland und darüber hinaus ein enger Kulturbegriff herauskristallisiert, der Kultur mit Kunst gleichsetzt. Eine wichtige Rolle spielt hierbei Friedrich Schiller, der vor allem in seinen Briefen zur ästhetischen Erziehung Kunst als wichtigen Raum menschlicher Freiheit und damit als politisches Lernfeld beschreibt. Erziehung und Bildung – so sein Freund W. v. Humboldt – sind notwendige Prozesse der Formung des Menschen, seiner Kultivierung, die ohne Kunst nicht vorstellbar ist. Dieser enge Kulturbegriff ist seither und bis heute im politisch-administrativen Gebrauch. Man schaue sich nur einmal den Kulturhaushalt einer Stadt bzw. die Tätigkeit eines städtischen Kulturamtes an. Zu einem überwiegenden Teil geht es hierbei um das Theater, um Museen, um das Orchester, um Einrichtungen und Veranstaltungen der „Hochkultur", der Künste also.

Die politische Dimension von Kultur

„Kultur" war von Anfang an politisch. Es war ein politischer Akt von Herder, außereuropäische Lebensweisen als Kulturen und somit als menschlich anzuerkennen. Es war politisch gemeint, wenn Schiller den emanzipatorischen Gehalt der Künste herausstellte. Im 19. Jahrhundert machte sich das Bürgertum den engen Kulturbegriff zu eigen und eroberte die Künste. Nunmehr fanden auf der Bühne die Tragödien bürgerlicher Familien statt. Das Theater wurde zu einem Ort der bürgerlichen Identitätsbildung und musste in Deutschland das politische Versagen des Bürgertums, das sich in anderen Ländern schon längst seinen Anteil an der Macht erkämpft hatte, kompensieren. „Kultur" wurde hier dadurch politisch, dass sie zu einem Ersatz für Politik wurde.

Diese Tradition einer politikabgewandten Kultur hat sich in Deutschland fest etabliert bis hin zu Thomas Mann. Mit seinen „Betrachtungen eines Unpolitischen" am Ende des Ersten Weltkrieges hat er einer naserümpfenden, verachtenden Haltung des Bildungsbürgers gegenüber der schmutzigen Politik das Grundbuch geliefert, um einige Jahre später dies als grundlegenden Fehler öffentlich einzugestehen (vgl. Dahrendorf 1971, Plessner 1974, Münch 1986, Nipperdey 1990 und aktuell Lepenies 2006). Das Politische an kulturellen Praxen hat schließlich Pierre Bourdieu aufgezeigt: Es ist gerade der ästhetisch-kulturelle Konsum, der die Menschen in der Hierarchie der Gesellschaft verortet, der in Form eines entsprechenden Habitus sowohl unbewusst im Alltag, aber auch gezielt in einem entsprechend gegliederten Bildungssystem vermittelt wird und der dafür sorgt, dass die seiner Meinung nach ungerechte Klassengesellschaft über die Jahre stabil bleibt.

Man kann also mindestens folgende Kulturbegriffe unterscheiden:
>> einen anthropologischen Kulturbegriff
>> einen ethnologischen Kulturbegriff

>> einen engen Kulturbegriff
>> einen (oder sogar mehrere) soziologische(n) Kulturbegriff(e).

Kultur hat in der Gesellschaft bestimmte notwendige Funktionen zu erfüllen: Selbstreflexion, Selbstbeobachtung, Selbstbeschreibung, Selbstdeutung.

Der Bedarf an Selbstvergewisserung („Erkenne Dich selbst", heißt es bereits bei
dem Orakel von Delphi) steigt mit der Moderne, da ab jetzt der Einzelne noch mehr
auf sich selbst verwiesen ist. Gesellschaftliche Instanzen wie die Kirchen (und später
die Parteien) werden immer weniger als Deutungs- und Sinngebungsinstanzen akzeptiert. Der Mensch ist Sinnsucher. Auch seine Identität wird brüchig in dem Maße,
wie traditionelle Rollenzuweisungen brüchig werden: Was ich bin, ist ein Ergebnis von
individuellen Gestaltungsprozessen. Aus diesen Überlegungen heraus kann man eine
Liste von notwendigen Funktionen entwickeln (z. T. mit anthropologischen, aber auch
mit soziologischen und psychologischen Begründungen), die in einer Gesellschaft
erfüllt sein müssen. Solche Funktionen, die mit Selbstbeobachtung und Deutung
zu tun haben, werden als Aufgabe dem Kultursystem zugewiesen. Allerdings hat
dieses keinen Monopolanspruch auf Selbst- und Weltdeutung. Vielmehr stehen die
Angebote der Kirchen, der Künste und der Wissenschaften nicht nur untereinander
in Konkurrenz, sie müssen auch mit Deutungsangeboten aus den anderen Gesellschaftsfeldern konkurrieren.

3. Die Schule: ein Kind der Moderne

Zur Moderne und dem Subjekt der Moderne

„Die Moderne" ist nicht bloß ein Problem für eine wissenschaftliche Erfassung, wobei sich hierbei die einzelnen disziplinären Zugriffsweisen erheblich unterscheiden: Sie steht auch wie keine andere Epoche im Mittelpunkt eines anhaltenden Meinungsstreits über ihre Bewertung. Denn ist Selbstreflexion zwar anthropologisch gesehen Grundmerkmal des Menschen, so steigert sich der Bedarf an Selbstreflexion mit Beginn der Neuzeit erheblich. In dem Maße, wie die große „Wertsphäre" (so ein Begriff von Max Weber) Religion an Relevanz für die Sinndeutung und Orientierung der Menschen verliert, in dem Maße verstärkt der Mensch (des Westens; nur hierauf beziehen sich meine Überlegungen) seine Reflexionsanstrengungen. Zudem ist die Moderne nicht nur ein erkenntnistheoretisches oder kulturelles Projekt: Sie ist entschieden ein politisches Projekt, das attraktiv ist für die Menschen wegen der humanen Visionen (Bildung für alle, Kultur für alle, Wohlstand für alle; Freiheit, Gleichheit, Brüderlichkeit etc.). Umso kritischer wird gesehen, dass all diese Versprechungen bis heute nur begrenzt realisiert wurden. Man muss in unserem Kontext nur an die PISA-Ergebnisse erinnern, die zeigen, dass für 20% der getesteten Jugendlichen der Slogan „Bildung für alle" definitiv nicht zutrifft.

Die Kritik an der Moderne ist also entschieden eine Kritik an der Kultur der Moderne (Bollenbeck 2007); und diese beginnt bereits zu einer Zeit, als die industrielle Moderne noch nicht einmal begonnen hat (ich folge jetzt den Ausführungen in Fuchs 2008, S. 53ff).

Zur Kultur der Moderne

„'Kultur' ist ein vom Standpunkt des Menschen aus mit Sinn und Bedeutung bedachter endlicher Ausschnitt aus der sinnlosen Unendlichkeit des Weltgeschehens", so definiert Max Weber in seinem Buch „Wirtschaft und Gesellschaft" (1972) „Kultur". Seine „verstehende Soziologie" will als Wirklichkeits-Wissenschaft das Leben in seiner Eigenart, will seine einzelnen Erscheinungen in ihrer Kultur-Bedeutung verstehen. Diesem Programm kann ich mich hier anschließen.

Allerdings: Gerade wegen des „cultural turns" in allen Wissenschaften ist es inzwischen geradezu unmöglich, einen knappen Überblick über das inzwischen inflationär gebrauchte Konzept der Kultur zu geben, der nicht sofort angreifbar wäre. Allerdings ist eine solche Selbstverständigung unvermeidbar (vgl. Fuchs 2008a).

(1) Mythos der Moderne	(2) Realität der Moderne	(3) Individuelle Erfahrungen
Modernes Menschen-, Familien-, Gesellschaftsbild, – "Verheißung" –	Realisierte Aspekte gesellschaftlicher Modernisierung	von gesellschaftlichen Modernisierungsprozessen
Selbstbewusstes, autonomes Individuum	>> Freisetzung von traditionellen sozialer und kultureller Bindungen >> Inklusion größerer Bev. gruppen bez. Bürger-, Menschenrechten etc. >> Individualisierung von Biographien, Lebensansprüchen, Rollengestaltung >> Subjektivierung der Selbstthematisierung, Ich- Kult	>> Selbst- vs. Fremdbestimmung der eigenen Person >> Anerkennung vs. Missachtung der eigenen Individualität >> Entwicklung pos. oder neg. Selbstbewusstseins, Selbstwerts
Liebesbegründete, individualisiert- partnerschaftliche, autonome Familie	Familiale Lebenspraxis im Spannungsfeld von >> bürgerlichem Familienmodell >> Individualisierung der Familienmitglieder >> Auseinandersetzung mit gesell. Umwelt der Familie (Wirtschaft, Schule etc.) >> Ungleich verteilte Ressourcen der Familie	>> Individuelle Autonomie vs. Heteronomie in Familie >> Familiale Autonomie vs. Heteronomie in Gesellschaft >> Liebe vs. Routine, Konflikte >> Partnerschaft vs. Patriarchat >> Anerkennung vs. Missachtung der Individualität >> Aufklärung und Verwirrung
"Fortschritt" in >> Wissenschaft >> Technik >> Wirtschaft >> Kultur >> Ethik >> Recht >> Gesellschaft >> Politik	>> Wissenskomplexität und Wissenspluralisierung >> techn. Rationalisierung >> Wirtschaftswachstum, Wohlstandsmehrung und Arbeitslosigkeit >> kulturelle Differenzierung, Säkularisierung, Pluralisierung >> Leistungsprinzip, Aufstiegsmotivation, Pluralismus >> Universalisierung des Rechts, >> Komplexität des Rechts >> Differenzierung in Subsysteme und Lebensformen >> wachsende Komplexität und Mediatisierung >> Egalisierungstrends vs. Hierarchifizierung >> Demokratisierung vs. politische Partizipationsgrenzen etc.	>> Entlastung vs. Anforderungen >> Hebung des Lebenstandards, Arbeitslosigkeit >> ungelöste Sinnfragen >> Erfahrung der Grenzen des Leistungsprinzips, Normverwirrung >> zunehmende Individualrechte >> Verwirr. durch Rechtskomplexität >> Autonomisierung der Lebensgestaltung >> komplex. Sozialbeziehungen >> soziale Ungleichheitserfahrung (Geschlecht, Schichten) >> politische Partizipation vs. Ohnmacht etc. Quelle: Wahl 1989; S.164

Abb. 4 Versprechungen der Moderne

Auf philosophisch-anthropologischer Ebene (vgl. Kapitel 2) ist „Kultur" dasjenige, das menschliches Leben von anderen Formen des Lebens unterscheidet: die Tatsache, dass der Mensch – und nur der Mensch – sein Leben selbst gestalten muss. Er ist Beobachter, Planer, Macher und Bewerter seiner Lebensumstände. Dies macht ihn zu einem kulturell verfassten Wesen.

„Kultur" wird allerdings erst im 18. Jahrhunderts zu einem viel genutzten Konzept zur Selbstbeschreibung des Menschen. Es tritt in dem Moment auf den Plan, als der europäische Mensch entdeckt, dass es als menschlich anzuerkennende Lebensformen auch außerhalb Europas gibt (J. G. Herder). Die Pluralität der Möglichkeiten des Menschseins benötigt daher zu ihrer Erfassung eine Kategorie der Differenz. Genau dieses leistet der Kulturbegriff, so wie ihn später auch die Ethnologie verwendet: Kultur ist die menschliche Lebensweise in ihrer Vielgestaltigkeit.

Interessant ist hierbei ein Blick in die historische Semantik. „Kultur" erscheint als Begriff der Differenz am Ende des 18. Jahrhunderts und erfasst – wie erwähnt – die Vielfalt menschlicher Lebensformen. Erst Mitte des 18. Jahrhunderts wurden alle Künste unter einem einheitlichen Begriff von „Kunst" zusammengefasst und gleichzeitig wird die philosophische Disziplin der Ästhetik begründet. Bei letzterem ging es darum, die Sinnlichkeit des Menschen angesichts der Dominanz der Rationalität und des philosophischen Rationalismus auf dem Festland zu rehabilitieren (A. Baumgarten).

Eine Annäherung dieser beiden Konzepte der „Kultur" und der „Kunst" geschieht erst später (eindrucksvoll bei Schiller, v.a. in den „Briefen zur ästhetischen Erziehung" von 1795) und führte stets zu einem spannungsvollen Verhältnis. Fast kann man die Entwicklung der Künste – über eine Phase der Thematisierung ihrer „Autonomie" – als Wiedergewinnung ihrer kulturellen Relevanz, etwa bei der avantgardistischen Forderung nach einem Zusammengehen von Kunst und Leben, deuten.

Die frühe Bedeutung von „Kultur als Lebensweise", immerhin spätestens seit 1982 Kern des Kulturbegriffs der UNESCO, geht in einigen Diskursen dann insoweit verloren, als unter „Kultur" in Deutschland nur noch „ästhetische Kultur", also Kunst, verstanden wird. Folge ist, dass der „weite Kulturbegriff" der UNESCO und des Europa-Rates erst spät im 20. Jahrhundert für die Kulturpolitik (wieder-)entdeckt werden musste, allerdings für den Kunstbereich mit der unerfreulichen Folge, dass „Kunst" nur noch eine kulturelle Ausdrucksform unter vielen anderen ist.

Entsprechend der Theorie der Moderne im Anschluss an Talcott Parsons differenziert sich mit der Entwicklung der kapitalistischen bürgerlichen Gesellschaft diese aus. Es entstehen Subsysteme mit jeweils besonderen Aufgaben. In der Lesart, die Parsons den soziologischen Klassikern am Ende des 19. Jahrhunderts hat angedeihen lassen, entsteht so das AGIL-Schema: Wirtschaft (A), Politik (G) und Soziales (I), denen das System der Kultur (L) als generelle Deutungsinstanz gegenübersteht. Hier finden sich u. a. Religionen, Wissenschaften, die Künste und das Bildungssystem. Dieses Sub-System hat es mit Werten zu tun, den latent pattern, also verborgenen

Mustern, die von Generation zu Generation weitergegeben werden und so – in dieser soziologischen Theorie - für den Bestand der Gesellschaft sorgen. Dieser Ansatz ist bis heute verbreitet und etwa dort erkennbar, wo man unter kulturellem Wandel die Veränderungen verbreiteter Werthaltungen untersucht.

„Kultur" in diesem Sinne ist dann immer noch Selbst-Auslegung des Menschen, wobei Nachfrage und Angebot an solchen Deutungen im Zuge der Durchsetzung der Moderne sprunghaft steigen. Ein großer Teil dieser Selbstauslegungsansätze nimmt dabei eine kritische Position ein: „Kultur" besteht zu einem großen Teil aus Kulturkritik. Das beginnt schon recht früh. So ist einer der ersten bedeutenden Kulturtheoretiker auch gleich ein großer Zivilisationskritiker, nämlich Jean-Jacques Rousseau (Bollenbeck 2007). Mit der Moderne ergibt sich zugleich – quasi als ihr Kern – ein neues Verständnis des Subjektiven.

Auf der anthropologischen Ebene ist es einfach: Der Mensch – so Plessner – muss sein Leben selbst führen. Die Befreiung von den Naturgesetzen der Evolution muss er bezahlen mit der Pflicht, sein Leben nunmehr selbst gestalten zu müssen. Individuelle Lebensgestaltung geschieht dabei je nach Ort und Zeit unterschiedlich. Wie die Lebensbewältigung zu unterschiedlichen Zeiten gelungen ist, wurde geradezu zu einem Schwerpunkt in verschiedenen Disziplinen: die historische Anthropologie, die historische Psychologie, die historische Sozialisationsforschung – sie alle leisten Beiträge zur Erhellung der Art und Weise der individuellen Lebensgestaltung. Weltbild, Naturbild, Gesellschaftsbild und das Bild von sich selbst sind dabei jeweils in spezifischer Weise miteinander verschränkt. Ich weise an dieser Stelle nur auf ein interessantes Publikationsprojekt „Der Mensch im..." (hier v. a.: Vovelle 1996, Fuset 1998, Frevert/Haupt 1999; vgl. auch Fuchs 2001) hin, das Menschen mit typischen Berufen und Funktionen aus unterschiedlichsten Epochen und Kulturen (von Ägypten bis zum 20. Jahrhundert) in ihrer Lebensbewältigung beschreibt.

Für die jüngere Vergangenheit hat die „Geschichte des privaten Lebens" im Kontext der Annales-Schule und ihrer Nachfolger (Ariès) eine vergleichbare Themenstellung.

Ich will hier nicht weiter auf die notwendigen Paradigmenwechsel in der Geschichtswissenschaft eingehen, die notwendig waren, um den Blick von den „Haupt- und Staatsaktionen" auf das Leben der Menschen und vor allem auf den Alltag der einfachen Menschen zu richten. Unmittelbar einsichtig dürfte jedoch sein, dass sozialer Wandel auch an der Art der Lebensführung des Einzelnen zu erkennen ist. Interpretationsfolien liefern hierbei etwa Ansätze und Begriffe wie „Charaktermaske" (Marx) oder „Sozialcharakter" (Fromm), die gesellschaftlichen Anforderungsprofile identifizierten, die notwendig zu erfüllen waren, um in einer bestimmten Gesellschaftsordnung überleben zu können.

Das Subjekt im Mittelpunkt sich verändernder Anforderungen ist auch und gerade im vorliegenden Text von Interesse. Denn eine zentrale Aufgabe von Schule ist die

Formung des Subjektes entsprechend Vorstellungen und Herausforderungen in der jeweiligen Gesellschaft. Ändern sich letztere – was wir heute durchaus feststellen können, ergibt sich ein Änderungsdruck für die Schule. Dies führt insofern zu Spannungen, als die Schule als Institution per definitionem strukturkonservativ agieren muss. Veränderungen im Lebenslauf, ein sich veränderndes Verhältnis zwischen den Geschlechtern und Generationen und ein Wandel in den Auffassungen über die unterschiedlichen Etappen des Lebens (Kindheit, Jugend, Erwachsenenalter, Alter), eine veränderte Einstellung zum Tod, ein unterschiedlicher Umgang mit den Risiken des Lebens (Angst, Schmerz, Hoffnung), die Veränderungen gesellschaftlich vorhandener und zugänglicher kognitiver und emotionaler Strategien: all dies lässt sich im Hinblick auf bestimmte Epochen untersuchen. Dabei geht es immer wieder um die Frage nach dem Sinn. Über Jahrhunderte hinweg war es die Religion, die unbestritten in dieser Frage das Deutungsrecht hatte. Dies hat sich jedoch in der Moderne mit der Tendenz zur Säkularisierung geändert (vgl. Fuchs 2008b). Es geht um die Frage des Sinns und der Sinnhaftigkeit, die Charles Taylor zufolge – entscheidend dafür ist, wie der Einzelne seine Kontexte bewertet. Eine Besonderheit der Moderne besteht darin, dass viele von einem Sinnverlust sprechen. Dies hat viel mit der veränderten Rolle der Religion zu tun.

Was gesamtgesellschaftlich „Säkularisierung" heißt, bedeutet für den Einzelnen, dass es ihm immer weniger möglich ist, Trost und Orientierung bei dem Priester zu bekommen. Eine Dominanz von Rechenhaftigkeit als Denkform lässt private Beziehungen anders aussehen als ein Beziehungsdenken in Kategorien von Liebe und Sorge. Nicht zuletzt führt eine erzwungene Arbeitslosigkeit oder die totale Umwertung bisheriger Lebensvorstellungen (etwa im Zuge der deutschen Einigung) zu gravierenden Problemen in der individuellen Lebensbewältigung der betroffenen Menschen. Es entsteht hierbei ein kompliziertes Beziehungsgeflecht zwischen der individuellen und konkreten Lebensgestaltung und den gesellschaftlich zur Verfügung stehenden Verarbeitungsformen. Auch bei dieser Frage nach der Positionierung des einzelnen Menschen in sozialen Gruppen gibt es eine ganze Reihe möglicher wissenschaftlicher Zugänge. Konzepte wie das des „Habitus" von Bourdieu helfen bei der Untersuchung dieser Vermittlung von Individuum und Gesellschaft weiter (Abb. 4, 5). Andere Konzepte werden später erläutert.

Der aktuelle Ansatz einer Mentalitätsgeschichte (bzw. der historischen Wissenssoziologie) klärt hierbei über das Zustandekommen der psychischen Binnenstruktur des Menschen zu bestimmten Zeiten auf. Ich selbst (Fuchs 1984) habe mir vor Jahren die Frage gestellt, wie es zu Beginn der Neuzeit zu Veränderungen in der mathematisch-naturwissenschaftlichen Denkweise hat kommen können und etwa die vulgär-materialistische Ansicht geprüft, alles Denken und Fühlen ließe sich unmittelbar auf die ökonomische Basis zurückführen (die Antwort war nein!).

Piagets ontogenetische Untersuchungen zur Genese kognitiver (und später auch moralischer) Strukturen wurden inzwischen sowohl im Hinblick auf einen Kulturvergleich als auch als Theorie des sozialen Wandels genutzt (Osterdiekhoff 1992).

Max Webers berühmte Studien über die religiös-wertemäßigen Grundlagen unterschiedlicher Gesellschaft- und Wirtschaftssysteme (bzw. der ökonomisch-gesellschaftlichen Relevanz von Weltreligionen) haben dabei auf die psychischen Dispositionen hingewiesen, die offenbar mit der Entwicklung von Wirtschaft und Gesellschaft korrespondieren müssen, auch wenn offen bleiben muss, ob und wie das Sein das Bewusstsein (oder umgekehrt) bestimmt.

Ein wichtiges Konzept, das die Vermittlung von Subjekt und Gesellschaft verstehen lässt, ist das Bourdieusche Konzept des Habitus (Abb. 5; für alternative Theorieansätze siehe Fuchs 2012).

Der Mensch ist also eingebunden in vielfältige soziale Netzwerke. Die Abb. 6 versucht, dies darzustellen.

**Habitus als Vermittlung von
Individuum und Gesellschaft**

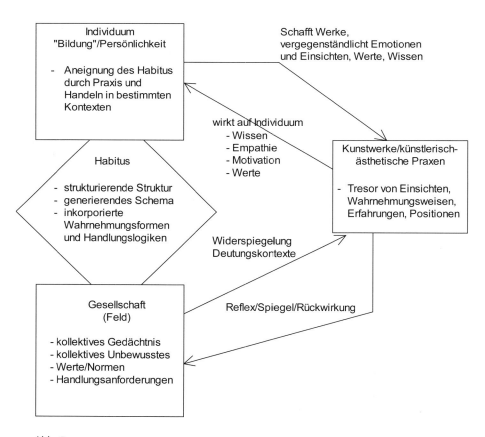

Abb. 5

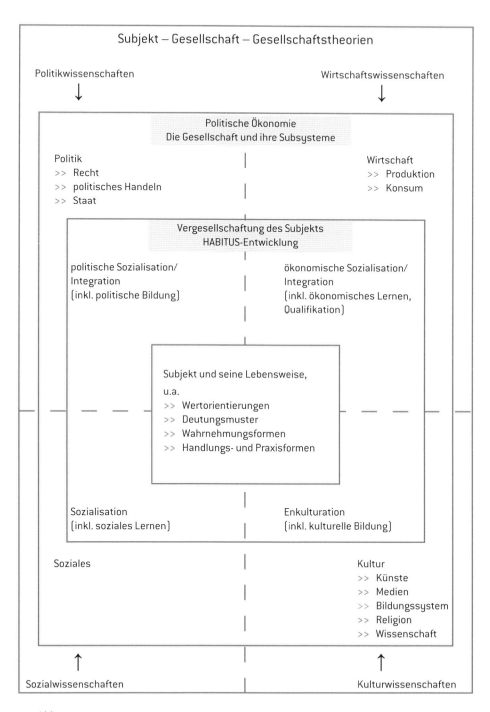

Abb. 6

Zur Schule in der Moderne

Formen von systematischer Unterweisung der nachwachsenden Generation gab es schon immer. Mit wachsender Beschleunigung der gesellschaftlichen Entwicklung findet eine Institutionalisierung des Bildungswesens (zuerst Universitäten, dann Gelehrtenschulen, später Volksschulen als „niederes Schulwesen") seit der Renaissance statt. Immerhin gibt es sogleich mit Comenius und Ratke bedeutende Theoretiker, die sich um das Kerngeschäft der entstehenden Schulen, den Unterricht und den Lehrer, kümmern. Dass diese Initiativen im Kontext des 30-jährigen Krieges mit seinen verheerenden Auswirkungen auf die Gesellschaft und den Einzelnen stehen, ist sicherlich kein Zufall. Es waren dabei weniger Qualifikationserfordernisse des Arbeitslebens, das noch eine ganze Weile überwiegend agrarisch geprägt sein wird, sondern eher nationalpolitische Motive, die die Pädagogik beförderten. Dabei sollte man sich über die demokratische Tendenz trotz des berühmten Slogans von Comenius („Bildung für alle") am Beginn der hier betrachteten Epoche keine Illusionen machen: Über lange Zeit gab es das Bildungsprivileg höherer Stände, zumal eine Zuweisung von Stellen noch lange entsprechend dem Stand erfolgte, in den man hineingeboren wurde (vgl. Hammerstein 1996). Diese Entwicklung veränderte sich erst im 18. Jahrhundert und vollendete sich dann im 19. Jahrhundert mit der Übernahme der Verantwortung durch den Staat für Schule und Hochschule. Nationalerziehung und Erziehung zur Industriosität waren die Paradigmen um 1800. Im 19. Jahrhundert entfaltete sich in der sich durchsetzenden bürgerlichen Gesellschaft der Charakter ihrer „Entzweiung", es entstand die „soziale Frage" und somit soziale Zerrüttung und Anomie, mit der sich dann Philosophen, Soziologen, Literaten und Pädagogen am Ende des 19. Jahrhunderts auseinandersetzten. Es entstand das industriegesellschaftliche Modell der Arbeitsgesellschaft (Castell 2000) mit dem dazugehörigen Bildungssystem, bei dem neben die Schule und die berufliche Bildung eine außerschulische Sozialpädagogik, der Kindergarten und eine Erwachsenenbildung traten und so alle Lebensphasen des Menschen und alle gesellschaftlichen Bereiche eine Pädagogisierung erfuhren. Entlang der Gliederung des Buches von Galuske (2002), der die Sozialpädagogik der entfalteten Arbeitsgesellschaft einer im Entstehen begriffenen „flexiblen Arbeitsgesellschaft" und ihrer Sozialpädagogik der Zweiten Moderne (U. Beck) gegenüberstellt, will ich einige Bestimmungsmerkmale dieser Arbeitsgesellschaft benennen:

>> Es dominiert ein Normalarbeitsverhältnis, ein beruflicher Wechsel findet eher selten statt, man bleibt sehr lange nicht nur im selben Beruf, sondern sogar am selben Arbeitsplatz. Dies bedeutet, dass das Bildungssystem eine klare Aufgabe hat: zu qualifizieren für einen Beruf, der mit hoher Wahrscheinlichkeit auch ausgeübt werden kann und der den Lebensunterhalt sichert.

>> Es wird ein Wohlfahrts- und Sozialstaat immer weiter ausgebaut, der Lebensrisiken in einem in der Geschichte der Menschheit bislang nie gekannten Umfang absichert. Damit wird zugleich die Legitimität der politischen, der Wirtschafts- und

Gesellschaftsordnung gesichert. Der vorläufig letzte Schritt bei dem Ausbau des Sozialstaates ist die Mitte der neunziger Jahre eingeführte Pflegeversicherung.

>> Auf der Ebene des Individuums entwickelt sich der arbeitsgesellschaftliche Habitus als „ökonomisch rationale, produktive, arbeitszentrierte und auf Zukunft ausgerichteten Haltung" (ebd., S. 103).

>> Die Sozialpädagogik hat in diesem industriegesellschaftlichen Sozialstaat die Aufgabe, bei Härtefällen und Störungen einzugreifen, wobei stets die Perspektive der Integration, der Wiedereingliederung in die „normalen" gesellschaftlichen Abläufe für Fachkraft und Klient eine klare Orientierung vorgab. Die Pädagogik als Zugriff auf das Subjekt hatte insofern eine Berechtigung, als das „System" durchaus aufnahmebereit war, sofern gewisse Anpassungsleistungen durch das Subjekt erbracht wurden.

Vor dem Hintergrund dieses Gesellschaftsmodells ist die seinerzeit von Fend im Anschluss an die funktional-strukturelle Soziologie von Parsons eingebrachte Funktionsbestimmung der Schule plausibel: Schule hat die Aufgabe der Qualifikation (Wirtschaft), der Legitimation (Politik), der Sozialisation als Einübung in das je vorfindliche soziale Leben und der Enkulturation als Hineinentwicklung in die vorhandene „Kultur" mit ihren Werten und Normen (s. Abb. 8). Natürlich ist dieses Denken strukturkonservativ. Aber dies deckt sich mit der Vorstellung, dass eine parlamentarische Demokratie verbunden mit der Marktwirtschaft alle Ziele der Moderne (Bildung für alle, Kultur für alle, Wohlstand für alle) realisiert und daher keine Veränderungsnotwendigkeit mehr besteht, sondern bestenfalls eine Optimierung („Mehr Demokratie wagen!") nötig ist. Allerdings war die Realität doch nicht so idealtypisch wie diese Reißbrettkonstruktion. Vielmehr gibt es eine zunehmende (Selbst)-Kritik, die sich an der Nichteinlösung der Versprechungen von allseitiger Bildung, Freiheit oder Wohlstand für alle festmachte. Freud schrieb über das Unbehagen an der Kultur, Berger u.a. über die Unbehaustheit, Entfremdung, Entzweiung, die „bürgerliche Kälte" (Gruschka) und schließlich als vermutlich einflussreichste Diagnose: Die Kolonialisierung der Lebenswelt durch das „System" (Habermas), und dieses bestand vor allem in der Durchsetzung einer ökonomischen Rationalität. In Zeiten des Wachstums konnte man noch über diese „Schönheitsflecke" hinweggehen. Doch wurde gerade das geforderte Wachstum ein Problem. In der Postmoderne erlebte die romantische Kritik an der Aufklärung eine Wiederbelebung, zumal nach wie vor die Deutung des Faschismus als konsequentes Resultat einer nicht mehr zu domestizierenden und zu humanisierenden instrumentellen Vernunft für Beunruhigung sorgten. Auch der Sozialismus galt gerade nicht als Alternative zum Kapitalismus, sondern wurde mit seiner technokratischen Planungsideologie als weiteres Kind der Aufklärung betrachtet. Das Ende des Sozialismus signalisierte so durchaus das Ende eines Weltverständnisses, bei dem eine restringierte Form von Vernunft die zentrale Rolle spielte. Die moderne Gesellschaft ist zwar immer schon in Bewegung gewesen. Doch das Bewusstsein eines Epochenwechsels stieg mit der Heftigkeit ökonomischer Krisen, die mehrheitlich als Ende des fordistischen Systems, also der traditionellen Arbeitsgesellschaft gedeutet werden.

Gerade die Schule steht dabei im Zentrum des Diskurses, wie diese Krisen bewältigt werden können.

Wie kaum eine andere Institution wird die Schule in dialektischen Kategorien erfasst: „Die Schule im Widerspruch", „Antinomien der Schule", dichotomische Beschreibung ihrer Merkmale sind verbreitete Darstellungsansätze. Diesen schließe ich mich an und sehe sie begründet in dem Faktum, dass Schule, so wie wir sie kennen, ein Kind der Moderne ist und daher alle Antinomien und Pathologien dieser Moderne an ihr festgestellt werden können. Das „Dialektische" daran besteht in der paradoxen Erwartung, dass gerade die Schule immer wieder in die Verantwortung genommen wird, wenn es um die Lösung von Problemen mit unserer modernen Gesellschaft geht (Integration, Gesundheit, Gewalt, Rechtsextremismus etc.).

Als Hintergrundfolie für das Verständnis der spannungsvollen Situation von Schule nehme ich eine Vergleichstabelle von Fend (1988; Abb.7).

Vormoderne	Moderne	Postmoderne
Weltbilder		
Bindung von Erziehung an umfassende, traditionelle Weltbilder, Prägung und Methodisierung von Erziehung durch die christliche Kultur	Autonomisierung des Menschen, Herauslösung aus Traditionen, Prozeß der Entzauberung, Selbstdenken und qualifikationsbezogene Lebensbewältigung und „Weltbeherrschung" Askese im Dienste rationaler Lebensführung und Lebensbewältigung	Radikalisierung der Subjektivität Meditative Asiatisierung des Denkens Selbstvergewisserung und nicht Rationalität Einordnung in die Welt und nicht Gestaltung der Welt „Aufklärungsverdruß"
Austreibung des Bösen durch Strenge und harte Strafen	Wissenschaftsorientierung	„Theorie-Ekel" Abschied von der Hoffnung auf Erlösung durch Rationalität: Pessimismus
Mythos, Religion	Universalität der Vernunft	„Zweite Entzauberung": Wissenschaft
	„Erste Entzauberung": Religion	befreite Subjektivität (Nietzsche-Renaissance) Systematisierungsfeindlichkeit
Soziale Struktur und Mobilität		
Lokale Stationarität Aufwachsen in und für homogene Lebenskreise, geringe geographische Bewegung. Mobilität als „Auswandern" Differenzierung hauptsächlich nach Alter - Geschlecht - Stand	Mobilität als Regel Geographische und soziale Mobilität Häufig Lebensbewährungsnotwendigkeiten in neuen, selbstgestalteten sozialen Lebenskreisen Ablehnung der Askriptivität in der Privilegienverteilung	Neue Formen der gemeinschaftlichen Stationarität - Stabilität der „brüderlichen Gemeinde" gesucht
Methodisierung von Erziehung und Lernen		
Methodisierung als Teil der Rationalisierung religiös bestimmter Lebensführung - Dominanz der Lebensformen der Erwachsenen Dominanz der Lebensnotwendigkeiten	Zunehmende Methodisierung auf wissenschaftlicher Grundlage durch systematische Berücksichtigung der Eigenart von Kindern und Jugendlichen und der rational begründeten Wirksamkeit von Erziehung und Unterricht Dominanz der Lebens- und Selbst- Gestaltungsmöglichkeiten	Methodisierung als Form der Vergewaltigung der menschlichen Natur Entprofessionalisierung der Erziehungstätigkeit Alltagsorientierung der Wissenschaft Erziehung als Beziehung und Symbiose Absage an zielbestimmte pädagogische Interventionen

Vormoderne	Moderne	Postmoderne
Strukturen des Lebenslaufs Dauergefährdung durch Tod und Krankheit Unsicherheit und Unvorhersehbarkeit durch Allgegenwart und Katastrophen	Verstetigung, Vorhersagbarkeit, langfristige Planungsmöglichkeiten in Form von asketischer Lebensführung mit innerer Kontrolle von Bedürfnissen, Verinnerlichte Leistungs- und	Entdifferenzierung der Lebensphasen: jugendliche „Alte" und „alte" Jugendliche
Geringe Individualisierungsmöglichkeiten, geringe Spielräume für Bedürfnisexplikation	Berufsethik, Gliederung des Lebenslaufs mit Betonung von Eigenarten und Eigenrechten jedes Lebensabschnittes Individualisierungsschübe, Betonung von eigenen Ansprüchen und Eigenverantwortung Lebensplan und Lebensbilanz, Universalisierung des Strebens nach innerweltlicher Erfüllung, Moderne	
Jugendphase Wenige Fertigkeitsgrade - unmittelbare Einmündung in Arbeit, besonders auf dem Lande	Verlängerung der Lernzeiten und Bildungsmöglichkeiten	Entdifferenzierung von „Leben" und „Lernen"
Lebensführungskulturen Tugenden: Gehorsam (gegen Eltern und andere Autoritäten) Fleiß und Bereitschaft zur Mithilfe Achtung vor dem Besitz Leben um Arbeit und soziale Einordnung organisiert Erfahrung des eigenen Wertes durch unmittelbare „Nützlichkeit"!	Selbständigkeit, methodisch-rationale Lebensgestaltung (innere Disziplin) und Kompetenzen (Qualifikation, Wissen) Selbstvervollkommnung als Selbstrealisierung Kulturen aktiver Selbstgestaltung Bescheidenheit, Askese, innere Disziplin Entstehung einer „Selbstverwirklichungskultur"	Lebensführungsethik (Lebensstile) Betonung der Ganzheitlichkeit des Menschen Ablehnung von Segmentierungen der Befriedigung in Arbeit und Freizeit, Beruf und Selbstbestimmtheit Ästhetisierung, Orientierung am Lebensstil, Ironie, Hedonismus, Glücksstreben
Bescheidenheit Achtung vor der Autorität, vor Traditionen Ritueller Höflichkeitskodex	Variante: Weltgestaltungswille aus der Vision einer „besseren Welt" Arbeitsfanatismus	Orientierung am „Sein" und nicht am „Werden" „Lebensform" Spielerisch-ironischer Umgang mit der Realität Ironischer Hedonismus Außenlenkung
Traditions-Lenkung (Riesman)	Innenlenkung	
Formen der Vergemeinschaftung Familie, Verwandtschaft Dorf, Kirche	Freundschaften, eheliche Partnerschaft, „Berufskollegen" und Freizeitpartner	Neue Formen der „Brüderlichkeit" und der „Gemeinde" in selbstgewählten Gruppen, Selbsterfahrung in kommunikativen Lebenszusammenhängen, Wohngemeinschaften, Freie Schulen

Vormoderne	Moderne	Postmoderne
Beziehungen zur inneren Natur des Menschen Kultur der Bedürfnislosigkeit, des Ausblendens und der Unterdrückung von Sinnlichkeit	Ethisch-methodische Beherrschung der inneren Bedürfnisse, insbesondere der Sexualität Disziplinierung der „inneren Natur" (Essen, Trinken, Schlafen, Müdigkeit, Sexualität) Unterwerfung des Körpers unter den „Willen"	Pflege der Sinnlichkeit aus eigener Erlebensform Neue Tendenz: Askese als neue Selbsterfahrung von „Kontrolle" und von Ent-Alltäglichung, Heilfasten als rituelles Reinigungserlebnis, Aufhebung der Herrschaft des Intellektualismus über die innere Natur des Menschen, Pflege der Erotik, „Neue Sinnlichkeit" Legitimation des „Rauschhaften"
Gefahrenkataloge und Formen der Existenzsicherung Gefahren von nicht kontrollierbaren Existenzkrisen: Hunger, Krankheit, Krieg Tod in allen Lebensphasen gleich wahrscheinlich	Gefahren des Leistungsversagens und der gefährdeten Einmündung ins Berufsleben Gefährdete Selbstverwirklichung durch Berufsarbeit	Verlust des Selbst im Gestalten-Wollen und im Haben-Wollen Kollektive Selbstvernichtung und Umweltzerstörung als Folge der kapitalistischen „Weltbeherrschung"
Gefahrenkataloge und Formen der Existenzsicherung Sittliche Verwahrlosung, Aberglauben, Trunksucht Leben am Rande des Existenzminimums Überleben durch harte Arbeit	Gefahren der sozialen Isolierung Gefahren des Scheiterns von Lebensplänen Suchtproblem, Depressionsprobleme Kollektive Gefahren: Globale Selbstvernichtung, Wirtschaftskrisen, mangelnde Wettbewerbsfähigkeit Aktives persönliches und politisches Bewältigungshandeln	
Gesellschaftsbezug Einordnung in die politischen Gegebenheiten Gesellschaft als gottgewollte Ordnung	Weltgestaltungswille nach universalen normativen Ansprüchen: Effektivierung der Güterproduktion, Soziale Verteilung nach universalen Rechten und nach Bedürftigkeiten, Freiheit von politischer und religiöser „Vergewaltigung" (Emanzipation), Konkurrenzprinzip und Leistungsprinzip, Ethische Weltbilder: Universale Ansprüche und emphatisches Mitleiden, „Aufforderung zum Klassenkampf"	Meditative Haltung und Selbst-Gestaltung als Gegenentwurf Autonome Subsysteme der Versorgung Selbsthilfe-Gruppen Individualansprüche anstatt Gruppenansprüche Utopieskepsis Gestaltung des eigenen Lebens (Stilsuche)

Vormoderne	Moderne	Postmoderne
Politisches System		
Traditionelle und/oder charismatische Herrschaft mit entsprechender Legitimation	Rationale Herrschaft im Rahmen demokratischer Entscheidungsprozesse und Gewaltenkontrolle Rationale Entscheidungsfindung und Interessenkoordination Bürokratien und Beamtentum im Dienste des Wohlfahrtsstaates Anerkennung der Regierung nach kritisch-rationaler Prüfung in Wahlakten Anerkennungsgrund: Problembewältigungs-Kompetenz der Regierung und normative Kongruenz mit der eigenen Position	Basisdemokratische Gesinnungsethik als Modus der Aufhebung der Herrschaft des Menschen Ablehnung von Hierarchie und Organisation und vergesellschaftetem (interessenbezogenem) politischen Handeln
Kultur des Umgangs mit dem Nicht-Kontrollierbaren		
Große Bedeutung von „HeilsInteressen", von Glück im Außerirdischen	Unbewältigte Residualkategorie	Öffnung für anschauende Erfahrungen

Abb. 7

Quelle: Fend 1988 S. 19ff

Betrachten wir vor diesem Hintergrund einige Kataloge, die das Antinomische der Schule beschreiben.

A. Leschinsky (1996, S. 13ff.) nennt die folgenden *Merkmale von Schule*:

> *„1. Universalistisch/spezifisch versus ganzheitlich, das heißt partikularistisch/diffus*
> Der Geltungsbereich der Prinzipien, denen die Schule bei der Ordnung ihrer internen Abläufe folgt, ist nicht auf besondere Bedingungen beschränkt, sondern allgemeiner Art. Dies hat bestimmte Implikationen für die Behandlung der Schülerinnen und Schüler: Die Schule ordnet ihre Mitglieder nach bestimmten Kategorien (vornehmlich nach dem Alter, nach Leistung und Interessen), aber sie behandelt diese nicht als persönliche Sonderfälle. Es interessiert im Gegensatz zu außerschulischen, insbesondere familiären Sozialmilieus nur ein partieller Rollenausschnitt, der in höheren Schulstufen immer spezifischer wird und immer weniger die volle Individualität der Schüler erfasst. Durch diese Erfahrungen lernen die Schüler, von den besonderen Umständen ihrer eigenen Situation zu abstrahieren, zwischen einer Person und ihrer sozialen Position zu unterscheiden und sich unter bestimmten Kategorien Vergleichen zu stellen.
>
> *2. Distanzierte Versachlichung versus affektiv getönte Unterstützung*
> Die Schule konfrontiert den einzelnen systematisch mit der Erwartung, dass er individuelle Verantwortung und Rechenschaft für die Erfüllung zugewiesener – oder auch selbst in Angriff genommener – gegenstandsbezogener Aufgaben übernimmt. Es dient diesem Zweck, dass die Beziehungen des Schülers zur Familie bzw. zu gleichaltrigen in dieser Hinsicht beschnitte werden. Denn die dort gewährte Unterstützung impliziert auch eine Abhängigkeit, aus der der Schüler durch die fortdauernde sachliche Konfrontation mit schulischen Aufgabenstellungen herausgelöst wird. Auch wenn in der Schule die Erwartung von Kooperation und Solidarität ausgesprochen (und forciert) wird, bleibt der Bezugspunkt die individuelle Arbeitsleistung, deren Qualität gesteigert werden soll.
>
> *3. (Demokratische und) rationale Interessenartikulation versus Ausgrenzung von internen Konflikten*
> In dem Maße, in dem die Schule über das Ziel der Wissens- und Fähigkeitsvermittlung im Unterricht hinausgeht, muss sie Möglichkeiten zu einer gewissermaßen politischen Artikulation bieten. Diese eröffnet den an der Schule unmittelbar Beteiligten oder Anteil Nehmenden Einfluss auf das Schulgeschehen. Unterschiede in der Ausgestaltung dieses Aufgabenbereichs werden zu einen durch die inhaltliche Reichweite und durch die Machtkompetenz bewirkt, mit der die Entscheidungen der hierfür geschaffenen Organe bzw. Gremien gegenüber zentralen staatlichen Vorgaben ausgestattet sind Zum anderen sorgt es für Differenzen, ob nur formale Regeln (für einen Prozess des Ausbalancierens beliebiger Interessen) oder inhaltlich-materielle Zielvorgaben bestehen. Letztere erlauben die Definition zulässiger Standpunkte und Kontroversen.
>
> *4. Freie Interaktion oder soziale Gesellung versus formative Erfassung*
> Die Schule füllt nur einen Teil der Zeit, den die Kinder oder Jugendlichen dort verbringen, mit ihren spezifischen Aufgabe. Entsprechend werden die Erinnerungen an die Schule in der Regel mehr durch die Erlebnisse mit den peers als durch schulische Lern- und Bildungserfahrungen geprägt. In den sozialen Interaktionen sind die Schülerinnen und Schüler formell sich selbst überlassen, soweit nicht die Ordnung des Unterrichtsgeschehens oder des schulischen Zusammenlebens unmittelbar betroffen sind. Dennoch üben die schulischen Regeln Einfluss auf den Charakter der Peer-Beziehungen aus. Deren (formell) unreglementierte Entfaltung gibt jedoch einen wichtigen Raum für die Bewältigung und die mögliche kollektive Umdefinition der schulischen Erfahrungen.

5. Individuelle (pluralistische) Selbstdarstellung versus kollektivistische Standardisierung
Die Schule schafft fortlaufend Anreize, individuelle Unterschiede sichtbar zu machen. Dazu trägt paradoxerweise gerade bei, dass über das schulische Klassen- bzw. Kurssystem in Intervallen in gewisser Weise immer wieder Rehomogenisierungen vorgenommen werden, auf deren Grundlage Leistungs- bzw. Interessenunterschiede stimuliert werden. Dieselbe Dialektik ist auch bei anderen Maßnahmen zur äußeren Nivellierung von Unterschieden (beispielsweise Schuluniformen) in der Schule zu beobachten. Die Schulsysteme unterscheiden sich danach, bis zu welchem Grade und in welchen Bereichen sie individuelle Differenzierungen formell zulassen. Doch basiert die Arbeit der Schule wesentlich darauf, dem einzelnen ein Bewusstsein von seiner spezifischen Persönlichkeit, seinen Fähigkeiten und jeweiligen Präferenzen, durch deren jederzeit möglichen Vergleich mit anderen zu ermöglichen, die in der gleichen Situation stehen.

6. Reflexive Distanz versus präskriptive Belehrung
Die Schule vermittelt in ihrer fachlichen Differenzierung eine wissenschaftsadäquate Vorstellungswelt und gibt den Schülern entsprechende Problemlösungsverfahren an die Hand. Sie sorgt für eine Reflexionskultur, die ihren sozialen Kern in der rationalen Auseinandersetzung mit der Wirklichkeit und einem Klima offener Lernanstrengung sowie gemeinsamen Erkenntnisstrebens besitzt. Statt fester Maßstäbe für die lebens- und Verhaltensorientierung, die in einem Prozess identifikatorischen Lernens erworben werden müssen, vermittelt die Schule Chancen zu einer offenen Problematisierung von Welt- und Realitätsbezügen, deren jeweilige Bewertung fortdauernder wechselseitiger Diskussion unterzogen bleiben soll.

7. Individuelle Leistung versus soziale Zurechnung und politische Bewertung
Die Schule arbeitet in dem Rhythmus von Aufgabenstellung, Ausführung, Beurteilung. Das heißt, sie schafft – mit wachsendem Alter der Schüler, in zunehmendem Maße – Situationen, in denen die Aktivitäten nach einem Leistungsstandard organisiert sind, und bereitet dadurch auf das Erwachsenenleben vor. Auf diese Weise vermittelt sie einmal die Erfahrung, dass der individuelle Status nach der jeweiligen Leistung bzw. nach Kriterien vergeben wird, die auf Wettbewerb bzw. individueller Gleichbehandlung beruhen. Darüber hinaus lernen Schülerinnen und Schüler in vielfältiger Weise, mit Erfolg und Scheitern fertig zu werden. Sie müssen zwischen der Leistungskonkurrenz und den Regeln sozialen Umgangs balancieren. Schließlich lernen die Kinder in der Schule, dass die aktive Beeinflussung der Umwelt der fatalistischen Hinnahme oder auch der einfachen Bewahrung von Traditionen und Herkommen überlegen ist.

8. Denken, Sprechen, Diskutieren versus Handeln und praktische Bewährung
Die Schule ist eine Einrichtung, in der zwar nicht ausschließlich, aber überwiegend kognitive und verbale Aktivitäten eine Rolle spielen. Dies hängt sicher mit der Tradition der Buch- und Lernschule zusammen, vermittelt den Schülern aber auch die Gelegenheit zu einem umfassenden Erfahrungsaustausch und einer Verständigung, die über die zeitlichen und räumlichen Grenzen ihrer unmittelbaren Umwelt hinausgeht. Die Schüler lernen auf dem Wege stellvertretender Erfahrung sich selbst sowie die soziale und natürliche Welt kennen. In der Praxis der Schule findet die Bedeutung von Sprache und Kognition für die menschliche Evolution ihren Ausdruck.

9. Ausprobieren versus Ernstcharakter
Die Schule entfernt den einzelnen aus den vollen Realitäts- und Sozialbezügen, in die er jeweils ungefragt hineinwächst. Dadurch eröffnet sie die Möglichkeit, neue Erfahrungsbereiche zu erschließen und zu prüfen. Die Entfernung vom „Realitätsprinzip" und den entsprechenden Sanktionen eröffnet mit anderen Worten die Chance zu einer kritischen Analyse und Distanz, zur Vorstellung und zum Durchdenken von Alternativen und schließlich zur Entwicklung und Vorbe-

reitung eigener Entscheidungen. Die Verantwortung, die der einzelne in der Erwachsenenrolle dereinst übernehmen soll, lernt er, auf einen selbstgewählten Entschluss hin zu übernehmen.

10. Autonomie der Schule versus Einheit mit dem Leben
Den aufgeführten inhaltlichen Eigenheiten der Schule entsprechen bestimmte institutionelle bzw. organisatorische Merkmale. Die Schule ist als Teil eines Systems organisiert, das unabhängig von den Aufgaben der gesellschaftlichen und familiären Reproduktionssphäre geregelt ist. Zwar ruht das Bildungssystem ökonomisch auf der Leistungsfähigkeit der Gesellschaft und ist in gewisser Weise für seine Funktionsfähigkeit auf familiäre Vorleistung angewiesen, aber die Erfüllung der oben genannten Aufgaben setzt das System notwendig in Spannung zu seiner gesellschaftlichen Umwelt. Die letzte Stufe der schulischen Verselbständigung wird in den Tendenzen zur Autonomisierung gegenüber der bürokratischen Administration und staatlichen Kontrolle sichtbar. Diese Entwicklung wird um der höheren Effizienz der Schule wegen auch von politischer Seite eingeleitet und gefördert.

11. Lose verbundene Gestaltungsräume versus staatliche und bürokratisch umgesetzte Steuerung
Die Schule steht äußeren Eingriffen und direkter Kontrolle nur begrenzt offen. Die pädagogische Arbeit ist vielmehr durch ein hohes Maß an Selbständigkeit sowohl auf seiten der lernenden als auch der Lehrkräfte gekennzeichnet. Diesem Umstand müssen sich politische Steuerungsversuche notwendig anpassen, um die für die innere und äußere Effizienz erforderliche Beweglichkeit des Systems aufrechtzuerhalten. Dies geschieht unter anderem dadurch, dass bürokratische Aufsichts- und Kontrollregelungen durch die Selbstverpflichtung der Beteiligten bzw. durch kollegiale Einbindung begleitet oder ersetzt wird. Die institutionelle Eigendynamik der Schule wird auf diese Weise aber nicht ausgeschaltet oder gebremst, sondern anerkannt und nach Möglichkeit kanalisiert."

W. Helsper (1990) nennt die folgenden *bildungspolitischen Interventionsmodelle*, die auf diese antinomische Situation von Schule reagieren:

„Die Schule als antinomische Instanz der Moderne partizipiert daran, dass die utopischen Gehalte und Visionen der Moderne ihre unterschlagenen Kehrseiten immer deutlicher entlassen und katastrophische Züge entbergen (...). Pädagogische Perspektiven innerer und äußerer Schulreform greifen in diese antinomische Struktur der Schule ein, ohne sie pädagogisch aufheben zu können. Vor allem aber erzeugen sie im Rahmen der pädagogisch nicht aufhebbaren Antinomien neue Folgekosten und Ambivalenzen, die allzu oft in pädagogischer Selbstüberschätzung übersehen worden sind (...).
Anhand fünf wesentlicher bildungspolitischer Positionen, ohne auf deren gravierende Binnendifferenzierungen eingehen zu können, sollen unterschiedliche Eingriffe in das schulische Projekt der Moderne skizziert und die damit einhergehenden Widersprüche der jeweiligen Positionen herausgearbeitet werden:
1.   Eine erste Position (etwa konfessionelle Schulen, anthroposophische Ganzheitspädagogik, „Mut zur Erziehung") beklagt den „Verlust" einer geordneten und umfassenden pädagogischen und gesellschaftlichen „Ganzheit", eines holistischen Welt- und Menschenbildes. Gemeinsam ist die Vorstellung einer umfassenden Schulerziehung des Individuums, die um partikulare Werte und einen moralischen Tugendkanon zentriert ist. Die kulturelle Pluralisierung und Relativierung tradierter Ordnungen wird für Anomie, Desorientierung und Sinnprobleme verantwortlich gemacht. Schulische Erziehung soll demgegenüber wieder „Beheimatung" in der brüchig gewordenen Welt ermöglichen. Diese pädagogisch-ontologischen Entmodernisierungsprogramme aber führen in eine Aporie: Denn die Dezen-

trierung der Welt lässt sich durch partikulare normative Gegenkonzepte nicht aufheben. Diese fordern vielmehr verstärkt zur Auseinandersetzung heraus und müssten zudem eine partikulare normative Ordnung als allgemeinverbindliche behaupten, ein Konzept, das nur als Zwangsverhältnis konzipierbar ist. In diesem „Rückweg" zur Gesinnungsschule aber bleibt nur der Rückgriff auf Vormodernes, das allerdings das Durcharbeiten der modernen Widersprüche nicht ermöglicht, das erst den progressiven Weg einer Dezentrierung der Moderne selbst eröffnen würde.

2. Eine zweite Strömung (z. B. stärkere Leistungsforderungen, Eliteschulen, Straffung de Lernzeit) sieht die Problematik der Schule in der Dominanz „kultureller Modernisierung" begründet und plädiert demgegenüber für eine stärkere Ankopplung an die ökonomischen und beruflichen Erfordernisse (…). Schule als „unproduktive", kulturell freizügige Experimentierzeit soll möglichst knapp gehalten und effizient gestaltet werden. Es geht nicht nur um einen stärkeren „Berufsbezug" der Schule, sondern um eine umfassende Assimilation schulischer Lernprozesse an ökonomische Organisationsprinzipien im Sinne einer ökonomisch-gesellschaftlichen Rationalisierung der Schule. Abgesehen davon, ob diese Variante einer ökonomischen Modernisierung der Schule für die Bewältigung hochkomplexer Lebens- und Arbeitsbedingungen letztlich „funktional" ist, führt diese Position nur tiefer in die Aporien der Moderne hinein: Die Dominanz instrumenteller Rationalität, die entscheidend für die Bedrohungen der Moderne ist, soll verstärkt in die schule eingeführt werden. Gerade damit aber können jene sozialen, kulturellen und individuellen potentiale nicht generiert werden, die wesentliche Voraussetzungen für die Bewältigung der Modernitätsrisiken sind.

3. Eine weitere Haltung gegenüber dem „Projekt Schule" votiert weder für eine Entmodernisierung noch für eine „Ökonomisierung" der Schule, sondern affirmiert die Schule in ihrer modernen Widersprüchlichkeit (…). An der universalistischen und spezifischen Struktur der modernen Schule wird kritiklos festgehalten, da sie sowohl als Garant komplexer kognitiver Kompetenzentfaltung, wie auch als opt male Voraussetzung des Übergangs von den eher partikular-emotionalen Familienstrukturen zu den hochkomplexen, leistungsbezogenen sozialen Systemen erscheint. Die Schule benötigt aus dieser Perspektive keine grundlegende Reform. Vielmehr geht es um die optimale Durchsetzung ihrer formalen modernen Struktur, etwa der universalistischen und spezifischen Sozialbeziehungen. Damit aber erweist sich diese Position gegenüber den Antinomien der Schule im „zweiten Modernisierungsschub" als hilflos: wachsende Sinn- und Motivationsprobleme, steigender Leistungsdruck bei gleichzeitiger Entwertung der Bildungsabschlüsse, Expansion der Schule und ihre gleichzeitige Relativierung, auf diese Phänomene einer Schulkrise wird mit dem geantwortet, was die Aporien der Schule konstituiert: mit der universalistischen, spezifischen, affektneutralen und individuell-leistungsbezogenen modernen Tiefenstruktur der Schule.

4. Die größte Bedeutung kommt der heterogenen Palette reformorientierter schulkritischer Positionen zu. Obwohl die Moderne nicht grundlegend in Frage gestellt wird, vielmehr auf ihre pädagogisch-utopischen Gehalte rekurriert wird (…), so werden hier verstärkt die Vereinseitigungen und Ausblendungen der Moderne betont. Es geht um Fragen der Grammatik schulischer Lebensformen, um Widerstandsversuche, „die auf die Eindämmung formal organisierter zugunsten kommunikativ-strukturierter Handlungsbereiche" zielen (Habermas 1981, II, S. 578). Diese Kritik an Vereinseitigungen und Ausblendungen der schulischen Modernisierung betrifft etwa folgende Aspekte: die Aufhebung von Segmentierung und Fragmentierung der Lebensbezüge durch eine „Öffnung" der Schule, die Integration ermöglichen und „das Bedürfnis nach Verbundenheit und Teilhabe" berücksichtigen soll (…); die Forderung nach einem Erfahrungslernen (…) und damit einhergehend einer (Wieder-)

Einführung des Sinnlich-Expressiven in die abstrakt-verwissenschaftlichte Einseitigkeit schulischen Lernens und gegen die sinnlich-expressive Verödung der Schule (...); ein „praktisches" Lernen (...) im Sinne eines produktiven Gestaltens und eines praktischen Eingriffes in die soziale Realität, wobei das Normativ-Praktische, das Ästhetische und Kognitive wieder integriert werden sollen; gegen die Einseitigkeit der individualisierten Konkurrenz und Leistung wird die Idee eines solidarisch-kooperativen Lernens und die Ergänzung durch ein „Sozialprinzip" betont (...). Dadurch, dass die Tiefenstruktur der schulischen Lernorganisation nicht grundlegend aufgehoben wird, entstehen innerhalb der Schule allerdings neue Widersprüche (vgl. oben), die bei spezifischen Schülergruppen auch zu einem Anwachsen der Belastungen führen können, weil der pädagogisierende Zugriff der Schule erweitert wird.

5. Die Perspektiven einer radikalen Entschulung, einer Deinstitutionalisierung oder vielfältigen Pluralisierung der Schulen (Entstaatlichung), in denen die moderne Struktur nur noch als abschaffbar erscheint und die in die „postmoderne" Utopie vielfältiger deinstitutionalisierter Lern- und Erfahrungsräume für Kinder und Jugendliche mündet, führt allerdings in die Aporie, dass die Bedingungen derartiger Lerndeinstitutionalisierung lediglich in privilegierten Milieus vorhanden sind, so dass bei gesamtgesellschaftlicher Auflösung der Schule die soziale Ungleichheit hinsichtlich der Bildungsprozesse noch massiver durchschlagen würde. Die damit oft einhergehenden Forderungen nach einer Einebnung des Erwachsenen und kindlichen, einer Entdifferenzierung der Generationen (...), führt in die Aporie, dass damit postmodernistische Entdifferenzierungsprozesse des Generationenverhältnisses eher verstärkt werden und hier die Gestalt der Utopie der machtfreien Gleichheit von Kind und Erwachsenem annehmen." (Helsper 1990, S. 175 – 194).

Diese Situationsbeschreibung ist deshalb wichtig, weil die Schule der zentrale Ort der „Formung des Subjektes" ist. Keine Gesellschaft überlässt es nämlich dem Selbstlauf, welche Formen von Subjektivität, welche Persönlichkeitsstrukturen in den öffentlich geförderten Bildungssystemen entwickelt werden (sollen!). Die Geschichte des Bildungswesens kann unter dieser Perspektive als Kampf um die Hegemonie bei der Durchsetzung unterschiedlicher Menschenbilder gesehen werden, wobei die pädagogische Zielstellung (optimale Entwicklung der Persönlichkeit) nur ein Ziel unter anderen ist. Nach wie vor bleibt die seinerzeit von Helmut Fend (1980) entwickelte Systematik gültig, die er auf der Basis der soziologischen Theorie (der Gesellschaft und der Schule) von Talcott Parsons entwickelt hat und die in einer aktuellen Fassung in Abb. 8 wiedergegeben ist.

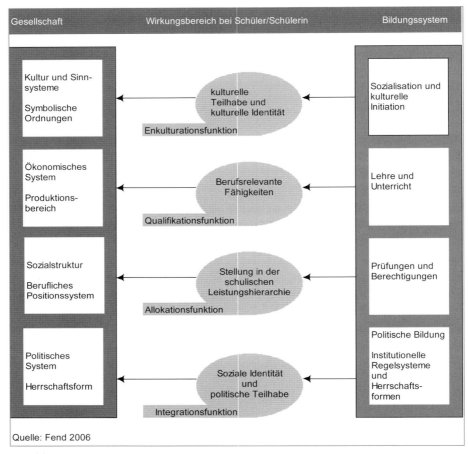

Abb. 8

Zur Erfassung gesellschaftlich erwünschter, vielleicht sogar erzwungener Formen von Subjektivität gibt es eine ganze Reihe von Vorschlägen und Typologien, die ich in dem Buch „Kultur und Subjekt" (Fuchs 2012) zusammengestellt habe. Die beiden Abbildungen 9 und 10 stellen komprimiert einige Überlegungen und Zusammenhänge in diesem Feld dar.

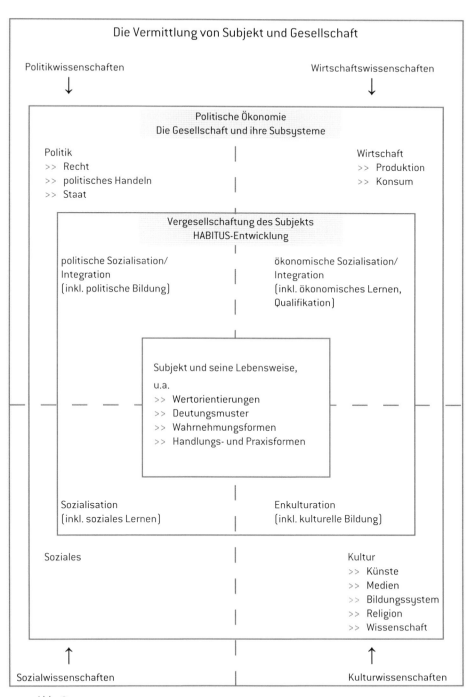

Abb. 9

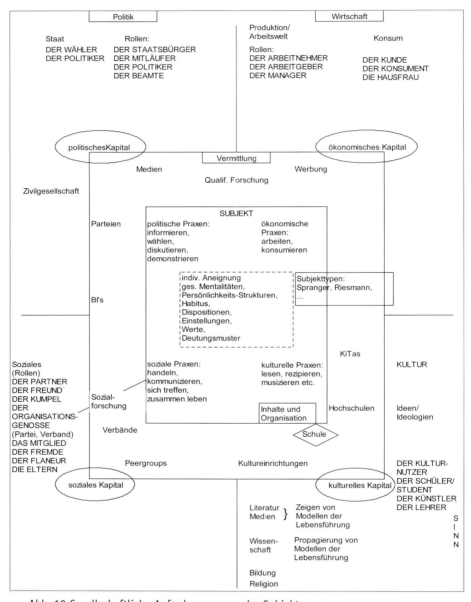

Abb. 10 Gesellschaftliche Anforderungen an das Subjekt

Die verschiedenen Bildungs- und Erziehungsorte und -felder können wie in Abb. 11 systematisch aufeinander bezogen werden.

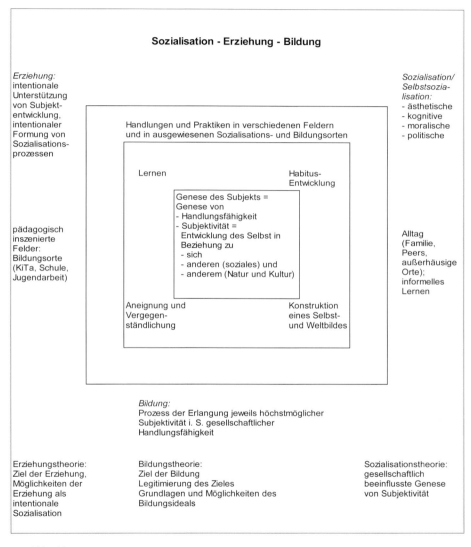

Abb. 11

Eine Zusammenfassung einiger Ergebnisse meiner Untersuchungen lautet wie folgt (Fuchs 2012, S. 126ff):

1. „Jede Gesellschaft unternimmt im Interesse ihres Fortbestehens erhebliche Anstrengungen, ihre Mitglieder so zu erziehen, dass sie weiter bestehen kann. Man kann hierbei davon ausgehen, dass diese Eingliederungsanstrengungen tendenziell strukturkonservativ sind. Dies kann man die (soziale) Formung des Subjekts nennen.

2. Dies gilt in besonderer Weise für moderne Gesellschaften, bei denen aufgrund ihrer Komplexität dieser Prozess der Eingliederung mehr Zeit, besondere Institutionen und spezielle Professionalitäten erforderlich macht. Neben diesen intentionalen Aktivitäten geschehen jedoch viele Eingliederungsprozesse en passant („funktionale" oder informelle Bildung).

3. Aus der Sicht des Einzelnen ist der gesellschaftsspezifische (orts-, zeit- und gruppenabhängige) Prozess der Sozialisation, der Eingliederung in vorhandene Abläufe und Strukturen zunächst einmal notwendig. Denn der Einzelne braucht ein enormes Bündel an Kompetenzen, um in der jeweiligen Gesellschaft zu überleben. Der Einzelne muss handlungsfähig werden.

4. Klaus Holzkamp (1983) unterscheidet eine restringierte von einer verallgemeinerten Handlungsfähigkeit. Erste meint das Zurechtkommen in gegebenen gesellschaftlichen Verhältnissen, letztere erweitert diese um eine kritische Distanz zu diesen und den Wunsch und die Fähigkeit, sie gegebenenfalls auch entsprechend eigener Vorstellungen verändern zu wollen. Eine verallgemeinerte Handlungsfähigkeit gehört zu einem anspruchsvolleren Begriff von Subjekt und Subjektivität dazu.

5. Diese Handlungsfähigkeit muss in Hinblick auf die verschiedenen Gesellschaftsfelder („Subsysteme") ausgebildet werden. Mann kann Bildung im Sinne von Lebenskompetenz oder Lebenskunst daher in ökonomische, politische, soziale und kulturelle Bildung aufteilen.

6. Ebenso wie sich die Gesellschaft entwickelt, entwickelt sich die Anforderungsstruktur an den Einzelnen. Es wurden daher im historischen Ablauf Subjektmodelle identifiziert. Einige solcher Studien (von Daniel, Reckwitz oder Veith) wurden vorgestellt. Insbesondere sind die historisch-systematischen Studien des Erziehungswissenschaftlers Veith sowie die Studien zur Subjektgenese des Soziologen Reckwitz (der diese mit dem Ziel der Entwicklung einer Kulturtheorie durchgeführt hat) von Interesse.

7. Das Problem der Subjektgenese besteht darin, dass die Handlungsaufforderungen aus den verschiedenen Gesellschaftsfeldern an den Einzelnen sich gelegentlich widersprechen. Zudem muss der Einzelne die Krisen und Pathologien der Moderne aushalten.

8. Es hat sich von Beginn der Moderne an ein Krisendiskurs entwickelt. Man kann sagen, dass die meisten Studien zur Theorie der Moderne kritische Kulturtheorien der Moderne sind. Dies ist eine wichtige Rahmenbedingung für die Konstitution von Subjektivität: Es geht um das Überleben in einer krisenhaften Gesellschaft.

9. Zur Krise der Moderne gehört auch eine Krise des Subjekts, ein grundsätzliches Infragestellen der Möglichkeit souveränen Handelns (oder – in anderen Worten – von „verallgemeinerter Handlungsfähigkeit"). In den 1970er Jahren waren es bestimmte marxistische Ansätze, die von einer totalen Vereinnahmung des Einzelnen, von einer fugenlosen Einpassung in die Gesellschaft ausgingen. Heute hat ein von Nietzsche inspirierter Poststrukturalismus (etwa in Anschluss an Foucault) einen gewissen Einfluss. Es kommt daher darauf an, ein Konzept von Subjekt und Subjektivität zu entwickeln, das die Anpassungs- und Unterdrückungsanforderungen der Gesellschaft zwar respektiert, das jedoch auch die Möglichkeit freier Entscheidung und – heute etwas altmodisch klingend – Emanzipation im Grunde

zulässt. Ein solches Konzept wurde an anderer Stelle entwickelt (etwa unter Bezug auf die Arbeiten von Keupp; Fuchs 2008c) und hier in Konturen skizziert.

10. Es stellt sich dann die Frage nach den emanzipierenden bzw. unterdrückenden Einflüssen der verschiedenen Sozialisationsinstanzen. Diese Frage wurde in früheren Zeiten intensiver von der Erziehungswissenschaft gestellt. Heute muss man feststellen, dass – etwa der Fendsche Ansatz der gesellschaftlichen Funktionen von Schule wie Legitimation, Allokation/Selektion, Qualifikation und Enkulturation – häufig nicht mehr berücksichtigt wird. Es scheint gelegentlich so zu sein, als ob ein grundsätzlich kritisches Verhältnis zu den gesellschaftlichen Bedingungen nicht mehr von so großem Interesse ist.

11. Eine besondere Rolle spielen in der vorliegenden Arbeit die Künste und Künstler. Sie übernehmen traditionell die gesellschaftliche (oft seismographische) Aufgabe der Selbstreflexion der Gesellschaft und der Entwicklungsmöglichkeit des Einzelnen in der jeweiligen Gesellschaft. Beispiele für diese Reflexionsleistung wurden – etwa am Beispiel der Literatur – vorgestellt.

12. Künste sind jedoch nicht nur Medien der Selbstreflexion: Sie sind auch wichtige Medien der Bildung des Einzelnen (zu der Selbstreflexion allerdings dazu gehört). Die Frage stellt sich daher, welche Bildungsleistungen die Künste oder allgemeiner: eine ästhetische Praxis erbringen. In vorgestellten Theorien der Subjektgenese spielt diese Praxis eine wichtige Rolle (etwa bei Reckwitz). Man muss allerdings präziser fragen: Welche Kunstform, welche konkrete künstlerisch-ästhetische Praxis hat im Hinblick auf die „Formung des Subjekts" welche Wirkungen? Dabei ist insbesondere die jeweilige institutionelle Rahmung zu berücksichtigen. Denn auch Künste wirken weder gesamtgesellschaftlich noch bezogen auf den Einzelnen grundsätzlich und immer kritisch oder emanzipativ. Hier ergibt sich eine Fülle von noch nicht bearbeiteten Forschungsfragen.

13. Von der Methode der vorliegenden Arbeit her wird ein historisch-systematischer Weg beschritten. Es wird immer wieder gezeigt, wie und wer im Verlauf der Entwicklung der Moderne diese in ihrer Widersprüchlichkeit und Krisenhaftigkeit reflektiert und bewertet wurde und wie sich dies auf die jeweilige Genese von Subjektivität ausgewirkt hat."

Es wird nun zu zeigen sein, wie die heutige Schule in ihrer antinomischen Struktur auf diese Situation reagiert.

4. Die Schule – systematische Aspekte

Schule als Teil des Bildungssystems

> „Die Schule stellt eine „Kerninstitution" dar, welch die moderne Gesellschaft zu ihrer Repro-
> duktion benötigt. Es sind die Strukturen dieser Gesellschaft, die die Schule abbildet und inte-
> griert. WAS letztlich unterrichtet und gelernt wird, scheint so gesehen zweitrangig." (Grunder/
> Schweitzer 1999, S. 7).

So beginnt eine Textsammlung zur Theorie der Schule, die bei Schleiermacher beginnt
(„Die Verhältnisse erziehen"; „Was will die ältere Generation von der jüngeren?") und
bis zu Schultheorien der 1990er Jahre reicht.

In den darauffolgenden15 Jahren sind durchaus gravierende Veränderungen
sowohl in der Praxis des Schulsystems, aber auch in der Schulpädagogik und Schultheorie geschehen, die (fast) alle mit PISA zu tun haben:

>> die erheblich gewachsene Rolle quantitativer Schulforschung (Blömeke u.a. 2009, 1.3)
>> die gesellschaftliche Debatte über erhebliche soziale Disparitäten bei gleichzeitig
   unterdurchschnittlicher Leistung (im internationalen Vergleich) des deutschen
   Schulsystems
>> die Einführung von Ganztagsschulen und kommunalen Bildungslandschaften
>> eine vorsichtige Abkehr von der Dreigliedrigkeit („Sekundarschule")
>> eine stärkere Betonung der (relativen) Autonomie der Schule
>> das Denken in Kategorien von Bildung im Lebensverlauf (Fatke/Merkens 2006)
   und in der Kooperation unterschiedlicher Bildungsträger
>> eine neue Konjunktur kultureller Bildung zusammen mit einem neuen Interesse
   an der Schule in Jugend- und Kulturpolitik
>> eine neue Dynamik im Bereich der Schulentwicklung (Bohl u.a. 2010)
>> neue Initiativen, trotz Beibehaltung der föderalen Kompetenzverteilung in Sachen
   Schule zu gesamtstaatlichen Koordinierungen zu kommen (zumindest in der
   Bildungsberichterstattung)
>> ein neues internationales Interesse an kultureller Bildung (zwei UNESCO-Welt-
   kongresse zu arts education)
>> ein gesteigertes internationales Interesse an nonformaler Bildung und ihrer
   Anerkennung (Timmerberg u.a. 2009).

Trotz dieser neuen Entwicklungen bleiben die oben dargestellten und auch von Grunder/Schweitzer (1998, S. 7) wiedergegebenen Dichotomien rund um Schule weiter bestehen, haben sich möglicherweise noch weiter verschärft (Abb. 12).

universalistisch-ganzheitlich	partikularistisch-diffus
distanziert-versalistisch	affektiv getönt
demokratisch-rational	ausgrenzend-partikulär
formale Erfassung	freie Interaktion
kollektivistische Standardisierung	individualistische Selbstdarstellung
Denken, Sprechen	praktische Bewährung
gesellschaftliche Reproduktion	individuelle Autonomie
bürokratische Steuerung	Gestaltungsrahmen

Abb.12: Dichotomien in der Schule

Die Schule, so ein Fazit, geht uns nicht nur alle an, sie wird heute auch ernsthaft in Feldern diskutiert, die sie lange Zeit ignoriert (wie die Kulturpolitik) oder sogar kritisch-distanziert (wie Teile der Jugendpolitik) gesehen haben. Damit werden die Schuldiskurse komplexer und ausdifferenzierter, aber auch unüberschaubarer. Die Schulpädagogik als genuine Reflexionsinstanz von Schule hat möglicherweise diese Entwicklung noch nicht wirklich zur Kenntnis genommen oder sorgt sich zu Recht um ihr Deutungsrecht. Um nur ein Beispiel zu nennen: Bei der Debatte über die Einführung der Ganztagsschule spielten zwar auch schulpädagogische Argumente eine Rolle. Gelegentlich wurden diese jedoch von frauen-, familien-, jugend- oder sozialpolitischen Argumenten in den Hintergrund gedrängt. Bevor nunmehr die Kulturschule untersucht wird, sollen einige Befunde und Überlegungen zur Schule insgesamt vorgestellt werden.

Eine neuere Entwicklung in der Erziehungswissenschaft, die im Kontext der kulturellen Bildung schon Anfang der 1990er Jahre vorgeschlagen wurde, ist die Übernahme und Erprobung des Capability-Ansatzes von Nussbaum/Sen, der oben als aktueller anthropologischer Zugriff bereits vorgestellt wurde.

Wesentliche Dimensionen des Bildungsbegriffs werden durch die von Nussbaum/Sen identifizierten „capabilities" erfasst (vgl. Kap. 2). Dieser allgemeine Ansatz wurde in dem Kreis rund um H.-U. Otto soweit operationalisiert, dass eine empirische Überprüfung möglich erscheint (siehe auch Otto/Ziegler 2008). Empirisch überprüft werden können dabei die „Bildungswirkungen" unterschiedlicher Bildungsorte, so wie es Abb. 13 aufzeigt.

Central Capabilities	Wirkungsdimensionen	Zuordnung zu Subsystemen					Rolle der Erziehungs- instanzen			
		Politik / Wirtschaft / Soziales / Kultur / Schule					Kindergarten Jugendarbeit / Eltern / Medien / Peers			
Life / Leben	private Rückzugsmögl chkeit, Mobilität, Wohnumfeld									
Bodily Health Körperliche Gesundheit	Körperpflege, medizinische Versorgung, Ernährung, Sport, Drogenkonsum									
Bodily Integrity Unversehrtheit des Lebens	Schutz vor Gewalt Umgang mit Sexualität									
Senses, Imagination and Thought; Sinne, Vorstellungs- kraft und Denken; Bildung	Lerninteresse Neugierde									
Emotions Gefühle oder Emo- tionen	Vertrauen, Selbstwertgefühl, Selbstwirksamkeitserleben, Wut und Aggression, Zunei- gung/Liebe, Trauer, Stress									
Practical Reason Praktische Vernunft („Lebensklugheit)	Werte und Moral, Ziele, Ausein- andersetzung mit der eigenen Biographie, Sinn									
Affiliation, Dazu Gehören (Zugehörigkeit, Mitgliedschaft, Sozialität))	Kontakt zu Gleichaltrigen, Familie, Vereine, Religion									
Other Species Andere Lebe- wesen	Regeln, Fürsorge für Mitmen- schen, Konflikte, Legalbewäh- rung, Verhalten gegenüber, Tieren und Pflanzen, Umwelt- bewusstsein									
Play/ Vergnügen und Erholung	Freizeitumfang, Freizeittätig- keiten									
Control over One's Environmet Verfügung und Kontrolle über die eigene Umgebung (Mitwelt und Dingwelt)	Fähigkeit zur Selbstsorge, Selbst- und Mitbestimmung, Einstellung zur Politik und Enga- gement, Arbeitsbedingungen									

Abb. 13 Capabilities (Nussbaum) und Erziehungsinstanzen

Eine analoge Anwendungsmöglichkeit ergibt sich aus Abb. 8. Die Funktionsbestimmung von Schulen, die Fend vorgenommen hat, lässt sich nämlich zumindest als systematisches Frageraster auch auf die anderen Bildungs- und Sozialisationsorte anwenden (Abb.14; die Fendschen Kategorien werden leicht modifiziert, sind aber noch erkennbar).

Schule	Jugendhilfe
Reproduktionsfunktion als Reproduktion und Weiterentwicklung der Gesellschaft durch das Tüchtigmachen und subjektiv gewollte Einordnen des Einzelnen	
>> Qualifikation (Kompetenzentwicklung und Kritikfähigkeit)	>> Lebensbewältigung (Anpassung an unveränderbare Bedingungen; Befähigung zur Bedingungsveränderung)
>> Integration (Zugehörigkeit entwickeln, (Angenommensein erzeugen)	>> Integration (Entwicklung der Zugehörigkeit durch Abbau von durch Selektion entstandenen Zuständen)
>> Allokation (gesellschaftliche und berufliche Statuszuweisung)	>> Beratung und Unterstützung von Eltern bei der Erziehung
Humanfunktion als Aufwachsen und Unterstützen der jungen Menschen in Gleichwertigkeit	
>> Entwicklung gesunder Lebensweise	>> Schutz- und Behütungsfunktion
>> Entwicklung der Beziehungskultur	>> Erhaltung und Schaffung positiver Lebensbedingungen sowie einer kinder- und familienfreundlichen Umwelt
>> Entwicklung des ästhetischen Umfeldes	
Emanzipationsfunktion als „Freigabe der Erzogenen" (Blankertz), als Entwicklung der Individualität und der Gemeinschaftsfähigkeit	
>> Entwicklung der Mündigkeit	>> Förderung der individuellen und sozialen Entwicklung junger Menschen
>> Entwicklung der Selbstständigkeit	>> Vermeidung oder Abbau von Benachteiligungen
>> Entwicklung von Mitbestimmung	>> Entwicklung der Eigenverantwortung
>> Entwicklung des Gemeinsinns (vgl. auch Meyer 2001, S. 297ff.; Blankertz 1982, S. 306)	>> Entwicklung der Gemeinschaftsfähigkeit (vgl. auch Böhnisch 1993, S. 69 ff.; §1 SGB VIII)

Abb. 14 Funktionsbestimmung von Schule und Jugendhilfe
Quelle: Hartnuß/Maykus 2004, S. 104

Damit hätte man sowohl die individuums- als auch die gesellschaftsbezogenen Dimensionen von Bildung und Erziehung und der entsprechenden Orte in Beziehung
gesetzt. Denkbar wäre nun eine dreidimensionale Matrix, in der die drei Dimensionen
>> Bildungsorte
>> Capabilities
>> gesellschaftliche Funktionen
   aufeinander bezogen werden (Abb. 15).

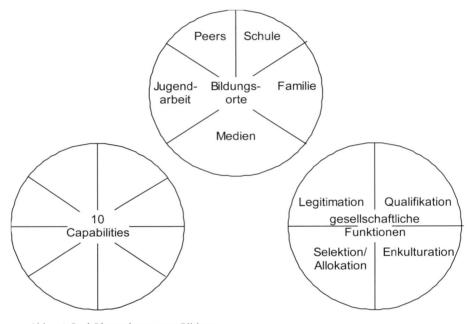

Abb. 15 Drei Dimensionen von Bildung

Die intensivierte (und von der Entwicklung der Ganztagsschule geradezu erzwungene) Kooperation von Jugendhilfe und Schule lässt sich systematisch erfassen
(Abb.16).

Schule als gesellschaftliche Institution ist zwar auf Dauer angelegt und daher per
definitionem strukturkonservativ (siehe unsere Überlegungen zu der Bedeutung von
Institutionen in diesem Text), doch muss sie trotzdem in Einklang mit gesellschaftlichen Entwicklungen bleiben (Abb.17).

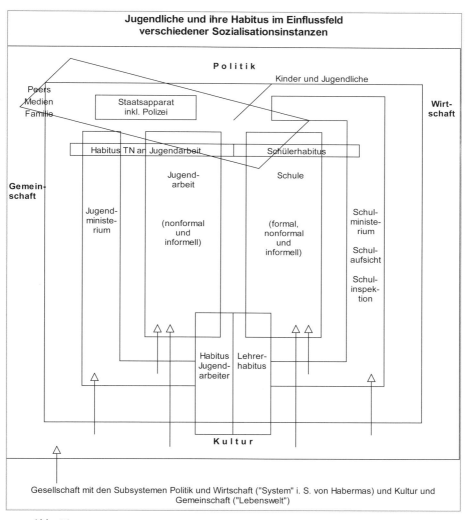

Abb. 16

Transformation der Gesellschaft
(„Zweite Moderne", Postfordismus)

Politik

- Abbau des Sozial-Kulturstaates
- Legitimationskrise von Staat
  und Partei
- Steuerungsprobleme
- Problematisierung des
  Nationalstaates
- Neues Steuerungsmodell:
  Verbetriebswirtschaftung der
  Verwaltung
- Rechtspopulismus

Ökonomie

- Globalisierung, Stakeholderökonomie
- kurzfristige Gewinne, Velust der
  Langfristigkeit
- digitaler Kapitalismus, Postfordismus,
  flexibler Kapitalismus
- Abschied von Vollbeschäftigung,
  Normalarbeitsverhältnis,
  Industriegesellschaft
- transnationale Konzerne

Subjekt

- Veralterung von Subjektifitätsformen
- Flexibilität, Flucht aus der Pluralität und
  Liberalität in Populismen,
  Multioptionsbewältigung
- neuer postfordistischer Habitus, plurale
  und flexible Indentitäten

Soziales

- Individualisierung und
  Pluralisierung
- Privatisierung gesellschaftlicher
  Risiken
- Erosion nationaler sozialer
  Milieus und sozialer
  Institutionen
- Wandel der Familie (Patchwork-
  Familie)
- Probleme mit sozialer
  Kohärenz
- Abbau der Arbeitsgesellschaft
- multi-ethnische Gesellschaft

Kultur

- Durchsetzung der Neuen Medien
- Informations- und Wissensgesellschaft
- "Tyrannei" der Intimität
- Globalisierung der Kultur
- Ökonomisierung des Kulturellen
  (GATS)
- Ökonomisierung der Bildung (OECD,
  Neue Steuerung, Kulturkonflikte,
  immer wieder Versuche mit der
  "Leitkultur", Postmoderne, Event- und
  Erlebniskultur)

Abb. 17

Eine Zusammenfassung von historischen Entwicklungstrends und systematischen Beschreibungen liefern die folgenden Zusammenstellungen (Fuchs in Braun 2010, S. 47 ff.):

1. Pädagogik insgesamt muss von ihrem Anfang her als zutiefst widersprüchliche Aktivität verstanden werden: Man will in einem notwendig unsymmetrischen Verhältnis zwischen den Generationen die nachwachsende Generation überlebensfähig machen, was auch heißt: Fähig zu werden, autonom die notwendigen Entscheidungen zu treffen. Pädagogik ist zunächst einmal ein Gewaltverhältnis, so lapidar D. Benner (1987).

2. Mit der Renaissance entsteht die Idee des autonomen Individuums (Fuchs 2001). Mittelalterliche Vorläufer – etwa Augustinus mit seinen Confessiones – haben den Weg bereitet, der mit dem Protestantismus (Luther war Augustinermönch) seinen Höhepunkt erreichte: Der Einzelne ist es, der verantwortlich ist für sein eigenes Leben. Dies ist auch der Grundgedanke einer jeglichen Vorstellung von Subjektivität – und damit die Basis für die heute kritisierte Überforderung dieses Konzeptes. Der Anspruch auf autonome Souveränität des Einzelnen führt dazu, dass das pädagogische Gewaltverhältnis als „sich selbst aufhebendes Gewaltverhältnis" beschrieben wird: Zum pädagogischen Ethos gehört in diesem Sinne, sich selbst überflüssig zu machen.

3. Allerdings wird die Gewaltförmigkeit noch dadurch verstärkt, dass sich ein allgemeines und damit auch standardisierte Schulwesen entwickelt. Der Gleichheitsgrundsatz ist neben dem Versprechen auf Freiheit Teil des bürgerlichen Selbstbildes. Andererseits bringt es die Verantwortungsübernahme durch den Staat mit sich, dass diese Regeln staatlicher Steuerung, hier also die bürokratische Rationalität des Staates, sich als Regelsystem der Schule durchsetzt (Lenhardt 1984). Die Schule befindet sich daher strukturell in einem Widerspruch: als pädagogische Institution ist sie dem emanzipatorischen Versprechen auf Freiheit und Subjektivität verpflichtet, als staatliche Einrichtung unterliegt sie den Machtmechanismen des Staates.

4. Schule ist also prinzipiell mehrdimensional zu betrachten, da sie mehreres gleichzeitig ist:
   >> Teil der Gesellschaft
   >> Teil des Bildungssystems (als Teil des Subsystems Kultur)
   >> Teil der staatlichen Bürokratie (z. T. weiter ausdifferenziert nach Bund, Land, Regierungsbezirk, Kommune, Stadtteil)
   >> Teil eines Schulaufsichtsbezirkes.
   Für die Schule gilt eine Vielfalt unterschiedlicher Rechtssysteme:
   Von internationalen Pakten, die ein Menschenrecht auf Bildung garantieren, über die Verfassung, Schulgesetze, Beamtenrecht, öffentliches Tarifrecht für die unterschiedlichen Arbeitnehmergruppen in der Schule, die verschiedenen Rechts-

regelungen, die sich mit Kindern und Jugendlichen befassen (Jugendschutz, Jugendstrafrecht etc.) bis hin zum Zivilrecht und den Verwaltungsvorschriften, die kleinzeilig alle möglichen Aktivitäten regeln. Zudem gibt es zahlreiche Sicherheitsvorschriften für das Gebäude und die dortige Ansammlung von Menschen. Schule befindet sich also in einem dichten Netz von Rechts- und Verwaltungsvorschriften.

5. Schule ist auch im Hinblick auf die Funktionen, die sie zudem für die unterschiedlichen Menschengruppen hat, die mit Schule regelmäßig zu tun haben (SchülerInnen, LehrerInnen, Schulaufsicht, Handwerker, Hausmeister, Lieferanten, Verwaltungskräfte etc.) ausgesprochen vielfältig. Schule ist u.a

>> ein System institutionalisierten Lernens,
>> eine Institution der Vergabe von Berechtigungen
>> ein Schonraum
>> eine Lebenswelt eigener Art
>> ein Arbeitsplatz
>> ein Ort der Begegnung von Generationen
>> ein Ort systematischen Lehrens und Lernens
>> ein Ort der Begegnung mit Gleichaltrigen und der Jugendgeselligkeit
>> ein Moratorium
>> eine Instanz der Selektion
>> ein Ort der Umsetzung des Menschenrechts auf Bildung
>> eine Sozialisationsinstanz
>> ein Ort der Befreiung vom Elternhaus
>> ein Ort der Anerkennung und Demütigung
>> ein Ort, der in einer entscheidenden Lebensphase einen sehr hohen Zeitanteil in Anspruch nimmt mit einem bestimmten Zeitregime
>> ein räumlicher Kontext

6. Die Vielfalt an real vorfindlichen Aspekten von Schule verstärkt den Widerspruchscharakter von Schule:

>> Schule im Widerspruch von Bürokratie und Pädagogik
>> Schule im Widerspruch von Bildung und Auslese
>> Schule im Widerspruch unterschiedlicher Theorien
>> Schule im Widerspruch gesellschaftlicher Interessen und Aufgabenzuweisungen
>> Schule im Widerspruch unterschiedlicher Reformprozesse
>> Schule im Widerspruch zum außerschulischen Alltag
>> Schule im Widerspruch zwischen „totaler Steuerung" und Freiheitsräumen
>> Schule im Widerspruch unterschiedlicher Akteure, die sie steuern wollen (Schulverwaltung, Exekutive, Parlament, Gewerkschaften, Elternverbände etc.).

Zugänge zur Schule

Schule geht alle an, zumindest haben sich immer schon unterschiedliche Disziplinen für die Schule interessiert. Auch innerhalb der Pädagogik gibt es – etwa entsprechend der großen erziehungswissenschaftlichen Forschungsparadigmen – verschiedene Zugänge. So kann man soziologisch-pädagogische Ansätze (H. Fend, H.-G. Rolff), geisteswissenschaftlich-pädagogische Ansätze (u.a. Th. Ballauf, D. Benner, H.-G. Apel), anthropologisch-pädagogische Ansätze (E. E. Geißler, bestimmte reformpädagogische Ansätze, M. Langefeld) und personale Ansätze (G. Weigand) unterscheiden (so etwa Weigand 2004). Man kann sich der Schule aus der Sicht unterschiedlicher wissenschaftlicher Methoden nähern: quantitative Methode, integrative Ansätze (Blömeke 2009, 1.3). Man kann in der Schule die Bereiche Unterricht, Lehrplan und Lehrerprofessionalität unterscheiden und sich aus jedem der drei identifizierten Felder der Schule nähern (Geschichte und Theorie des Lehrplans, des Lehrerberufs, des Unterrichts.

Man kann in der Schule Schulklima (so früher H. Fend) und Schulkultur (so der aktuelle Ansatz) identifizieren und sich mit Mythen und Ritualen befassen (so. J. Böhme und W. Helsper). Man kann Schule als Lebenswelt betrachten und Methoden der Ethnographie zur Beschreibung des Kulturraums Schule anwenden. Man kann Schule unter dem Aspekt der Leitung und der Steuerung - quasi als Managementaufgabe – betrachten und dabei die Einzelschule (Buchen/Rolff 2009) oder gleich das ganze System in den Blick nehmen (Heinrich 2007, Fend 2008).

Die Schule als pädagogische Institution

Hans Merkens (2006) hat seiner Aussage nach das erste Lehrbuch über Pädagogische Institutionen vorgelegt. In der Tat legt er seinem Text einen weiten Institutionenbegriff zugrunde, der von der Familie über den Kindergarten, das Jugendamt bis zur Schule reicht. Als genuine Aufgaben solcher Institutionen nennt er – je nach Art der Institution –

>> Organisation des pädagogischen Verhältnisses
>> Beurteilen und Bewerten
>> Beraten und Helfen.

Es werden also solche pädagogischen Settings behandelt, für die im Einzelnen durchaus Theorien – im Falle der Schule sogar eine nahezu unüberblickbare Menge – vorhanden sind. Neu an dem Ansatz von Merkens ist eine Zusammenschau der Gemeinsamkeiten der verschiedenen pädagogischen Orte unter dem Oberbegriff der Institution. Er kann damit die Spezifik pädagogischer Institutionen einbetten in eine durchaus reichhaltige philosophisch-soziologische Theorie (Esser 2000), wobei die Schwierigkeit der Abgrenzung vom Begriff der Organisation deutlich wird, denn beides tritt vermehrt in der sich entwickelnden Neuzeit auf. Der gemeinsame realgeschichtliche Hintergrund sind Probleme mit der modernen Zeit und den Selbstansprüchen der (geistigen) Moderne. Denn die Moderne ist durch einen Mangel an „selbstverständlichen" Orientierungsmedien und Sinnstiftungsinstanzen gekennzeichnet bei gleichzeitiger wachsender Notwendigkeit, bei immer mehr anstehenden Problemen eigenverantwortlich Entscheidungen zu treffen. Anthropologisch ist der Mensch als „Mängelwesen", so Gehlen (1950) als Begründer einer philosophischen Institutionenlehre, hierfür besonders schlecht geeignet. Diese mangelhafte Ausstattung mit Instinkten, die bei Tieren weitgehend die Handlungsregulation übernehmen, führt dazu, dass sich der Mensch Ersatz beschafft: Nämlich entlastende Regelsysteme, die Entscheidungsmöglichkeiten in bestimmten Situationen vorgeben: Institutionen. Gehlen führt Institutionen in seinem nach dem Krieg überarbeiteten Hauptwerk „Der Mensch" (1950) als Ersatz für „oberste Führungssysteme" ein (ebd., 414ff.), wobei in der Literatur kontrovers diskutiert wird, inwieweit diese Veränderung aus systematischen Gründen erfolgt oder bloß eine opportunistische Anpassung seines Werkes an die neue Zeit war (Wöhrle 2008). In seinem zweiten Hauptwerk „Urmensch und Spätkultur" (1956) liefert er ausführliche, v.a. menschheitsgeschichtliche Überlegungen nach, wobei ein enger Zusammenhang zwischen dem Handeln und seiner Regulation und der Institution herausgestellt wird (Teil I). Er geht nämlich von zwei Voraussetzungen aus (S. 8ff.): zum einen der Auffassung vom Menschen als handelndem Wesen, zum anderen von „Institutionen" – er nennt Staat, Familie, wirtschaftliche, rechtliche Gewalten. Institutionen sind gemacht vom Menschen, erlangen jedoch eine gewisse Verselbständigung und Autonomie und gewinnen so

Macht über den Menschen (S.9). Diese Überlegungen finden sich bis in aktuelle Definitionen: „Soziale Institutionen sind relativ auf Dauer gestellte, durch Internalisierung verfestigte Verhaltensmuster und Sinngebilde mit regulierender und orientierender Funktion." (Göhler in Göhler 1994, S. 22).

Die Schule als Institution erfüllt offenbar diese Kriterien. Dabei ist der Ansatz eines handlungstheoretischen Zugangs passfähig zu den hier zugezogenen Grundlagentheorien.

Verhalten, Handeln, Tätigsein: von der Philosophie zur pädagogischen Praxis

An Handlungstheorien ist kein Mangel. Dies liegt daran, dass es eine anthropologische Grundbestimmung des Menschen ist, handelnd sein Leben zu bewältigen. Natürlich spielt (heute) Kontemplation (als bewusstes Seinlassen des Handelns) eine wichtige Rolle. Doch braucht man eine hohe Sicherheit des Überlebens, um als Gruppe auf die produktive Tätigkeit Einzelner verzichten zu können. Tätig muss der Mensch die Natur domestizieren, tätig muss er sich und seine Gruppe organisieren, tätig muss er sich vorhandene Wissensbestände aneignen, tätig muss er vorhandenes Können üben. Selbst Meditation braucht „Techniken" (!), die erlernt und geübt werden müssen: Geistiges Handeln ist ebenfalls eine Form von Tätigkeit.

Die philosophische Handlungstheorie findet sich in Moralphilosophie und Ethik, der „Praktischen"(!) Philosophie. Aber auch das Erkennen wird spätestens seit der Neuzeit als (handelnde) Konstruktion verstanden. Sprechen wird als Sprechhandeln verstanden, soziale Beziehungen werden unter der Überschrift des sozialen Handelns diskutiert. Ein wichtiger Schritt war der Übergang von Reiz-Reaktions-Theorien, bei denen Verhalten determiniert wird durch Reize, hin zu komplexeren Ansätzen. Handeln wird gegenüber Verhalten als reflektierte, bewusste, meist absichtsvolle Bewegung in Richtung auf ein Handlungsziel verstanden, für dessen Erreichung wiederum geeignete Mittel zur Verfügung stehen müssen. Ziel, Absicht, Intention, damit verbunden der Wille, das Ziel zu erreichen, woraus sich die Motivation zum Handeln ergibt, und schließlich die Auswahl geeigneter Mittel sind die Bestimmungsmomente des Handelns. Handeln geschieht dabei stets in einem sozial-kulturellen Kontext. Die kulturelle Dimension mag man auf gesellschaftlich vorhandene Handlungskompetenzen beziehen (die jeweils subjektiv – zumindest teilweise – anzueignen sind). Die soziale Dimension weist darauf hin, dass man stets gemeinsam mit anderen handelt. Selbst dort, wo scheinbar nur ein Einzelner am Werke ist, steht er in sozialen Beziehungen, da jeder Moment seiner Handlung (Ziel, Mittel, Kompetenzen etc.) in früheren Zeiten von anderen entwickelt worden ist. Handeln überwindet daher bereits in dieser Hinsicht Zeit und Raum. Anthropologisch handelt es sich hier um das Prinzip der Aneignung und Vergegenständlichung menschlicher Wesenskräfte (so Marx): Menschen gestalten aktiv ihre Umgebung, ändern sie mit ihren Kompetenzen, Fähigkeiten und

Fertigkeiten, Gegenstände anzufertigen, in denen diese dann vergegenständlicht sind. Der aktive Gebrauch der gestalteten Dinge führt – meist unbewusst – zur Aneignung der im Gegenstand vergegenständlichten Fähigkeiten. Daraus entsteht menschliche Entwicklung als kumulativer Prozess, denn jede Generation kann so auf den Kenntnissen und Fähigkeiten der Alten aufbauen.

Handeln hat stets mit subjektivem Sinn zu tun. Kaum eine Handlungstheorie versäumt es, auf die klassische Definition von Max Weber zurückzugreifen:

> „Soziologie – soll heißen: eine Wissenschaft, welche soziales Handeln deutend verstehen und dadurch in seinem Ablauf und seinen Wirkungen ursächlich erklären will. „Handeln" soll dabei ein menschliches Verhalten (einerlei ob äußeres oder innerliches Tun, Unterlassen oder Dulden) heißen, wenn und insofern als der oder die Handelnden mit ihm einen subjektiven Sinn verbinden" (Weber 1972, S. 11).

Offensichtlich versucht Weber hier auch, den von Dilthey stark betonten Unterschied zwischen Erklären und Verstehen (und somit die Differenz zwischen Natur- und Geisteswissenschaften) zu überbrücken. An Max Weber und Husserl schließen dann die Versuche der phänomenologischen Soziologie (Schütz) an.

Heute kann man Lernhandeln, Spielhandeln, soziales Handeln, Arbeitshandeln, Sprachhandeln etc. unterscheiden.

Nützlich ist die von Hannah Arendt (1960) in Anschluss an Aristoteles herausgearbeitete Unterscheidung von Arbeit, Herstellen und Handeln in ihrer Philosophie des tätigen (!) Lebens: der Vita Activa. Andere unterscheiden Praxis (= körperliches Handeln), Poiesis (Gestalten der physischen Welt) und theoretische Tätigkeit (= Erkennen und Denken; vgl. Göhlich 2001, S. 111ff). Wichtig ist, bei aller Konzentration auf den Einzelnen den sozialen Kontext und dessen Beeinflussung des individuellen Handelns nicht zu vergessen. Ohne an dieser Stelle ausführlich die Entscheidung begründen zu können, sehe ich in der Tätigkeitstheorie, so wie sie in einer eigenständigen Interpretation der Philosophie von Marx in der russischen kulturhistorischen Schule (Wygotski, Leontiew, Galperin, u.a.) entwickelt wurde und wie sie nach dem Ende des Ost-West-Konflikts geradezu einen Siegeszug weltweit antritt (Veer/Valsiner 1994). In Deutschland haben sich auf dieser Grundlage gleich mehrere, gelegentlich miteinander konkurrierende Ansätze (z.B. in Berlin, und in Bremen) entwickelt. Lernen (und Lehren) aus dieser Perspektive wird in dem Dreischritt untersucht: Phylo- und Anthropogenese des Lernens, sozialhistorische Überformtheit, d. h. Berücksichtigung der konkret-historischen Rahmenbedingung und Ontogenese (Fichtner 2008). Damit sind zumindest die Makro- und die Mikroebene sowie die „biologischen Grundlagen des Lernens" (Scheunpflug 2001 a und b) erfasst. Spätestens mit seinem Grundlagenbuch über Lernen hat Holzkamp (1993) auch die Rolle der Mesoebene, also der Institutionen einbezogen, interessanterweise unter Bezug auf die Disziplinierungstheorie von Foucault, wodurch der einschränkende Charakter der Institution betont wird. Die neuere – auch pädagogische – Organisationsforschung (z. B. Göhlich u.a. 2005) betont neben diesem repressiven Aspekt auch den Aspekt der Ermöglichung durch Institutionen. Wir haben es also mit einer Dialektik von Ordnung und Freiheit zu tun (vgl. zur Anwendung auf Fragen der Schulentwicklung Rihm 2008). Göhlich (in seinem Vorwort zu Göhlich u.a. 2005) unterscheidet vier Ebenen, in denen Lernen und Lehren (verstanden als Lernunterstützung) thematisiert werden können, hier in Form einer Matrix (Abb.18):

	System	Handeln
Eigenaktivität	Lernendes System	Lernhandeln
Unterstützungshandeln	Lernunterstützungssystem	Lernunterstützungshandeln

Abb.18: Lernen und Lehren

Die Entscheidung dafür, vom Menschen als handelndem aktiven Wesen auszugehen, führt zu der Frage, welches der in der Überschrift genannten Konzepte (Handeln, Praxis etc.) der zentrale Grundbegriff ist? Immerhin haben die kurzen Hinweise (unter Bezug auf Göhlich 2001, Kap. 2) bereits gezeigt, dass es eine beachtliche Theorientradition bis in die jüngsten Tage hierzu gibt. Einige Ausführungen zu „Tätigkeit" als Grundkategorie wurden vorgestellt. Hier will ich auf einige weitere prominente Ansätze hinweisen, bei denen ich davon ausgehe (ohne dies hier belegen zu können), dass sie anschlussfähig an die Tätigkeitstheorie sind. Manche unterscheiden sich in ihrem theoretischen Bezug voneinander, andere in der Frage, auf welcher Hierarchieebene das Individuum, die Gruppe oder der kulturelle Kontext in Erscheinung tritt. In jedem Fall muss der Einzelne im sozialen Kontext mit seinen biologischen Grundlagen und der gesellschaftlich-kulturellen Überformtheit erkennbar werden, wobei das Leben aktiv auf der Basis eigener Willensentscheidungen gestaltet wird.

Eine einflussreiche Theorielinie geht auf Kant zurück. Münch (1988) zeigt in seiner Rekonstruktion der „voluntaristischen Handlungstheorie" von Talcott Parsons, wie stark dieser Theorieansatz Anleihen bei Kant macht: Analog zu dem transzendentalen Zugriff auf Erkennen, moralisches Handeln und ästhetisches Urteil, bei denen jeweils die Bedingungen der Möglichkeit ihres Stattfindens ausgelotet werden, lotet Parsons die Bedingungen der Möglichkeit sozialer Ordnung aus, die sich durch das Handeln des Menschen konstituiert und perpetuiert. Dabei wird durchaus nachvollziehbar gezeigt, dass sich eine Tendenz zur Universalisierung und Harmonisierung bei der Betrachtung sozialer Ordnungen ergibt und dass immer wieder das idealtypisch gesehene Modell der amerikanischen Gesellschaft als Vorbild dient.

Foucault thematisiert das Handeln der Menschen unter der Perspektive der Macht, wobei bei ihm in den frühen Schriften der Aspekt der Disziplinierung und Unterordnung dominiert und gerade bei der Analyse von Institutionen deren Rolle als Ermöglichung von Freiheit vernachlässigt wird. In der Machttheorie seiner späteren Schriften wird diese Einseitigkeit zurückgenommen (vgl. meinen entsprechenden Aufsatz in Bockhorst 2011).

Der Strukturanhänger Parsons ist – so Münch (1988) in seiner Rekonstruktion – ein Anhänger Kants und ein Handlungstheoretiker. Offenbar sind bestimmte Gegensätze weniger dramatisch, als gelegentlich beschrieben. Letztlich kommt kein Handlungstheoretiker an der Erkenntnis vorbei, dass regelmäßige Handlungsabläufe zu Ordnungsstrukturen führen, die dann einen Rahmen für späteres Handeln darstellen. Und letztlich wissen auch die Strukturalisten, dass Systeme und Strukturen nur durch das Handeln der Einzelnen lebendig werden. Letztlich geht es also weniger um die Frage, ob man beide Dimensionen und Sichtweisen braucht – offensichtlich ist dies kaum zu bezweifeln, sondern es handelt sich vielmehr um die grundlagentheoretische Frage danach, was im Aufbau der Theorie Priorität hat. In unserem Anwendungszusammenhang, bei dem es nicht um die Grundlegung einer Sozialtheorie geht, lässt sich daher diese Fragestellung vernachlässigen. Interessant sind vielmehr solche Ansätze, die beide Sichtweisen, den Struktur- und den Handlungsaspekt, integrieren. In Hinblick auf Schule arbeitet Fend (2006) wie gesehen mit einem „akteurszentrierten Institutionalismus". Auch neuere Theorieentwicklungen in der Sozialwissenschaft gehen von der Notwendigkeit der Integration beider Dimensionen aus.

John Dewey ist als politischer Philosoph zu nennen, bei dem das Handeln der Menschen sogar der philosophischen Schule („Pragmatismus") den Namen gab. In Deutschland wurde der Pragmatismus von Vertretern der geisteswissenschaftlichen Pädagogik (v.a. Spranger) lange als oberflächlicher Utilitarismus denunziert. Daher hatten selbst diesem Ansatz nahestehende Erziehungswissenschaftler eine Scheu, sich dazu offensiv zu bekennen (z.B. Kerschensteiner; vgl. das Nachwort von J. Oelkers zu Dewey 2010). Dewey orientiert sich dabei eher an Hegel, während sein Co-Begründer des Pragmatismus Ch. S. Peirce sich an Kant orientiert. Es geht um aktive Lebensbewältigung, bei der auch Theorie ihre praktische Bewährungsprobe abzuliefern hatten. Aktuell beziehen sich Shustermann, Rorty und Sennett explizit auf Dewey. Auch Gehlen stützte seine Anthropologie mit dieser Philosophie.

Pierre Bourdieu hat uns eine reichhaltige Praxistheorie hinterlassen. Der handelnde Mensch ist bei Bourdieu sowohl innen- als auch außengeleitet (Sandmann in Fröhlich/Rehbein 2009, S. 199ff.). Der Mensch ist mit seinem gesamten Körper in die Handlungslogiken der verschiedenen, für ihn relevanten Felder involviert und inkorporiert diese Handlungslogiken durch sein Handeln innerhalb dieser Strukturen, sodass sich sein spezifischer Habitus (als strukturierende Struktur) entwickelt: Habitus und Feld stehen in einem gewissen homologen Verhältnis zueinander.

Sandmann identifiziert als wichtige Kennzeichen der Praxiskonzeption von Bourdieu Situationsgebundenheit, Körperlichkeit, Strukturiertheit, Unbestimmtheit.

Habermas (1981) wiederum legt in seinem Hauptwerk das „kommunikative Handeln" seiner einflussreichen Sozialtheorie zugrunde. Der vielleicht ambitionierteste Versuch einer Handlungstheorie stammt von Reckwitz (2000 und 2006), der Sozialtheorie als Kulturtheorie konstituiert und letztere als Theorie der Herstellung jeweils „passender" Subjektivitätsformen modelliert (vgl. auch Fuchs 2008).

Seine Ausgangsfrage: „Was sind die spezifischen Praktiken, in denen die moderne Kultur Subjekte mit bestimmten Dispositionen, am Ende auch mit bestimmten kognitiven und emotionalen Innenwelten beständig hervorbringt?" (Reckwitz 2006, S. 35). Als Bezugsautoren für seine Praxistheorie nennt er Bourdieu, Foucault, Giddens und Schatzki. Eine „Praktik" ist eine „sozial geregelte, typisierte, routinisierte Form des körperlichen Verhaltens (einschließlich des zeichenverwendenden Verhaltens) und umfasst darin spezifische Formen des Wissens, des know how, des Interpretierens, der Motivation und der Emotion. Körperliches Verhalten, Wissen, Interpretationen, Regeln und Codes fügen sich in Praktiken .... zu einem Komplex zusammen, aus dem sich keines der Elemente herausbrechen lässt: Die Praktik ist weder nur Verhalten noch nur Wissen." (ebd., S. 36 f.).

Praktiken setzen Subjekte als Träger voraus. Dieses Subjekt ist nicht Denken, sondern Tun (39). Praktiken werden angeeignet und trainiert in spezifischen Feldern. Es entsteht eine innere Disposition zu Handeln, die Bourdieu als Habitus beschreibt (41). Diskurse sind dabei spezifische Praktiken (43). Soziale Felder mit ihren spezifischen Strukturen wiederum entstehen durch Verdichtung und Ballung von entsprechenden Praktiken. Reckwitz unterscheidet eine größere Zahl von Feldern, unter denen er für seine Analyse der Subjektkombination in den letzten 200 Jahren drei auswählt: das ökonomische Feld, das private Feld der persönlichen und intimen Beziehungen und das Feld selbstreferentieller Praktiken (53). Dass das Feld der Bildung und Erziehung Relevanz hat, erkennt er durchaus, verzichtet aber auf dessen Analyse. Hier könnte also sein Ansatz produktiv fortgeführt werden, zumal es gehaltvolle Vorarbeiten zu dem Thema (z. B. Berg u.a. 1987) gibt. Einen ähnlichen Weg schlägt Hörning (in Jaeger/Liebsch 2004, Bd. 1, 139ff: „Kultur als Praxis") ein. „Soziale Praxis meint das Ingangsetzen und Ausführen von Handlungsweisen ......, die in relativ routinierten Formen verlaufen .... Durch häufiges und regelmäßiges Miteinandertun bilden sich gemeinsame Handlungsgepflogenheiten heraus, die sich zu kollektiven Handlungsmustern und Handlungsstilen verdichten und so bestimmte Handlungszüge sozial erwartbar werden lassen." (ebd., S. 141). Ich gehe daher von einer grundsätzlichen Kompatibilität der genannten Ansätze aus.

Ebenso sind andere handlungstheoretische Konzeptionen wie die von Piaget (vgl. Dux 2005) oder Dewey kompatibel (auch wenn man sich aus phänomenologischer Sicht sehr deutlich an Piaget abarbeitet; Piaget war der Nachfolger von Merleau-Ponty auf dem Psychologie-Lehrstuhl in Paris, was vielleicht einige harte Abgrenzungskämpfe erklärt).

Betrachtet man die Literatur, auf die sich Reckwitz und Hörning stützen, dann fällt eine angloamerikanische Dominanz auf (obwohl die Theorie des Sprachspiels des späten Wittgenstein eine wichtige Rolle spielt). Alle tätigkeitstheoretischen Ansätze in Anschluss an Wygotski werden nicht zur Kenntnis genommen, sind vermutlich noch nicht einmal bekannt, obwohl es – nach dem Zusammenbruch der Sowjetunion – eine sich rasch verbreitende internationale Diskussion gibt. Immerhin gibt es vereinzelte Hinweise auf Marx bei Reckwitz sowohl in seiner Arbeitstheorie, v.a. aber in Hinblick auf die (tätigkeits- und praxisorientierten) Marxschen „Thesen zu Feuerbach".

Göhlich stützt seine handlungstheoretischen Überlegungen z. T. auf dieselben Autoren, bemängelt jedoch ohne weitere Begründung bei Bourdieu dessen kapitalismuskritischen Grundansatz. Es ist daher kaum verwunderlich, wenn bei aller Plausibilität seines Ansatzes eine gewisse Abstraktheit dadurch entsteht, dass politische Rahmungen kaum eine Rolle spielen. Hier verabschiedet sich die Erlanger Theoriearbeit m.E. ein wenig zu rasch von den Überlegungen zur gesellschaftlichen Funktion des Systems Schule, so wie es – in überarbeiteter Form – noch in den jüngsten Arbeiten von Fend eine Rolle spielt.

Die hier favorisierte Tätigkeitstheorie (des Lernens und Lehrens) kann wie folgt charakterisiert werden (nach Giest/Lompscher 2004):

1. „Anschauliches Bewusstsein entsteht aus der menschlichen Tätigkeit als spezifisch menschlicher Existenzweise.
2. Tätigkeit ist stets gemeinsame Tätigkeit. Tätigkeit hat einen Systemcharakter
3. Eine zentrale Rolle spielen die Mittel (Werkzeuge, Begriffe)
4. Zeichen und Bedeutungen sind Produkte gesellschaftlich-historischer Entwicklung
5. Die kulturhistorischen Existenzbedingungen realisieren sich durch soziale Interaktion und Kommunikation in gemeinsamer Tätigkeit.
6. Tätigkeit ist das Prinzip der Ontogenese
7. Es sind zwei Entwicklungszonen zu unterscheiden: die „Zone der aktuellen Leistung" und die „Zone der nächsten Entwicklung"."

Daraus ziehen Giest/Lompscher die folgenden Schlussfolgerungen für Lernen und Lehren, hier als Originalzitat:

>> „Lernen ist – wie auch Lehren – als jeweils spezifische Tätigkeit zu betrachten. Damit Lernen eine produktive Aneignung der Kultur ermöglichen kann, muss es selbst als Bestandteil der Kultur verstanden und schrittweise als Tätigkeit angeeignet, ausgebildet, d.h. die Lernenden müssen zum Lernen befähigt – nicht nur beim Lernen beobachtet, begleitet usw. werden.

>> Jede Tätigkeit wird zu allererst durch ihren Gegenstand gekennzeichnet. Lerntätigkeit ist immer gegenstandsspezifisch, was u. a. die differenzierte Analyse von Lernanforderungen und -bedingungen mit Bezug auf die jeweils bereits vorhandenen, aber auch die noch nicht vorhandenen Lernvoraussetzungen bedeutet.

>> Subjekt der Lerntätigkeit ist nicht schlechthin ein Individuum, sondern sind in soziale Strukturen eingebettete individuelle Lerner, die Anforderungen des Lerngegenstands und der Lernsituation gemeinsam bewältigen, deren Tätigkeit unter Bedingungen der Interaktion, Kommunikation, Kooperation vonstatten geht, was auch die Beziehungen zwischen

Lernenden und Lehrenden sowie weiteren Beteiligten einschließt. Im Unterricht agiert immer ein pädagogisches Gesamtsubjekt.

>> Inhalt und Qualität einer Tätigkeit wird vorrangig durch ihre Motive und Sinnbezüge bestimmt. Ohne gegenstandsbezogene Motive ist aktive, bewusste Lerntätigkeit nicht möglich. Deshalb kann Lerntätigkeit nicht einfach gefordert oder gar erzwungen werden. Lernmotive entstehen, wenn Lerngegenstand und -situation so gestaltet werden, dass sie für die Lernenden Persönlichkeitssinn gewinnen.

>> Jede Tätigkeit wird durch konkrete Handlungen realisiert. Lernhandlungen sind die wichtigsten Mittel der Lerntätigkeit. Gegenständliche Lernmittel wirken als solche nur, wenn sie in die Struktur der Lerntätigkeit integriert werden. Die für die Aneignung konkreter Lerngegenstände erforderlichen Handlungen sind nicht voraussetzungslos verfügbar, sondern müssen durch Analyse des Lerngegenstands und Lernziels unter Beachtung der Lernvoraussetzungen bestimmt, und es müssen Bedingungen für ihre systematische Ausbildung und Anwendung geschaffen werden, was wiederum eigene Aktivität der Lernenden voraussetzt.

>> In einem Lerngegenstand lassen sich Oberflächen- und Tiefenstrukturen unterscheiden. Darauf basieren die Wechselbeziehung von empirischem und theoretischem Verallgemeinern bei der Begriffsbildung und damit das Eindringen in die wesentlichen Merkmale und Relationen eines Lerngegenstands. Die Lehrstrategie des Aufsteigens vom Abstrakten zum Konkreten schafft Bedingungen, unter denen die Lernenden durch eigene aktive Einwirkung auf den Lerngegenstand Ausgangsabstraktionen gewinnen, die als Mittel des weiteren Eindringens in den Lerngegenstand genutzt und selbst schrittweise inhaltlich angereichert werden.

>> Ein Lernender wird zum Subjekt seiner Tätigkeit, indem er sich diese Tätigkeit wirklich aneignet, was u.a. bedeutet, zunehmend selbständig Lernziele zu bilden, Lernhandlungen auszuwählen und gegenstands- und zielspezifisch einzusetzen sowie Lernverlauf und Lernergebnisse selbst zu kontrollieren, zu analysieren und zu bewerten. Bewusste Reflexion auf die eigene Tätigkeit muss bei den Lernenden angeregt und gefördert werden. Damit entwickelt sich auch Verantwortungsbewusstsein für die eigene Tätigkeit und Selbständigkeit ihrer Planung und Ausführung.

>> Die Funktion des/der Lehrenden besteht – wie aus den vorangehenden Thesen ersichtlich – nicht in erster Linie darin, Wissen und Können an die Lernenden zu übermitteln (obwohl auch das nicht ausgeschlossen werden sollte), sondern darin, gegenstands-, ziel- und lerneradäquate Tätigkeitssituationen zu schaffen und zu gewährleisten, entsprechende Tätigkeiten anzuregen, die Bewältigung der Lernanforderungen zu unterstützen und zu fördern, für die Aneignung und Entwicklung der Lerntätigkeit und dadurch für die Entwicklung der Lernenden zu sorgen – dies alles durch Gestaltung der pädagogischen Interaktion, Kommunikation und Kooperation mit den Lernenden.

>> Nur der Unterricht ist gut (d. h. entwicklungsförderlich) – so Vygotskij – der der Entwicklung vorauseilt, d. h. sich nicht schlechthin auf die bereits voll ausgebildeten, sondern vor allem auf die gerade in Entwicklung befindlichen psychischen Funktionen und damit auf die jeweilige Zone der nächsten Entwicklung orientiert und sich dabei auf die innere Logik der historischen Entwicklung des Denkens, des Sprechens usw. stützt, die in der Kultur materialisiert ist."

Handlungs- oder besser: Tätigkeitstheorie vermittelt also zwischen Subjekt- und Systemperspektive.

5. Die Kulturschule

Bestimmungsmomente der Kulturschule

*In einer ersten Annäherung kann man Kulturschulen als solche Schulen bezeich-
nen, in denen das Menschenrecht auf Kunst und Bildung realisiert wird.* Die UNESCO
verwendet hierfür einen – gerade in Deutschland bekannten – Slogan: Kulturelle
Bildung für alle. Nun kann man den Eindruck erhalten, als ob derart beschriebene
Kulturschulen Spezialschulen für ein bestimmtes „Fach", nämlich Kultur – was
auch immer man darunter versteht – wären. Dies ist insofern auch der Fall, als es
eine Konzentration auf das Prinzip des ästhetischen Lernens geben soll (s.u.). Doch
wird kulturelle Bildung als Allgemeinbildung verstanden, wobei Allgemeinbildung mit
spezifischen Methoden erworben werden soll, nämlich den kulturpädagogischen
Methoden, die in der pädagogischen Nutzung der Künste und des Spiels und der
Einbeziehung von Kultur(pädagogischen) Einrichtungen existieren (Fuchs 2008).
Wie das im Einzelnen geht, soll im folgenden beschrieben werden. Insbesondere ist
zu zeigen, dass und wie solche Kulturschulen die „normalen" Aufgaben einer Schule
erfüllen, sogar: besser erfüllen.

Kulturschulen sind Schulen mit einem ausgewiesenen Kulturprofil. Inzwischen
liegen einige Materialien vor, die beschreiben, was dies bedeutet und wie Schulen
sich zu Kulturschulen entwickeln können. Ich greife einige wichtige Stichwörter auf.

Was heißt „Kulturprofil"?
Man kann hierbei verschiedene Elemente unterscheiden, u. a.:
>> ein von ausgebildeten Fachkräften durchgeführter regelmäßiger und qualifizierter
   Fachunterricht
>> interessante AG's
>> eine gute Kooperation mit außerschulischen Kulturpartnern
>> eigene Schulkulturakteure (Chor, Schauspielgruppe, Band etc.)
>> ein ästhetisch gestaltetes Gebäude.

Bereits an diesen Dimensionen erkennt man, dass man in allen Qualitätsbereichen,
die heute in der Schulqualitätsforschung unterschieden werden, eine kulturelle
Dimension finden und forcieren kann.

Schule ist zunächst ein Zusammenspiel von gegenständlichen und sozialen Elementen. Gegenständlich heißt, dass Haus, Umgebung und Innenausstattung eine gewisse Gestaltqualität haben, dass materiell und gegenständliche Ressourcen zur Verfügung stehen.

Auf der sozialen Seite sind die Einzelpersonen und ihre Beziehungen in den Blick zu nehmen. Die Organisation, die Qualifikation und ihr Engagement im schulischen Bereich sowie ihre fachliche und pädagogische Qualifikation spielen eine Rolle. Schulentwicklung findet hierbei statt im Zusammenspiel zwischen OE, PE und UE (Abb. 19):

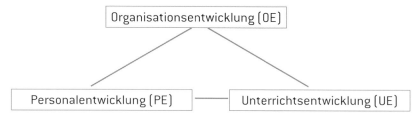

Abb. 19 Dimensionen von Schulentwicklung

Im Hinblick auf die sozialen Beziehungen, die schulbezogenen Werte und ihre symbolischen Vergegenständlichungen hat man gerade in Deutschland eine jahrzehntelange Erfahrung mit Untersuchungen des Schulklimas (Fend 2006). In den letzten Jahren spielt das Konzept der „Schulkultur" eine größere Rolle.

Schulkultur ist die spezifische Organisationskultur einer Schule, die verstanden werden kann als „Muster von sozialen Normen, Regeln und Werten einer Organisation, die vielfach mit Symbolgehalten aufgeladen sind und in den kognitiven Strukturen der Beteiligten ihren Niederschlag finden." (Wiswede, zitiert nach Buer/Wagner 2007, S. 461).

Diese Definition aus der Organisationslehre ist sicherlich an der Stelle zu eng, wo bloß von kognitiven Strukturen die Rede ist: Es ist vielmehr das gesamte Persönlichkeitsspektrum der Agierenden einzubeziehen. Die Schulkultur ist dann das gelebte Selbstverständnis der beteiligten Menschen, das einerseits von deren Aktionen geschaffen wird, das andererseits bildend (!) auf die Persönlichkeiten (und die Strukturen) zurückwirkt. Das Bourdieusche Konzept des Habitus (und der Habitualisierung) führt an dieser Stelle zur Erklärung der Wirksamkeit von Schulkultur weiter.

Ein Verständnis von Schulkultur, das die Aspekte von Anerkennung und Kampf berücksichtigt, führt ebenfalls weiter (Wenzel unter Bezug auf Helsper u.a. in Helsper/ Böhme 2004, S. 394):

> „Sie (Helsper u.a.; M. F.) verstehen Schulkultur als die symbolische Ordnung der Einzelschule, die durch symbolische Kämpfe und Aushandlungen der außerschulischen Akteure in Auseinandersetzung mit den Strukturen des Bildungssystems im Rahmen sozialer Kämpfe um die Definition und Durchsetzung kultureller Ordnung generiert wird."

Obwohl der hier verwendete Kulturbegriff ein soziologischer Kulturbegriff (der symbolisch vermittelten normativen Grundlagen der Gesellschaft) und nicht der Kulturbegriff der kulturellen Bildung ist, kann man gerade kulturelle Bildungsarbeit (als Arbeit an und mit Symbolen) gezielt für eine Arbeit an der Schulkultur nutzen. Für den kulturellen Schulentwicklungsprozess ergeben sich hieraus Ansatzpunkte.

Schulprogramme, Schulprofil
Die Abfassung von Schulprogrammen wurde in den letzten Jahren in Schulgesetzen den Schulen verbindlich vorgeschrieben. Schulprogramme sollen dazu dienen, im Rahmen der vorgegebenen gesetzlichen Regelungen die besonderen Ziele, die sich die Schule setzt, zu beschreiben. Ein wesentlicher Aspekt in einem solchen Schulpro-gramm könnte die Formulierung eines kulturellen Schulprofils sein. Das Problem mit den Schulprogrammen (Holtappels 2004) besteht darin, dass sie zu oft als einsame Aktivitäten etwa der Schulleitung ohne Anbindung und Diskussion im Team erstellt wurden, so dass eine Wirksamkeit im Schulalltag nicht festzustellen war. Beispiel für eine kulturelle Orientierung findet sich bei der Helene-Lange-Schule.

Personalentwicklung
Die Verantwortung für die Zusammensetzung des Kollegiums geht immer mehr in die Verantwortung der Schulleitung über. Ebenfalls in die Zuständigkeit der Einzelschule verlagert wurde die Verantwortung für einen eigenen Fortbildungsetat. Beides sind wichtige Ansatzpunkte, um für ein (kulturelles) Schulprofil diejenigen Fachkräfte zu finden, die dazu passen. In der Tat spielt bei den schon existierenden Schulen mit einem kulturellen (oder einem anderen ausgewiesenen) Profil die passende Zusam-mensetzung der Lehrkräfte eine entscheidende Rolle.

Organisationsentwicklung
Organisationsentwicklung wird zunehmend als zentrales Element einer Schulentwick-lung erkannt. Das Dortmunder Institut für Schulentwicklung hat unter der früheren Leitung von H.-G. Rolff systematisch und mit großem Einfluss auf die entsprechen-den Aktivitäten verschiedener Bundesländer diesen Aspekt in die Schulsteuerung mit eingebracht (etwa über die Fortbildung von Schulleitungsmitgliedern in NRW). Inzwischen gibt es Ansätze (etwa in der ARS entwickelt), auch bei der Methode der Organisationsentwicklung kreative Verfahren aus der kulturellen Bildungsarbeit anzuwenden.

Kulturelle Schulqualität und Gütesiegel
In England hat der Arts Council ein recht detailliertes Material zur Selbstevaluation von Schulen ausgearbeitet, das von diesen auch als Hilfsmittel zur eigenen Entwicklung verwendet werden kann. Zugleich wurde dieser Prozess der Selbstevaluation verbun-

den mit einem System von Anerkennung durch Vergabe eines „awards" (artsmark).
Dieses Vorgehen ist in Deutschland zu erproben.

Hilfreich ist dabei die (Weiter-)Arbeit an einem Verständnis von Schulqualität, dem
eine deutliche ästhetisch-kulturelle Ausrichtung zugrunde liegt. Der Entwurf eines
solchen Qualitätsrahmens ist von der Kinder- und Jugendstiftung entwickelt worden,
der sechs Qualitätsbereiche unterscheidet:

>> Pädagogische Qualität,
>> ästhetisch-künstlerische Qualität,
>> Qualität der Ausstattung,
>> Prozessqualität,
>> Qualität von Qualifizierung und Entwicklung,
>> Qualität der Wirkungen.

Umsetzungsmöglichkeiten

Die Erfahrung zeigt, dass Schulentwicklung ein komplizierter Prozess ist, bei dem
die Aktivitäten vieler Beteiligter notwendig sind, u.a. weil bereits eine einzige
Akteursgruppe diesen Prozess ausbremsen kann. Schulleitung und Lehrerschaft
müssen (letztere zumindest zu einem großen Teil) mitmachen, die Unterstützung
der Eltern und Schülerschaft ist hilfreich, Hausmeister- und Verwaltungsressourcen
müssen vorhanden sein; das Einvernehmen mit Schulträger und Schulaufsicht ist
wünschenswert.

Beginnen lässt sich mit einzelnen Elementen. Möglich ist auch die Weiterarbeit
an einer gelungenen Kooperation bei Kulturprojekten. Hierbei sind die folgenden
Fragen hilfreich:

1. Wie ist das Kulturprojekt organisatorisch, räumlich, finanziell und personell im
   Schulablauf verankert?
2. (Teil der mittelfristigen Finanzplanung, klare Verantwortlichkeiten bei Lehrerschaft, Teil des Schulprogramms/Schulprofils, Mit-Verantwortung der Schulleitung,
   der Schulpflegschaft, der Schulkonferenz ...).
3. Welche Maßnahmen werden ergriffen, um das Projekt zu verankern?
4. Welche anderen Projekte (Kultur, Sport etc.) gibt es noch? Wie sind diese verankert?
5. Gibt es mittelfristige vertragliche Regelungen für eine Zusammenarbeit?
6. Wie sind außerschulische Pädagogen in offiziellen Schul-Organen verankert?
7. Welche Kompetenzen im Hinblick auf Ressourcen (z. B. Räume) gibt es? Wo?
   Bei wem?
8. Ist Evaluation der Projekte sichergestellt?
9. Sind pädagogische Ziele klar formuliert, festgelegt, ist Konsens klargestellt?
10. Wo gibt es Widerstände gegen Kulturprojekte/gegen Kulturprofile der Schule?

Die Kulturschule – Eine Vision

Kulturschulen gibt es bereits. Hamburg hat schon seit einigen Jahren Schulen mit diesem Ehrentitel versehen. Sicherlich ist auch die Helene-Lange-Schule in Wiesbaden eine Kulturschule (Riegel 2004). In Hessen gibt es weitere Kulturschulen. Im Rahmen der BKJ haben die Initiativen Arts Marks und Creative Partnerships eine gewisse Überzeugungskraft entfaltet. Was also ist eine Kulturschule? In Kürze: *Eine Kulturschule ist eine Schule, in der in allen Dimensionen und Bereichen von Schulleben – im Unterricht und außerhalb des Unterrichts – die kulturell-ästhetische Dimension nicht nur berücksichtigt, sondern auf hohem Niveau erfüllt wird.* Das heißt zunächst einmal, dass alle künstlerischen Fächer von ausgebildeten Fachkräften dauerhaft angeboten werden. Die dazu notwendigen Räume sind vorhanden. Der Stundenplan – auch dies liegt in der Verantwortung der Schule – ist so gestaltet, dass man auch längere Zeit an einem Projekt arbeiten kann. Es gibt zum zweiten zahlreiche Angebote künstlerischer Arbeitsgemeinschaften. Diese reichen über die obligatorischen Theater-AGs hinaus. In England hat man inzwischen beschlossen – und andere Länder haben ähnliche Entscheidungen getroffen –, dass jedes Kind jedes Jahr Anspruch auf eine bestimmte Zahl qualifizierter Kulturbegegnungen hat. Das muss in jedem Fall für eine Kulturschule gelten.

Eine Kulturschule ist eine Schule, in der viele Fachleute zusammenarbeiten: Schulische und außerschulische Kulturpädagogen, aber auch KünstlerInnen oder Handwerker. Selbst Kulturmanagement sollte einbezogen werden. So gibt es im WDR eine interessante Initiative, bei der sich Schulklassen bewerben können, für die WDR-Bigband im Kontext ihrer Schule einen Auftritt vollständig zu organisieren. Diese Idee ist auf jede größere Stadt übertragbar.

Eine Kulturschule ist vernetzt im Stadtteil und in der Kommune. Sie ist selbst Kulturort, ein Ort der Begegnungen und Präsentationen und sie arbeitet aktiv an der kulturellen Entwicklung des Einzugsbereichs mit.

Eine Kulturschule sorgt dafür, dass auch Lehrer mit nicht-künstlerischen Fächern die Gelegenheit erhalten, an einem Kulturprojekt mitzumachen und Prinzipien des ästhetischen Lernens in ihrem Fachunterricht anwenden. Denn eine ästhetische Grundqualifikation, die sehr viel mit sensibler Wahrnehmung zu tun hat, tut jedem gut.

Kulturschulen haben LehrerInnen, die einen „anderen pädagogischen Blick" – etwa mit Hilfe des Kompetenznachweises Kultur – eingeübt haben, nämlich einen Blick, der sich an den Stärken und nicht an den Schwächen von SchülerInnen orientiert. Schulkultur ist kein Fremdwort, wobei die ästhetische Dimension eine wichtige Rolle spielt: Die Räume, die Beziehungen, die Organisation der Zeit – all dies sollte in Hinblick auf wechselseitige Anerkennung ständig geprüft werden.

Eine Kulturschule ist eine schöne Schule. Die Breite der (hier nur angedeuteten) Aspekte mag einen erschrecken. Die Messlatte, so könnte man meinen, hängt zu hoch. Doch muss nicht alles sofort erledigt werden. Die Breite des Spektrums ist hier sogar ein Vorteil: Man kann mit jedem Aspekt beginnen. Ganz so wie das Sprichwort sagt: Auch die längste Reise beginnt mit einem ersten Schritt.

Kulturschulen sind „gute Schulen", so dass unterschiedliche Qualitätstableaus sinnvoll genutzt werden können (vgl. tool-box Schulentwicklung auf der Homepage der BKJ). Als ein wichtiges Zwischenergebnis wurde die folgende Qualitätsmatrix entwickelt (Abb. 20)

Erstelldatum: 31.03.2009	Strukturqualität Infrastrukturen / Ressourcen	Prozessqualität Organisationsentwicklung / Management	Ergebnisqualität Wirkungen / Output	Partizipative Evaluation Reflexion / Kritik
Theorieebene Konzeptionelle Grundlagen	- Wissenschaftliche Flankierung in Hochschulen, Verbänden, Stiftungen - Ressourcen für Konzeptentwicklung und Forschung (Studien, Projekte)	- Theoriebildung - Weiterentwicklung und Zusammenführung von Konzepten der Schulentwicklung und der Kulturellen Bildung	- Transferierbare Konzepte kultureller Schulentwicklung - Qualitätsstandards, Checklisten, Leitfäden, Instrumente	- Transfer von Praxiserfahrungen - Konzeptkritik - Kritische Reflexion theoretischer Grundlagen
Makroebene Politischer Rahmen / Öffentlichkeit	- Richtlinien, Erlasse, Förderprogramme der Länder und Kommunen - Rahmenvereinbarungen - Kommunale Bildungslandschaften	- Förder- und Unterstützungsprogramme in Ländern und Kommunen - Verortung innerhalb der Kommune - Verankerung in Bildungsnetzwerken - Qualifizierungsangebote für Lehrer und Fachkräfte	- Politische Unterstützung - Unterstützung durch Fachstrukturen und Verbände - Öffentlichkeitswirksamkeit - Nachhaltigkeit und Verstetigung	- Politische Forderungen - Stellungnahmen (Resolutionen, Positionen) - Empfehlungen zu Aus-, Fort- und Weiterbildung
Mesoebene Schule / Träger	- Schulprogramme - Zeitstruktur - Organisationsform der Schule - Kooperationsstrukturen - Rechtsrahmen - Personalausstattung, Koordination - Bildungspartner - Finanzielle Ressourcen	- Gesamtkonzept zur kulturellen Schulentwicklung - Leitung und Zuständigkeiten - Teamentwicklung und kollegiale Beratung - Kommunikation und Dialog - Partizipation - Öffentlichkeitsarbeit	- Transfermöglichkeiten des Konzepts (Modellhaftigkeit) - Schulklima und Schulkultur - Vernetzung im Sozialraum - Qualifikation des Personals - Identifikation der Mitarbeiterinnen - Zufriedenheit der Eltern - Öffentlichkeitswirksamkeit	- Kritische Reflexion des Entwicklungsprozesses (intern und extern) - Kritische Bestandsaufnahme der Ergebnisqualität - Evaluation
Mikroebene Lehr-Lernsituation / Interaktionen	- Personelle Ausstattung (Lehrer/innen, Künstler/innen, Kulturpädagogen/innen) - Raumausstattung - Materialausstattung, Mittel, Medien - Erreichbarkeit von Drittlernorten	- Konzepte, Inhalte und Methoden der kulturellen Bildung - Unterrichtsentwicklung - Stärkenorientierte Anerkennungsverfahren - Qualifizierung - Qualität von Unterricht und Angeboten	- Ästhetisch- künstlerische Qualität - Unterrichtsqualität - Integration kulturpädagogischer Bildungsprinzipien - Öffentliche Darstellung	- Kontinuierlicher Fachdiskurs um geeignete Konzepte und Methoden - Kritische Bestandsaufnahme der Unterrichtsqualität und der künstlerischen Qualität
Subjektebene Das lernende Individuum	- Sozialisation - Bildungsbiografie - Erfahrungsorte - Ökonomisches, kulturelles, soziales Kapital	- Partizipation und Identifikation mit dem Prozess - Reflexion von Lernprozessen - Motivation, Mitgestaltung, Aneignung - Individuelle Förderung - Gestaltung von Beziehungen	**Ziel / Vision:** - Fachkompetenzen - Sozial-, Personal- und Methodenkompetenzen - Künstlerische Kompetenzen - Emanzipation - Zufriedenheit, Selbstwirksamkeit - Schul- und Bildungslaufbahn **= Lebenskompetenz**	- Dokumentation der Kompetenzentwicklung (Kompetenznachweis Kultur) - Langzeitdokumentationen der individuellen Laufbahnen

Was heißt „Kultur" in einer Kulturschule?

Bereits in den 50er Jahren hatten fleißige Forscher 350 gut begründete Definitionen von „Kultur" gesammelt. Nach etwa 50 Jahren glaube ich, dass man es heute mit mindestens 1000 gut ausformulierten Konzeptionen und Theorien von „Kultur" zu tun hat. „Kultur" ist also ein ausgesprochen beliebtes Wort, was einen exakteren Umgang damit nicht unbedingt erleichtert (Fuchs 2008a). Ich will im folgenden die bereits oben identifizierten fünf unterschiedlichen Kulturbegriffe erneut herausgreifen und sie daraufhin überprüfen, ob sie eine definitorische Leistung bei einer exakteren Bestimmung dessen erbringen, was man unter einer Kulturschule verstehen kann (vgl. auch die entsprechende Ausführungen in Kap. 2).

Der enge Kulturbegriff: Kultur = Kunst

Ich beginne zunächst einmal mit einem sehr engen Kulturbegriff, der in den Kultur-wissenschaften verpönt ist. Ich meine hier den Kulturbegriff, der Kultur mit Kunst gleichsetzt. Dieser Kulturbegriff ist zu Unrecht verpönt. Man muss sich nur einmal den Kulturhaushalt einer beliebigen Stadt anschauen und stellt fest, dass hier „Kultur" zu mindestens 90% „Kunst" meint. Auch in unserem Konzept einer Kulturschule ist es sinnvoll, in einer ersten Annäherung Kultur mit Kunst zu identifizieren, was u. a. heißt, dass die künstlerischen Schulfächer, so wie sie im Lehrplan vorgegeben sind, von qualifiziertem Fachpersonal in voller Stundenzahl in geeigneten Räumen ver-mittelt werden sollen. Kulturschulen sollen also gerade nicht einzelne ausgewählte („Elite-")Schulen sein, die vom Staat nunmehr mit Personal und Geld besonders gut bestückt werden. Die Forderung ist vielmehr, dass die künstlerischen Fächer wie vorgeschrieben an allen Schulen qualifiziert stattfinden müssen.

Die BKJ ist an einer bundesweiten Initiative (des Deutschen Kulturrates) beteiligt, Bildungsstandards für solche künstlerischen Fächer zu entwickeln. Bildungsstandards sind ein Mittel auf der Makroebene, steuernd in Schulen einzugreifen. In Absprache mit den relevanten Fachorganisationen der Lehrerinnen und Lehrer künstlerischer Fächer haben wir uns diese Forderung der Enquête-Kommission Kultur in Deutschland zu eigen gemacht und haben daher auch die entsprechende Stellungnahme des Deutschen Kulturrates in Heft 3 unseres Magazins „Kulturelle Bildung" (Seite 58 ff.) abgedruckt.

Für diese Forderung nach qualifizierten künstlerischen Schulfächern gibt es eine ganze Reihe guter Begründungen. Was pädagogische Begründungen betrifft, kann man im Kontext der BKJ einige 1000 Seiten an Argumentationen finden. Es gibt darüber hinaus aber auch sehr einsichtige politische Begründungen. Ich weise hier nur in aller Kürze auf die Studien von Bourdieu (1987) hin, der gezeigt hat, dass eine bestimmte ästhetische Praxis sehr viel mit der Verteilung von Macht in der Gesellschaft zu tun hat. Die Forderung, die Bourdieu seinerzeit erhob, ist auch eine Forderung der BKJ und findet sich auch auf der Ebene der UNESCO, zuletzt etwa bei den

Weltkonferenzen zur künstlerischen Bildung in Lissabon (2006) und Seoul (2010): Kulturelle Bildung für alle (Deutsche-UNESCO-Kommission 2008). Als Folge dieses allgemeinen und allgemein akzeptierten Slogans, der zudem menschenrechtlich sehr gut begründet werden kann, fordern wir daher: Kulturschulen für alle.

Einige weitere Hinweise zu dieser Forderung

Sie ist überhaupt nicht illusorisch, wie etwa das Beispiel von Creative Partnerships England zeigt. Dort hat man sich auf den Weg gemacht, Kulturschulen flächendeckend einrichten zu helfen. Es ist ein komplexes System unterschiedlichster Hilfsmaßnahmen von finanzieller Förderung über Künstlervermittlung, Selbstevaluationsbögen bis hin zu landesweiten Gütesiegeln (Arts Mark; s. den Beitrag von Rolf Witte in Braun/Kelb 2009). Es ist übrigens durchaus denkbar, dass Schulen ein doppeltes Profil haben, etwa eine Orientierung an Naturwissenschaften und eine Orientierung an Kultur. Es könnte sogar sein, dass dies realistisch ist gerade bei den sehr großen Gesamtschulen. Dass gerade das Zusammengehen mit Naturwissenschaften kein Widerspruch ist, sondern sich hier vielfältige Möglichkeiten der Kooperation anbieten, hat die BKJ im Einstein-Gedächtnisjahr bei einer Tagung nachdrücklich gezeigt (Bielenberg 2006).

Der anthropologische Kulturbegriff: Der Mensch als kulturell verfasstes Wesen

Der umfassendste und grundsätzlichste Kulturbegriff ist der anthropologische Kulturbegriff, der unter Kultur versteht, dass der Mensch die Welt zu seiner Welt machen muss und sich bei diesem Prozess selber gestaltet (Fuchs 1999). Der Mensch steht also im Mittelpunkt eines jeglichen Nachdenkens über Kultur, was sich konkret in der Pädagogik durch eine strikte Subjektorientierung auszeichnet. Eine solche Subjektorientierung gehört zur professionellen Tradition der außerschulischen Jugendarbeit, weil sie sonst gar nicht funktionieren könnte. Man kann auf dieser Basis zahlreiche pädagogische Prinzipien formulieren (Partizipation, Fehlertoleranz, Anknüpfen an den Stärken der Kinder und Jugendlichen etc.), so wie sie Brigitte Schorn in ihrem Beitrag in unserem Heft 3 des Magazins „Kulturelle Bildung" (Seite 7 ff.) dargestellt hat. Eine Kulturschule in diesem Sinne arbeitet nach dem Prinzip der Subjektorientierung.

Der normative Kulturbegriff: Kultur als Humanisierung

Eng verbunden mit dem anthropologischen Kulturbegriff ist die Vorstellung, dass Kultur nicht bloß ein Entwicklungsprozess ist, sondern dass dieser sogar ein Prozess hin zu einem Besseren ist. Kultur ist also nicht bloß ein wertfrei beschreibender Begriff, sondern er ist gerade in der deutschen Tradition oft genug ein normativ aufgeladener Begriff. Gerade in der Hochzeit der deutschen Klassik, etwa bei Schiller und Humboldt, ist dieses normativ-humanistische Konzept von Kultur wesentlich für die Gestaltung von Bildungsprozessen und von Schule geworden. In unserem Kontext ist es wichtig, weil das humanistische Konzept von Kultur die obersten Prinzipien eines jeglichen pädagogischen Umgangs mit Menschen formuliert. Ein sehr schönes Beispiel, in dem dies zum Ausdruck gebracht wird, ist der immer wieder diskutierte und von Hartmut von Hentig ausformulierte „sokratische Eid" von Pädagoginnen und Pädagogen, in dem diese sich analog dem Eid des Hippokrates bei Medizinern zu einem besonderen Berufsethos verpflichten.

Eid des Sokrates

„Als Lehrer/in und Erzieher/in verpflichte ich mich,
>> die Eigenheiten eines jeden Kindes zu achten und gegen jedermann zu verteidigen;
>> für seine körperliche und seelische Unversehrtheit einzustehen;
>> auf seine Regung zu achten, ihm zuzuhören, es ernst zu nehmen;
>> zu allem, was ich seiner Person antue, seine Zustimmung zu suchen, wie ich es bei einem Erwachsenen täte;
>> das Gesetz seiner Entwicklung, soweit es erkennbar ist, zum Guten auszulegen und dem Kind zu ermöglichen, dieses Gesetz anzunehmen;
>> seine Anlagen herauszufordern und zu fördern;
>> seine Schwächen zu schützen, ihm bei der Überwindung von Angst und Schuld, Bosheit und Lüge, Zweifel und Misstrauen, Wehleidigkeit und Selbstsucht beizustehen, wo es das braucht;
>> seinen Willen nicht zu brechen - auch nicht, wo er unsinnig erscheint; ihm vielmehr dabei zu helfen, seinen Willen in die Herrschaft seiner Vernunft zu nehmen;
>> es also den mündigen Verstandsgebrauch zu lehren und die Kunst der Verständigung und des Verstehens;
>> es bereit zu machen, Verantwortung in der Gemeinschaft zu übernehmen und für diese;
>> es auf die Welt einzulassen, wie sie ist, ohne es der Welt zu unterwerfen, wie sie ist;
>> es erfahren zu lassen, was und wie das gemeinte gute Leben ist;
>> ihm eine Vision von der besseren Welt zu geben und Zuversicht, dass sie erreichbar ist;
>> es Wahrhaftigkeit zu lehren, nicht die Wahrheit, denn "die ist bei Gott allein".

Damit verpflichte ich mich,
>> so gut ich kann, selbst vorzuleben, wie man mit den Schwierigkeiten, den Anfechtungen und Chancen unserer Welt und mit den eigenen immer begrenzten Gaben, mit der eigenen immer gegebenen Schuld zurechtzukommen;
>> nach meinen Kräften dafür zu sorgen, dass die kommende Generation eine Welt vorfindet, in der es sich zu leben lohnt und in der die ererbten Lasten und Schwierigkeiten nicht deren Ideen, Hoffnungen und Kräfte erdrücken;
>> meine Überzeugungen und Taten öffentlich zu begründen, mich der Kritik - insbesondere der Betroffenen und Sachkundigen - auszusetzen, meine Urteile gewissenhaft zu prüfen;
>> mich dann jedoch allen Personen und Verhältnissen zu widersetzen - dem Druck der öffentlichen Meinung, dem Verbandsinteresse, dem Beamtenstatus, der Dienstvorschrift, wenn sie meine hier bekundeten Vorsätze behindern."

Hartmut von Hentig; wikipedia.org/wiki/Sokratischer_Eid

Kultur als Reichtum der Beziehungen zur Welt

Ein nächster, für die Kulturschule relevanter Kulturbegriff respektiert, dass der Mensch kein isoliertes, sondern ein soziales Wesen ist, das in vielfältigen Beziehungen zur Welt stehen muss. Karl Marx hatte dies auf die schöne Formel gebracht, dass „Kultur" der Reichtum der Beziehungen zur Welt sei. Dies gilt für den Einzelnen, es gilt aber auch für eine Institution und Organisation. In der Pädagogik wird dies in dem Konzept der sozialraumorientierten und offenen Schule aufgegriffen. In Nordrhein-Westfalen gab es in den 90er Jahren des letzten Jahrhunderts ein „Gesamtkonzept Öffnung von Schule – GÖS", bei dem versucht wurde, die einzelnen Schulen in vielfältige Kooperationsbeziehungen mit der Außenwelt zu bringen. Das bedeutet zum einen, dass die Schule nach draußen gehen muss. Es bedeutet aber auch, dass Menschen, die nicht beruflich mit der Schule zu tun haben, in der Schule als Experten für bestimmte Fragen eingebunden werden. Eine Kulturschule ist in diesem Sinne eine sozialraumorientierte Schule mit vielfältigen Bezügen zur Außenwelt.

Der ethnologische Kulturbegriff: Kultur ist, wie der Mensch lebt und arbeitet

Vermutlich der verbreitetste Kulturbegriff ist der so genannte ethnologische Kulturbegriff (Kultur ist, wie der Mensch lebt und arbeitet). „Ethnologisch" heißt dieser Kulturbegriff, weil insbesondere die Ethnologen bei der Erforschung bislang isolierter Menschengruppen in besonderer Weise verpflichtet sind, deren Leben nicht bloß ganzheitlich wahrzunehmen, sondern sich auch weitgehend Bewertungen dieser Lebensweisen zu enthalten. Im Hinblick auf die Schule heißt dies, dass die Schule das Prinzip der Lebensweltorientierung zur Grundlage haben muss. Dabei gehen die Meinungen zur Zeit noch darüber auseinander, ob die Schule eine Lebenswelt eigener Art ist, die eigenen Gesetzmäßigkeiten gehorcht, oder ob die Schule ein Abbild der Lebenswelt der Kinder und Jugendlichen sein muss. Gegen die letztere Annahme spricht, dass insbesondere Kinder und Jugendliche aus prekären Lebensverhältnissen in der Schule eine Chance bekommen sollen, eine ganz andere Welt mit anderen Herausforderungen und Bildungsmöglichkeiten kennen zu lernen. Es ist also geradezu die Distanz zu einer (entwicklungshemmenden) Lebenswelt, die die emanzipatorische Qualität von Schule entfaltet.

Zwischenertrag

Wer sich die bisher vorgestellten Bestimmungsmerkmale einer Kulturschule anschaut, wird zweierlei feststellen können: Erstens, dieses Konzept ist überhaupt nicht neu und zweitens, die bislang formulierten Kriterien klingen durchaus ähnlich wie Kriterien bei anderen vorgeschlagenen Schulkonzepten. Beiden Einwänden kann man nur ausdrücklich zustimmen. Denn ein ganz wichtiges Bestimmungsmerkmal einer Kulturschule ist: Eine Kulturschule muss eine „gute" Schule sein. Was eine gute Schule ist, darüber gibt es eine jahrzehntelange nationale und internationale Forschung und man darf behaupten, dass es – vielleicht überraschend – auch einen weitgehenden Konsens über Qualitätsmerkmale einer guten Schule gibt.

Hilfreich ist m. E. auch der Rückgriff auf die internationale Debatte über Schulqualität, so wie sie in unterschiedlichen „Qualitätstableaus" verdichtet ist. Eine gewisse Federführung hat dabei die Initiative der Bertelsmann-Stiftung SEIS, wobei das in diesem Kontext entwickelte Qualitätstableau inzwischen in vielen Bundesländern als verbindliches Referenzsystem für Schulinspektionen genutzt wird. Im Hinblick auf Schulentwicklung kann man diese Qualitätstableaus nutzen, weil sie im Sinne des Dortmunder Schulentwicklungsforschers Rolff diejenigen „Stellschrauben" identifizieren, an denen man bei der Gestaltung des komplexen Systems Schule ansetzen kann. Hilfreich sind auch etwa die Kriterien des Wettbewerbs Deutscher Schulpreis.

Wie geschieht kulturelle Schulentwicklung? – Weitere Überlegungen

In der wissenschaftlichen Debatte über Schulentwicklung gibt es einen Meinungsstreit über unterschiedliche konzeptionelle Ansätze. Vermutlich den größten Einfluss im Hinblick auf die konkrete Schulpolitik der Länder hatte dabei über viele Jahre das Dortmunder Institut für Schulentwicklungsforschung unter der langjährigen Leitung von Hans-Günther Rolff, der in Zusammenarbeit mit dem norwegischen Schulforscher Per Dalin, lange Zeit verantwortlich für Schulentwicklung im Bereich der OECD, in die Praxis hineingewirkt hat. Diese Ansätze basieren – auf der Grundlage eines systemischen Denkens – auf Konzepten der Organisationsentwicklung und beziehen umfassend empirische (meist angelsächsische) Forschung zur Schulqualität mit ein. Trotz der Unterschiedlichkeit der verschiedenen Ansätze hat man Konsens in der Frage, dass Schulentwicklung weniger durch die Makroebene initiiert werden kann, sondern vielmehr in jeder einzelnen Schule aufgrund der jeweils spezifischen Bedingungen dieser Schule stattfinden muss: *Schulentwicklung muss von der Schule selbst ausgehen*. Gesucht sind daher partizipative Verfahren, weil man zugleich weiß, dass für eine erfolgreiche Schulentwicklung oft weniger hierarchische Weisungsbefugnisse einen Erfolg bringen, sondern die Einbindung möglichst vieler Stakeholder, die einen klar erkennbaren Nutzen aus der anvisierten veränderten Schule bekommen müssen. Vielleicht lohnt es sich, sich einzelne Aspekte von Schulentwicklungsprozessen vorab zu verdeutlichen (s. hierzu Kap. 6):

Schulentwicklung geschieht immer: Kultur als Prozess

Dieser banal klingende Satz verdeutlicht, dass Schule gerade keine statische Institution ist. Mit der Veränderung der Schülerpopulation, mit der Veränderung in der Zusammensetzung des Lehrerkollegiums, mit Veränderungen der Bevölkerung im Einzugsbereich der Schule, mit großen politisch initiierten Veränderungen wie dem Übergang zur Ganztagsschule, mit dem ganz normalen Generationswechsel bei allen beteiligten

Personengruppen findet ständig eine Veränderung in der Schule statt. Auch dies kann man in Verbindung bringen mit einem (sechsten) Kulturbegriff: Kultur ist nämlich ein Prozess und kein statisches Gebilde. Gerade vor dem Hintergrund einer immer wieder aufflammenden Debatte über Leitkultur, der ein statischer Kulturbegriff zugrunde liegt, erinnert die UNESCO daran, dass man Kultur nur dynamisch verstehen kann.

Dies gilt auch für eine Kulturschule, dies gilt sogar für jede Schule. Das Problem besteht allerdings darin, dass normalerweise Veränderungsprozesse in der Schule nicht bewusst gesteuerte Prozesse sind, so dass man sich die Frage stellen kann: Wie kann man die ständige Veränderung von Schule in einen bewussten Schulentwicklungsprozess überführen? Damit ist das Steuerungsproblem angesprochen, das sich auf jeder Ebene (Makro-, Meso-, Mikroebene) stellt.

Bildung, Schule und Kultur als Koproduktion

In den letzten Jahren hat sich die Erkenntnis durchgesetzt, dass Bildung kein eindimensionaler Prozess der Übergabe eines gewissen Wissensbestandes von Person A zu Person B sein kann. Man spricht vielmehr von Bildung als einer Koproduktion oder einer Ko-Konstruktion. An Bildungsprozessen sind also viele beteiligt, auch wenn letztlich jeder Einzelne im Rahmen eines Selbstbildungsprozesses für seine eigene Bildung verantwortlich ist.

Diese Erkenntnis lässt sich auch auf die Schule übertragen: Die Schule ist eine Ko-Produktion. Dies heißt, es gibt verschiedene Akteure, die mehr oder weniger Einfluss auf die Situation der Schule haben. Auch dies lässt sich verbinden mit einem Kulturbegriff. Denn auch Kultur wird von allen gemacht und ist für alle da. Diese These wendet sich vor allen Dingen gegen die Annahme, dass „Kultur" lediglich ein Produkt bestimmter gesellschaftlicher Eliten ist. Wenn Schule aber eine Koproduktion unterschiedlicher Akteure ist, dann hat das Folgen für jedes Konzept von Schulentwicklung, denn all diese Akteure müssen in diesem Schulentwicklungsprozess auch eine Rolle spielen bzw. in ihren Einflussmöglichkeiten berücksichtigt werden: Erfolgreiche Schulentwicklung ist stets ein partizipativer Prozess.

„Kultur" bedeutet Vielfalt der Akteure

Gerade bei komplexen Systemen ist eine lineare Steuerung überhaupt nicht möglich. Immer noch ist aber die vorfindliche Weise der staatlichen Steuerung von Schule diejenige der top-down-Anweisungen. Es gehört auch zu der nichtlinearen Funktionsweise von Schule, dass bestimmte zeitliche Abfolgen obsolet werden. Jeder der zahlreichen Akteure innerhalb des Systems Schule findet – wie eingangs bereits erwähnt – eine Entschuldigung für Nichtstun darin, dass in der Tat viele Voraussetzungen für erfolgreiches individuelles Handeln notwendig sind. Trotzdem ist es falsch, zu unterstellen, dass erst dies oder jenes geschehen sein müssen, bevor man selber initiativ wird. Der Kulturbegriff, der diese nichtlineare Systemeigenschaft von Schule erfasst, ist derjenige, der die Pluralität der Akteure im Bereich der Kultur mit berücksichtigt. Auch die „Kultur" einer Gesellschaft hat viele Zentren und nicht bloß eines, an der Kultur gestalten sehr viele Menschen mit, so dass – wie bereits oben erwähnt – jede Vorstellung einer Leitkultur die Realität nur verfehlen kann.

Educational Governance: Die Weisheit der Vielen (Burow) in einem Netzwerk

Die Konsequenz aus der letzten Ziffer besteht darin, auch kulturelle Prozesse unter Berücksichtung der vielen Akteure demokratisch zu organisieren. Der Kulturbegriff hier ist also ein demokratischer Kulturbegriff, wie er insbesondere im Bereich der UNESCO oder des Europa-Rates gerade auch für kulturpolitische Zwecke entwickelt worden ist. In der Politikwissenschaft berücksichtigt man dies durch das Konzept der Governance. Es ist also nicht mehr das Government, also die Regierung, die alleine die Regeln des Handelns vorgibt, sondern es gibt viele Akteure, die in einem Netzwerk unterschiedlicher Zuständigkeiten zur Meinungsbildung beitragen. In der Pädagogik ist dieser Begriff eingeführt worden als „educational governance", der die Pluralität der Akteure mit ihren jeweiligen Einflussmöglichkeiten systematisch berücksichtigen will. In diesen Kontext gehören auch die Überlegungen zu einer Erhöhung der Autonomie von Schule. Es ist unter diesem Aspekt vielleicht überraschend und ernüchternd, dass gerade die inzwischen in fast allen Schulgesetzen vorgegebene Tendenz zur Autonomie der Einzelschule vielleicht zuvor politisch gewollt, aber in der administrativen Ausführung konterkariert wird. So gibt es eine erste Studie (Zlatkin-Troitschanskaia 2006), in der am Beispiel von Berlin gezeigt wird, wie das politische Ziel der Autonomie in der Durchführung zu dem Ergebnis führt, dass die Steuerungsdichte in der Einzelschule um ein Vielfaches erhöht wird.

Personalentwicklung als Grundlage

Kulturschulen wie alle anderen Reformschulen erfordern neue Kompetenzen bei Lehrerinnen und Lehrern und bei den Schulleiterinnen. Angesichts der Widersprüchlichkeit deutscher Schulpolitik muss man fast gar nicht mehr erwähnen, dass dies zwar im Grundsatz von den Kultusministerien anerkannt wird, aber trotzdem kaum Ressourcen dafür geschaffen werden.

Was du heute kannst besorgen...

Ein letzter Aspekt – quasi ein Ertrag aus den vorstehenden Befunden – besteht darin, dass jeder, gleichgültig an welchem Ort des Systems Schule er arbeitet, mit kultureller Schulentwicklung beginnen kann.

Eine Kulturschule zeichnet sich dadurch aus, dass sie sich dem Prinzip des ästhetischen Lernens verpflichtet fühlt. Doch was bedeutet dies? (Ich stütze mich hier auf einige vorliegende Arbeiten, z.B. Fuchs 2012 und Fuchs 2011 – Kunst)

Ästhetik, Kunst, Lernen

In den letzten Jahren gibt es in der Erziehungswissenschaft erhebliche Anstrengungen, „Lernen" als „einheimischen Begriff" (Herbart) von der Lernpsychologie zurückzuerobern. Bei einem weitgefassten Lernbegriff, der sich nicht nur auf kognitives Lernen und Wissen beschränkt, dieses aber mit erfasst, kommt der Leib bzw. der Körper – wie man sagen kann: ganzheitlich – in den Blick. Solche Ansätze erleichtern es, Argumente dafür zu finden, dass Ästhetisches Lernen vermehrt in der Schule, sogar als organisierendes Prinzip der Schule insgesamt zur Anwendung kommen soll. Doch wie soll das geschehen?

Eine pädagogische Wiedereroberung des „Lernens" arbeitet sich vor allem an der verhaltenspsychologischen Dominanz in der Lerntheorie ab. In der Pädagogik hat diese kritische Haltung zwar – wie oben angedeutet – im Mainstream keine große Rolle gespielt. Doch gibt es etwa in der phänomenologisch orientierten Pädagogik (Meyer-Drawe 1984, 2008, Lippitz 2003, Buck 1989) und auch in der entsprechenden Psychologenschule (z. B. Graumann in Braun/Holzkamp 1984) eine lange Traditionslinie, die bis auf Husserls Kampf gegen eine empiristische Psychologie zurückgeht und die in dem Grundlagenbuch „Phänomenologie der Wahrnehmung" von Merleau-Ponty (1966) einen Höhepunkt hat.

Auch in der aktuellen Lernpsychologie, etwa in dem zunehmend auch in der Pädagogik rezipierten Buch „Lernen" von Klaus Holzkamp (1993), spielt die Auseinandersetzung mit behavioristischen Ansätzen eine wichtige Rolle. Doch warum ist das der Fall? Nehmen wir aus einem verbreiteten Lehrbuch der Lernpsychologie (Winkel/Petermann/Petermann 2006, S. 12) die Definition:

> „Lernen bezieht sich auf relativ dauerhafte Veränderungen im Verhalten oder den Verhaltenspotentialen eines Lebewesens in Bezug auf eine bestimmte Situation. Es beruht auf wiederholten Erfahrungen mit dieser Situation und kann nicht auf angeborene bzw. genetisch festgelegte Reaktionstendenzen, Reifung oder vorübergehende Zustände (z. B. Müdigkeit, Krankheit, Alterung, Triebzustände) zurückgeführt werden."

Was stört an dieser Auffassung? Zunächst einmal geht es um den Menschen als ein aktives Wesen. Lernen ist also nicht – wie in klassischen Modellen des Empirismus – das bloße Auffüllen eines zunächst als leer und passiv angesehenen Behälters (des Gehirns) mit Wissen nach dem Modell des Nürnberger Trichters. Lernen wird zudem mit Erfahrungen in Verbindung gebracht, immerhin ein etablierter Begriff, der auch in der Ästhetik eine wichtige Rolle spielt und auf den wir zurückkommen müssen. Lernen bewirkt zudem eine Veränderung im Menschen: Er kann nach dem Lernen anders (souveräner?) mit Situationen umgehen. All dies macht noch keine Probleme. Im Gegenteil: *Lernen kann hier durchaus als Weg der Lebensbewältigung verstanden werden, womit sich ein Anschluss an den Bildungsbegriff ergibt* (Fuchs 2008).

Ein Problem besteht allerdings darin, dass „Verhalten" der Angelbegriff ist. „Verhalten" ist etwas anderes als Handeln oder Tätigkeit, obwohl sich all diese Begriffe auf Aktivitäten des Menschen beziehen. Bei der Rede von Verhalten stellen sich sofort die Verbindungen mit dem klassischen Behaviorismus her, der auf dem Grundmodell Reiz-Reaktion basiert. Menschliches Handeln hat jedoch Motive und Gründe (so vor allem Holzkamp 1993), ist eingebunden in Sinndeutungen der Situationen und geschieht unter Einbeziehung des ganzen Leibes (so die Phänomenologie). Verhalten (so Winkel u.a., Seite 12) ist beobachtbar, muss es sein, um objektiv überprüft werden zu können. Das heißt, die methodische Notwendigkeit einer Überprüfbarkeit bestimmt den Basisbegriff der Definition. Dies kann man zwar akzeptieren, doch hat man es mit einer erheblichen Reduktion von menschlicher Lebenstätigkeit zu tun. Der Verdacht liegt nahe, dass hier ein Modell vom Menschen verwendet wird, bei dem das meiste, was den Menschen ausmacht (nämlich sinnorientiert und motiviert sein Leben in kulturellen Kontexten gestalten zu wollen), nicht auftaucht. Ein ähnlich reduktionistisches Menschbild verwenden übrigens auch die Neurowissenschaften. Um bei der obigen Definition zu bleiben: Der Mensch kann etwa gute Gründe dafür haben, aufgrund von Kenntnissen, Einsichten und Wertungen *nicht* zu handeln. Aus einer Beobachterperspektive sind dann ein Nichthandeln aus Einsicht und ein Nichthandeln aus Dummheit nicht zu unterscheiden.

Dass man auch aus einer verhaltenspsychologischen Sicht zu gehaltvolleren Definitionen kommen kann, zeigte bereits Heinrich Roth im Jahre 1957, als er definierte:

> „Pädagogisch gesehen bedeutet Lernen die Verbesserung oder den Neuerwerb von Verhaltens- und Leistungsformen und ihren Inhalten. Lernen meint aber meist noch mehr, nämlich die Änderung bzw. die Verbesserung der diesen Verhaltens- und Leistungsformen vorausgehenden und sie bestimmenden seelischen Funktionen des Wahrnehmens und Denkens, des Fühlens und Wertens, des Strebens und Wollens, also eine Veränderung der inneren Fähigkeiten und Kräfte, aber auch der durch diese Fähigkeiten und Kräfte aufgebauten inneren Wissens-, Gesinnungs- und Interessensbestände des Menschen. Die Verbesserung oder der Neuerwerb muss aufgrund von Erfahrung, Probieren, Einsicht, Übung oder Lehre erfolgen und muss dem Lernenden den künftigen Umgang mit sich oder der Welt erweitern oder vertiefen." (H. Roth nach Arnold 2009, S. 31).

Was können wir bislang festhalten? Lernen hat etwas mit Lebensbewältigung zu tun. Lernen bezieht sich auf alle Dimensionen des Menschen, erfasst also nicht nur das Wissen und das Kognitive. Lernen hat etwas mit Erfahrungen zu tun. Es gibt auch aus dieser historischen Wissenschaftsentwicklung der Verhaltensforschung erheblich weiterentwickelte Konzeptionen. Ausführungen von H. Roth aus dem Jahre 1963 geben auch hier einen Anknüpfungspunkt. Er unterscheidet

> „Lernen, bei dem das *Können* das Hauptziel ist, das Automatisieren von Fähigkeiten zu motorischen und geistigen Fertigkeiten.
> Lernen, bei dem das *Problemlösen* (Denken, Verstehen, Einsicht) die Hauptsache ist.
> Lernen, bei dem das *Behalten und Präsenthalten von Wissen* das Ziel ist.
> Lernen, bei dem das *Lernen der Verfahren* das Hauptziel ist (Lernen lernen, Arbeiten lernen, Forschen lernen, Nachschlagen lernen usw.).
> Lernen, bei dem die *Übertragung auf andere Gebiete* die Hauptsache ist, also die Steigerung der Fähigkeiten und Kräfte (Latein lernen, um einen besseren Einstieg in die romanischen Sprachen zu haben).

Lernen, bei dem der *Aufbau einer Gesinnung, Werthaltung, Einstellung* das Hauptziel ist.
Lernen, bei dem das *Gewinnen eines vertieften Interesses* an einem Gegenstand das Hauptziel
ist (Differenzierung der Bedürfnisse und Interessen).
Lernen, bei dem ein *verändertes Verhalten* das Ziel ist"
(Roth 1963, zitiert nach Seel 2000, S. 19).

Diese Überlegungen werden weiterentwickelt zu folgendem Verständnis von Lernen:

„Lernen zeichnet sich demnach durch folgende Merkmale aus. Es ist
>> aktiv, da jede Informationsverarbeitung kognitive Operationen voraussetzt,
>> konstruktiv, insoweit es mit der Konstruktion von Wissen und mentaler Modelle einhergeht,
>> kumulativ, insofern es zum Aufbau komplexer und überdauernder Wissensstrukturen und
   Fertigkeiten beiträgt,
>> idiosynkratisch, so dass keine zwei Personen jemals zu identischen Wissensstrukturen
   und mentalen Modellen gelangen,
>> zielgerichtet, da es mit der Bewältigung von Anforderungen verknüpft ist, wie sie von der
   jeweiligen Situation an den Lernenden herangetragen werden. Dabei gilt: Eine Verbesserung
   der Lernfähigkeiten erfolgt durch die Einübung begrifflichen und prozeduralen Wissens im
   Kontext spezifischer Wissensbereiche. Lernen und Denken entwickeln sich in weitgehender
   Abhängigkeit von den Inhalten und Begriffen eines Wissensbereichs, wie sie in Lernsituati-
   onen enthalten sind. Diese schränken das Wissen ein, um bestimmten Zwecken und Zielen
   zu dienen" (Glaser, zitiert nach Seel 2000, S. 22).

Dies wiederum weiterentwickelnd führt zu einem komplexen Schema (Abb.21).

Doch wann und warum lernen wir überhaupt? Man darf bei der Beantwortung dieser Frage
durchaus auf die eigene Expertise als Lernender zurückgreifen. Zum einen lernt man, um
Prüfungen zu bestehen. Diese wiederum sind nötig, um schulisch und später beruflich
weiterzukommen. Gelerntes soll zudem helfen, kompetent Aufgaben zu bewältigen. Offensichtlich lernt man, weil man für die Lösung anstehender Probleme noch nicht genügend
weiß oder kann. Lernen setzt also dann ein, wenn es einen Widerspruch zwischen erforderlichen und vorhandenen Handlungskompetenzen gibt. Nun geht man an die Lösung
von Problemen nicht mit einem leeren Kopf heran: Jeder hat bei (fast) allen Problemen ein
bestimmtes Vorwissen: Lernen steht also immer in einer Beziehung zu bereits Gelerntem.
Zum einen kommt hierdurch eine Zeitdimension ins Spiel (Vergangenheit/Gegenwart/
Zukunft), zum anderen ist es oft genug der Fall, dass das vorhandene Wissen/Können
nicht bloß nicht ausreicht, um das anstehende Problem zu lösen: Es könnte auch falsch
sein. Lernen heißt also nicht bloß stets „Erweiterung", sondern oft genug auch Umlernen.
Und man muss es stets selbst tun. Die Betonung liegt dabei zum einen auf dem *selbst*:
Lernen ist nicht zu delegieren; zum anderen auf dem *tun*: Lernen ist Handeln.
   Als Ertrag einer Richtung lernpsychologischer Ansätze und einer pädagogischen
Analyse des Phänomens des Lernens kommen Göhlich u.a. 2007, S. 17 auf folgende
definitorische Bestimmung:

„Lernen bezeichnet die Veränderung von Selbst- und Weltverhältnissen sowie von Verhältnissen zu anderen, die nicht aufgrund von angeborenen Dispositionen, sondern aufgrund von

zumindest basal reflektierten Erfahrungen erfolgen und die als dementsprechend begründbare Veränderungen von Handlungs- und Verhaltensmöglichkeiten, von Deutungs- und Interpretationsmustern und von Geschmacks- und Wertstrukturen vom Lernenden in seiner leiblichen Gesamtheit erlebbar sind; kurz gesagt: Lernen ist die erfahrungsreflexive, auf den Lernenden sich auswirkende Gewinnung von spezifischem Wissen und Können." (Göhlich u.a. 2007, S. 17).

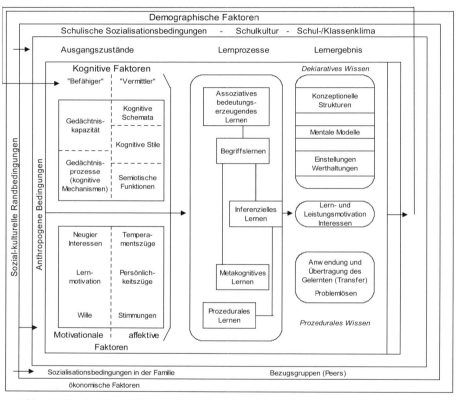

Abb. 21 (Quelle: Seel 2000, S. 27)

Was können wir – auf der Grundlage der bisherigen Überlegungen, weiterer Literatursichtungen und im Vorgriff auf spätere Darstellungen – über Lernen nunmehr sagen?

Lernen ist
>> Reiz-Reaktionszusammenhang
>> Verhaltensänderung
>> Erfahrung, besser: reflektierte Erfahrung
>> Teil der Lebensbewältigung
>> auf Lösung von Aufgaben und Problemen ausgelegt
>> Erweiterungs- oder Umlernen
>> eine Aktivität des ganzen Leibes
>> Handeln
>> sinnbezogen und erfolgt aus Gründen
>> Auseinandersetzung mit Widerständen
>> Reaktion auf eine Störung
>> ein bedeutungsgenerierender und bedeutungsvoller Prozess der Erschließung wie Einschrän-
   kung von Wahrnehmungs-, Denk- und Handlungsmöglichkeiten (Meyer-Drawe 2008, S. 48)
>> Erfahrungen über Erfahrungen zu machen
>> Aneignung
>> Subjektivieren von Objektivem (ggf. auch umgekehrt)
>> Erfassen von Welt und Selbst
>> Bedingung der Gestaltung von Welt
>> Ergebnis einer Unzufriedenheit mit oder sogar Leidens an der Unzulänglichkeit des Jetztzustandes
>> Teil der Subjektkonstitution
>> Teil der Selbstkultivierung und Selbstgestaltung
>> Ausloten von Existenz-Möglichkeiten
>> „Modifikation synoptischer Übertragungsstärke" (Spitzer)
>> biographischer Transformationsprozess (Alheit)
>> Konstruktion
>> defensiv oder expansiv, d. h. trägt dazu bei, in bestehenden Strukturen besser zu funktio-
   nieren oder ist die Grundlage dafür, die Existenzbedingungen mit zu verändern (Holzkamp)
>> notwendig zur Entwicklung von Handlungsfähigkeit

Abb. 22

Man wird es bemerkt haben, dass einige der angeführten Bestimmungsmomente des Lernens nicht systematisch entwickelt worden sind. So gesehen funktioniert die Auflistung als „advanced organizer", so der Lernpsychologe Ausubel, also eine Vorabformulierung des anvisierten Zieles.

Was hat dies mit Lernen zu tun? Man kann davon ausgehen, dass alle Verhältnisse des Menschen zu sich und zur Welt sich entwickeln müssen: Der Mensch hat grundsätzlich eine lernende Haltung zur Welt. Es lassen sich dabei drei „anthropologische Grundgesetze des Lernens" identifizieren:

1. Der Mensch ist auf Lernen angewiesen, er ist lernbedürftig. Denn mit seiner Geburt hat er nahezu gar keine überlebensrelevanten Kompetenzen.
2. Der Mensch ist auf Lernen hin angelegt, er ist lernfähig. Dies ist, wenn man so will, seine evolutionäre Mitgift.
3. Er lernt ständig und überall.

Lernen hat also naturgeschichtliche Wurzeln. Lernen wird aber dann auch kulturge-schichtlich geformt (Scheunpflug 2001a und b; siehe aber auch die Studien zur Na-turgeschichte des Psychischen im Kontext der kulturhistorischen Schule – Wygotski, Leontiew u.a. – und der Kritischen Psychologie – Klaus Holzkamp 1983).

Im Rahmen der Tätigkeitstheorie – und nicht nur dort – lassen sich weitere Prinzipien erkennen. Ein zentraler Mechanismus der Menschwerdung (phylo- und ontogenetisch) ist
>> das Prinzip der Aneignung und Vergegenständlichung.

Dies meint, dass der Mensch Dinge (und Prozesse) so gestaltet, dass sie für sein Überleben relevant sind. Dies macht die „Bedeutung" der Dinge und Prozesse aus. In den gestalteten Dingen und Prozessen ist dann – die vorgängige Erfahrung inkorporiert vergegenständlicht. Durch Gebrauch dieser Dinge – man denke etwa an den Gebrauch von Werkzeugen – eignet man sich das in dem Werkzeug geronnene Erfahrungswissen an, macht es „flüssig" und so nutzbar für sich.

Aus diesem Prozess erklärt sich als weiteres Prinzip:
>> das Kumulative des Prozesses.

Es muss daher nicht jede Generation vom Nullpunkt an beginnen. Jeder wird in eine be-reits gestaltete (was eben auch heißt: bereits mit Sinn und Bedeutung angefüllte) Umgebung hinein und nimmt quasi en passant das hier verkörperte (Überlebens-)Wissen in sich auf.

Im Hinblick auf das Lernen lässt sich aus diesen Überlegungen festhalten:
>> Lernen hat Überlebensrelevanz in einem bestimmten kulturell definierten Milieu.
>> Lernen bezieht sich auf Wissen und Können und letztlich auf das Leben.
>> Lernen ist eng verbunden mit dem Leib in all seinen Dimensionen.
>> Lernen ist Tätigkeit.

Letzteres ist zu präzisieren. Der Mensch muss tätig sein Leben bewältigen. Es lassen sich so verschiedene Tätigkeitsformen unterscheiden: Arbeit, aber eben auch Spiel, Lernen, Soziales Handeln, politisches Handeln, ästhetisches Handeln.

Diese Kategorien lassen sich jedoch nur analytisch voneinander unterscheiden. Denn jede Arbeitstätigkeit ist gleichzeitig ein sozialer Prozess, setzt politische Grun-dentscheidungen über Arbeitsteilung voraus (und bestätigt diese performativ), ein ästhetischer Prozess, und alles ist begleitet von der Unvermeidbarkeit des Lernens. Auch die Bereiche der Persönlichkeit (Kognition, Emotion und Motivation, Phantasie etc.) sind nur analytisch zu trennen (selbst falls es zutrifft, dass bestimmte Regionen des Gehirns sich auf bestimmte Teilaufgaben spezialisiert haben). Dies betrifft auch die seit der Antike gewohnte Aufteilung des Mensch-Welt-Verhältnisses in
>> Wissenschaft (theoretischer Zugang)
>> Ethik und Moral (praktischer Zugang)
>> Kunst und Ästhetik (ästhetischer Zugang).

Ästhetisches Lernen macht sich die Möglichkeiten der Künste und des Ästhetischen zunutze. Doch was bedeutet dies? Offensichtlich ist es notwendig, sich näher mit den Künsten zu befassen.

Kunst, Ästhetik und die ästhetische Erfahrung als Basis des ästhetischen Lernens Ästhetik als Disziplin gibt es erst seit Mitte des 18. Jahrhunderts. A. Baumgarten hat sie – gegen den dominierenden kontinentalen Rationalismus gewendet – als Theorie der sinnlichen Erkenntnis eingeführt. Damit hat er Anschluss an die griechische Wortbedeutung „aisthesis" gefunden. Natürlich werden Fragen der Kunstqualitäten, v.a. der Schönheit, seit der Antike diskutiert, doch nicht unter der Rubrik der Ästhetik (vgl. Fuchs 2011b). Ebenso hat sich erst seit dieser Zeit die Autonomisierung der Künste vollzogen. Kunst war – v.a. auf der Grundlage des griechischen Begriffs der techne und seiner lateinischen Übersetzung der ars – eine „Kunst" im Sinne eines regelgeleiteten Handelns. Es war also eher ein Begriff, der sich auf das Handwerk, die „mechanischen Künste", bezog. Ein erster Kampf erfolgte darum, Künste (die bis Baumgarten jede für sich betrachtet werden) als artes liberales, als freie Künste zu betrachten, um aus den engen Vorschriften der Zünfte herauszukommen, die die mechanischen Künste organisierten.

Autonomisierung ist dabei ein durchgängiges Prinzip, wobei im antiken Griechenland zunächst die Künste die geistige Hegemonie hatten: Platon kämpfte für das Deutungsrecht der Philosophie gegen Homer und er kämpfte gegen die Künste in der Polis (Ausnahme Musik), obwohl er selber angesehener Schriftsteller war. Es kämpften dann die Künste später gegen den einengenden Zunftzwang, dann gegen ihre (adligen) Auftraggeber. Mit der Durchsetzung des Marktes im 19. Jahrhundert gewann man diese Freiheit, doch entwickelte sich dann in den einzelnen Sparten das jeweilige System von Menschen und Institutionen, die es mit der Herstellung und Verbreitung von Kunst zu tun hatten (von der Ausbildung in den Kunstakademien über den Handel zu den Museen und Kritikern – hier am Beispiel der Bildenden Kunst). In diesen Kunstsystemen gibt es einen ständigen Streit zwischen den Beteiligten, wer die Definitionsmacht über Kunst hat. Künstler beteiligten sich an dieser Debatte zwar auch mit Diskussionsbeiträgen, vor allem aber performativ durch ihre eigenen Kunstproduktionen, die immer auch als Stellungnahme zum vorherrschenden Kunstbegriff verstanden werden können. Die dichte Abfolge von Ismen spätestens seit der 2. Hälfte des 19. Jahrhunderts hat daher sowohl marktbedingte („Innovation") als auch kunsttheoretische Gründe.

Für das ästhetische Lernen spielt diese hier nur grob skizzierte Entwicklung durchaus eine Rolle. Denn es geht bei all diesen Auseinandersetzungen darüber, was eigentlich Kunst ist, auch um Qualitätsmaßstäbe: Das professionelle und selbstreflexive System Kunst ist ein hochrelevantes Referenzsystem auch für das ästhetische Lernen. Das heißt allerdings nicht, dass der Künstler als Rollenmodell oder die professionelle künstlerische Produktionsweise unmittelbar als Muster für pädagogische Prozesse dienen könnten. Denn die existentielle Unbedingtheit, mit der sich Künstler auf künstlerische Prozesse einlassen, ihre gesellschaftliche Funktionalität (sei es als Bohème oder als staatstragend), ihre Selbstausbeutung, ihre Überschreitung von Grenzen sind pädagogisch zu reflektierende Dimensionen, die nicht (sofort) auf die Arbeit mit Kindern oder Jugendlichen übertragen werden können. Zudem ist genau zu reflektieren, wie die Kunstideologien und hierbei vor allem kunstreligiöse Vorstellungen, die zum Beginn des 19. Jahrhunderts entstanden sind (eben weil die Künste auch eine ideologische Rolle bei der Konstitution des – v.a. deutschen – Bürgertums spielten), zu berücksichtigen sind. Bis heute finden sich solche Ideologeme in zahlreichen Legitimationen von Kunstausgaben. Zu dieser Debatte gehört auch der Umgang mit dem schwierigen Konzept der Autonomie (vgl. zu allem Fuchs 2011). Es kann hier nicht – auch nicht in Grundzügen – eine Ästhetikkonzeption entfaltet werden. Allerdings ist festzustellen, dass in pädagogischen Kontexten eine durchaus elaborierte Ästhetik-Debatte geführt wird.

Das betrifft zumindest vier Diskurse:
>> Zum ersten werden in den Fachdebatten zu den einzelnen künstlerischen Schulfächern (Theater, Bildende Kunst, Musik, aber auch Literatur und Tanz) fachspezifische Ästhetikdiskurse geführt.
>> Ästhetik als Reflexionsinstanz für alle Künste findet in meiner Wahrnehmung vor allem im Bereich der Grundschulpädagogik (Mattenklott 1998, Aissen-Crewett 1998) und in der Sozialarbeit (Jäger/Kuckhermann 2004) auf hohem Niveau statt.
>> Neben der Ästhetik als Bezugsdisziplin für die spezialisierten Felder ästhetischen (musikalischen, bildnerischen, theatralen) Lernens gibt es seit den 1980er Jahren eine Debatte über Ästhetik als Dimension für die gesamte Pädagogik (Koch u.a. 1994)
>> Und schließlich gibt es mit der Postmoderne seit den 1970er Jahren eine Ästhetikdebatte in der Gesellschaftsdiagnose. Die Postmoderne kann geradezu als Ästhetisierung der Gesellschaftsdiskurse verstanden werden.

All diese Debatten sind zwar auch relativ autonom und haben z. T. eigene wichtige Referenzautoren. So spielt etwa Schiller eine zentrale Rolle in allen Pädagogikdebatten, die Postmoderne-Diskurse nehmen ihn dagegen kaum zu Kenntnis. Die Debatten sind allerdings auch lose miteinander gekoppelt (Abb. 23).

Im folgenden sollen einige ausgewählte, pädagogisch relevante Themen aus der Ästhetik aufgegriffen werden.

Ästhetik im klassischen Verständnis als aisthesis hat es mit der sinnlichen Erkenntnis zu tun:
>> Es geht hier um (auch erkenntnistheoretische und wahrnehmungspsychologische) Fragen nach der Relevanz der Sinne und der Sinnlichkeit des Menschen, der entwicklungsgeschichtlichen Genese und ihrer sozialgeschichtlichen Formung (Wulf 1997).
>> Es geht um den Status der Wahrnehmung im Erkenntnisprozess des Menschen und der verschiedenen Theorien dazu.

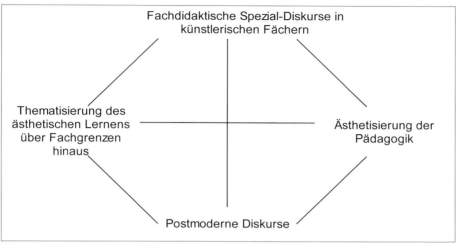

Abb. 23

>> Es geht um Fragen der Aufmerksamkeit, der individuellen Disposition der Wahrnehmung generell und speziell im Umgang mit ästhetischen Aspekten an Wahrnehmungsobjekten

>> Es geht um die Beziehung zwischen Wahrnehmung und Intellekt.

All diese Themen sind Gegenstand nicht nur des Ästhetik-Buches von Kant (Kritik der Urteilskraft), sondern auch seiner Grundlegung der theoretischen Erkenntnis (Kritik der reinen Vernunft).

In der Pädagogik hat dies dazu geführt, von „aisthetischem" im Unterschied zu „ästhetischem" Lernen zu sprechen.

Die Thematisierung der Sinne, also der Ausstattung des Körpers, die diesen in die Lage versetzt, in eine Erkenntnisbeziehung zur Welt (und zu sich) zu treten, ist ein Schwerpunkt in der phänomenologischen Zugriffsweise: Es geht um den Leib (in Abgrenzung zu dem physikalisch verstandenen Konzept des Körpers) in seiner Lebenswelt.

Zu diesem Themenkomplex gehört auch die Frage, wie Erfahrungen zustande kommen (etwa durch Reflexion der Perzeption). Auch geht man von einem durchgängig reflexiven Charakter der Sinnlichkeit und der Erfahrungen aus: Man sieht eben nicht nur einen Gegenstand, sondern man erlebt sich hierbei auch als Sehenden und macht beim Sehen zugleich Erfahrungen über das Sehen. Ingesamt bekennt sich heute kaum jemand zu dem Sensualismus, so wie ihn Locke (in Verteidigung der Sinne gegenüber ihrer Vernachlässigung im kontinentalen Rationalismus in Anschluss an Descartes) konzipiert.

Zugleich gehört in diesen Kontext die Frage, wie sich Begriffe oder sogar die Kantschen „Kategorien" entwickeln. Die vermutlich bekannteste, aber auch umstrittene Konzeption hat Jean Piaget vorgelegt. Andere Konzeptionen stammen etwa aus dem Umkreis der kulturhistorischen Schule (in Anschluss an Wygotski oder Leontiew). Diese Debatten sind hochrelevant für das ästhetische Lernen. Ein wichtiger Aspekt ist etwa, dass das wahrnehmende Subjekt keine passive Aufnahme fertiger äußerer Einflüsse erlebt, sondern aktiv an der „Produktion oder Konstruktion" von Wahrnehmungen und Erfahrungen mitwirkt. Aktivität, Handeln oder Tätigkeit werden also – je nach theoretischer Orientierung – zu zentralen Kategorien. Ich bevorzuge die Kategorie der Tätigkeit, die weitere schon genannte Kategorien nach sich zieht: Aneignung und Vergegenständlichung, die „einfachen Momente" Subjekt – Mittel – Objekt etc. (Als methodische Gliederungshilfe dient mir auch der Darstellung der Ästhetikdiskurse in Fuchs 2011, s. Abb. 24).

Ein zweiter Komplex betrifft das spezifisch Ästhetische am ästhetischen Lernen, speziell also die Frage, worin der Unterschied zwischen aisthetischem und ästhetischem Lernen besteht. Offensichtlich muss man sich hierbei genauer mit Bestimmungen des Ästhetischen befassen. Ich gebe einige Graphiken aus Fuchs 2011 wieder. Unter Nutzung des Tätigkeitskonzeptes kann man relevante Themen der Ästhetik wie in Abb. 24 gezeigt zuordnen.

SUBJEKT (z. B. Kant)	TÄTIGKEIT (z. B. Dewey)	OBJEKT (z. B. Hegel)
>> aisthesis i. S. von sinnlicher Erkenntnis	>> künstlerisch-ästhetische Praxis: Rezeption Produktion	>> das KUNSTWERK
>> ästhetische Erfahrung		>> Geschichte der Künste (Kunst-, Literatur- etc. -geschichte)
>> ästhetische Wahrnehmung	>> Formung, Gestaltung (Poiesis)	>> Verkörperung/Vergegenständlichung
>> ästhetische Bewertung/ ästhetische Urteilskraft	>> Konstruktion	>> ästhetische „Ontologie"
>> Katharsis	>> Bewegung in gestalteten Räumen	>> Baukultur; geformte Gegenstände
>> Geschmack	>> Dichten, Musizieren etc. als symbolische Tätigkeiten	>> Design, angewandte Kunst
>> ästhetisches Verstehen		
>> Sinne (Auge, Ohr, Nase, Mund, Tastsinn)	>> „symbolische Arbeit" (Willis)	
>> ästhetische Rationalität		
>> zwischen Subjekten: ästhetische Kommunikation		
>> Spüren, Leib		
>> Erfahren von Gegenständlichkeit		
>> Menschen im Raum (Stadt, Haus), d. h. Relevanz von Architektur und Stadtplanung		
Rezeptionsästhetik	Produktionsästhetik	Werkästhetik

(Linke Randbeschriftung: Zentrale Kategorien bzw. Ästhetikansätze)

Abb. 24 Annäherungen an die Ästhetik aus der Perspektive von Subjekt, Tätigkeit und Objekt

Auf der Basis von Kleimann 2002 lässt sich das ästhetische Weltverhältnis erfassen wie in Abb. 25 gezeigt.

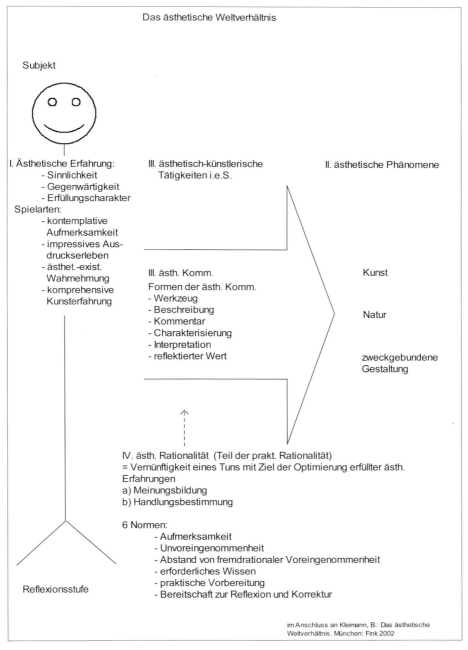

Abb. 25

Eine nützliche Unterscheidung nehmen die Graphiken 26 und 27 vor

Sinnliche Wahrnehmung

Ästhetische Wahrnehmung   Ästhetische Reflexion

Ästhetische Erfahrung

Abb. 26 Ästhetische Erfahrung

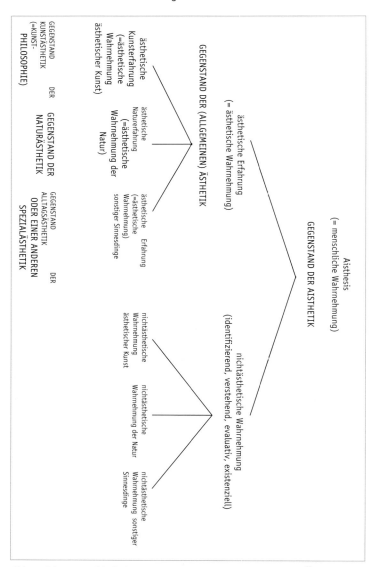

Abb. 27 Die unterschiedlichen Gegenstandsbereiche von Aisthetik, Ästhetik und Kunstästhetik

Es lässt sich auf dieser Grundlage also folgende Beziehung herstellen (Abb. 28)

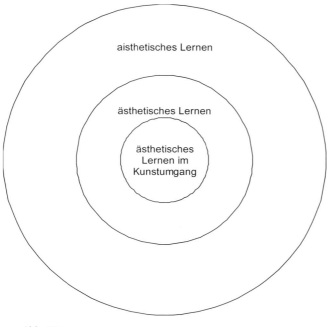

Abb. 28

Am Beispiel der Reflexivität lässt sich das Spezifische einer kunstorientierten ästheti-schen Weltwahrnehmung dadurch erklären, dass zu dem Aspekt der Perzeption und der Reflexion noch dazu kommt, dass man bei dem Umgang mit Kunst mit einer gewissen Vorerwartung auf den betreffenden Gegenstand oder Prozess zugeht: Man weiß, dass es sich um ein bewusst gestaltetes Objekt handelt, bei dem die (nicht eindeutig zu beant-wortende) Frage erlaubt ist: Was hat sich der Künstler dabei gedacht? Man weiß zudem, dass der „richtige" Umgang mit Kunst eine ästhetische Eingestimmtheit ist, also etwa die zeitweise Loslösung aus der Funktionalität des Alltags und eine damit verbundene Handlungsentlastung. Man darf neugierig darauf sein, wie der Künstler seine Selbst- und Weltwahrnehmung gestaltet hat. Ein Kunstwerk ist zudem ein gestalteter Kosmos für sich, sodass man nach den Gestaltungsprinzipien dieses Kosmos fragen kann.

All dies kommt in Vorstellungen und Zielen des ästhetischen Lernens zum Aus-druck, wenn – durchaus im Konsens – formuliert wird, dass es beim ästhetischen Lernen (also bei jeder Auseinandersetzung mit der ästhetischen Dimension von Wahrnehmungsobjekten) darum geht, ästhetische Erfahrungen (die entsprechend ermöglicht werden sollen) zu machen, aisthetische Reflexionen zu üben (also etwa Wert- und Qualitätsmaßstäbe zu entwickeln, anzuwenden, zu kommunizieren und ggf. zu revidieren).

Als eher assoziative Sammlung von Bestimmungen von Kunst, die jede für sich umfangreich begründet werden kann, mag die folgende Auflistung (Abb.29) dienen.

Was Kunst ist

>> das Allgemeine im Besonderen und Einzelnen
>> das Unsichtbare im Sichtbaren
>> das Gute und Wahre im Schönen
>> das Soziale im Individuellen
>> das Rationale im (scheinbar) Nicht-Rationalen
>> das Objektive im Subjektiven
>> das Geschichtliche im Gegenwärtigen
>> das Kognitive im Wahrnehmbaren/Sinnlichen
>> eine Möglichkeit, Kontingenz zu erleben
>> eine Erinnerung des Einzelnen an die Menschheit („in ästhetischer Katharsis gelangt das partikulare Alltagsindividuum zum Selbstbewusstsein der Menschengattung"; Lucacs)
>> gleich ursprünglich wie Sprache, Religion, Mythos, Wissenschaft, Wirtschaft und Politik als symbolische Form (i. S. von Cassirer)
>> eine Weise der Welt- und Selbstwahrnehmung
>> eine Weise der Welt- und Selbstgestaltung
>> Erleben von Freiheit (Kontingenzerfahrung/Möglichkeitswelten)
>> Lust am Schöpferischen
>> Umgang mit Symbolen (Das Symbol = Beziehung zwischen Sinnlich-Wahrnehmbarem und Bedeutung)
>> Bedeutungsvielfalt (das „offene Kunstwerk"; Eco)
>> auf der Seite des Subjekts: ästhetische Wahrnehmung (man weiß, dass es Bedeutung(en) gibt, man wird animiert zum Nachdenken über die Bedeutung(en), man ist entlastet, weil man nicht ein einzige („wahre") Bedeutung herausfinden muss)
>> eine Vielzahl von Kunstwirkungen, vielleicht sogar von Kunstfunktionen

Abb.29: Was Kunst ist

Es liegt auf der Hand, dass sich ein pädagogisch interessierter Zugang zur Ästhetik vor allem dafür interessiert, was im rezipierenden und produzierenden Subjekt geschieht. Die zentrale Kategorie hierfür ist die der *ästhetischen Erfahrung*. Im Zuge der Entwicklung der Ästhetik und des Diskurses über das (Kunst- oder Natur-)Schöne kann man über die Zeiten eine Verschiebung des Interesses vom Werk zum Subjekt feststellen. Diese Entwicklung beginnt im 18. Jahrhundert, hat mit der „Kritik der Urteilskraft" von I. Kant einen Höhepunkt, erhält zwar durch die objektorientierte Ästhetik Hegels eine Konkurrenz, aber bleibt seither zentral. Auch die Entwicklung einer psychologischen Ästhetik im 19. Jahrhundert, die Versuche einer empirischen Erfassung von Kunstaktivitäten verstärkt diese Subjektorientierung. Küpper/Menke (2003, S. 7f) beschreiben dies:

„‚Ästhetische Erfahrung' ist der Leitbegriff, der die Diskussion der Ästhetik seit ihrem bis heute nachwirkenden Neueinsatz in den späten sechziger und frühen siebziger Jahren des 20. Jahrhunderts geprägt hat". Dieser Ansatz ... „wendet sich ab von einem Bild in sich ruhender Gegenstände und hin zu den Prozessen der Aneignung, Beurteilung, Verwendung und Veränderung, die sich auf diese Gegenstände richten."

Vor diesem Hintergrund ist es wichtig, genauer darüber informiert zu sein, was Erfahrung eigentlich ist (so die Frage des phänomenologisch orientierten Philosophen und Psychiaters Thomas Fuchs 2003).

Explizit spricht er von einer „Kunst der Wahrnehmung". Zu dieser gehört es, ein „Gefühl für Stil, Charakter und Eigentümlichkeit der Dinge" zu entwickeln. Eine pädagogisch relevante Schlussfolgerung zog seinerzeit schon Selle/Boehe 1986, als er über „ein Leben mit den schönen Dingen" schrieb und sich auch intensiv mit Design befasste. Wenn heute eine wichtige Forderung „Die Schule muss schön sein!" lautet, so bezieht dies die Rolle des Leibes im gestalteten Raum ein, wobei Atmosphäre, Stimmung etc. – also die phänomenologischen Kernbegriffe, die kaum quantitativ erfassbar sind – relevant werden. Wahrnehmung, so Fuchs (a.a.O.) weiter, wird zur Kunst durch Können, was einen geübten Umgang mit den Dingen einbezieht. Nicht von ungefähr zitiert er das Beispiel eines Fischers (von M. Serre), der zeitlebens ohne Karte und Navigationsgeräte ausgekommen ist. Die Kategorie der Navigation (so bereits Röll, etwas früher schon von H. Glaser vorgeschlagen) und der Orientierung, die der Sinne bedürfen, spielt eine Rolle (Stegmeier 2008).

Bemerkenswert sind seine Elemente der Erfahrung.
1. „Erfahrung erwirbt man durch *Wiederholung*. Denn sie bezieht sich nicht auf einmalige Ereignisse oder Erinnerungen, sondern auf das Wiederkehrende, Ähnliche, Typische; sie stellt einen Extrakt aus vielen Einzelerlebnissen dar.
2. Erfahrung resultiert somit aus erlebten *Situationen* – „Erfahrungen" – d. h. unzerlegbaren Einheiten leiblicher, sinnlicher und atmosphärischer Wahrnehmung. Im Erlebnis des Meeres, des Windes, der Schiffsbewegung wirken Sehen, Hören, Tasten, Geruch, Gleichgewichtssinn u.a. synästhetisch zusammen. Die Analyse dieser Erfahrung in Einzelmomente führt nicht mehr zurück zum ganzheitlichen Wahrnehmungseindruck, der die Situation ausmacht.
3. Situationen sind zentriert auf den Leib: Der Erfahrene bewegt sich nicht im abstrahierten Raum der Landkarte oder der Geographie, sondern im Raum der *„Landschaft"*, strukturiert durch leibliche Richtungen, rechts und links, hier und dort, Nähe und Ferne, Zentrum und Horizont.
4. Die situative Einheit der Erfahrung schließt die Beweglichkeit des Leibes ein: „Erfahren" ist eine *Tätigkeit*. Erst der Gestaltkreis von Wahrnehmungen und Eigenbewegung, von „Bemerken" und „Bewirken" vermittelt die persönliche Kenntnis der jeweiligen Materie und erlaubt schließlich den geschickten Umgang mit ihr.
5. Erfahren bedeutet andererseits auch ein *Erleiden*, nämlich Begegnung mit dem Fremden, Unbekannten, Anderen; daher hat sie es mit dem *Widerstand*, der Widrigkeit der Dinge zu tun. Erfahren ist, wer gelernt hat, Gegenkräfte zu überwinden oder ihnen auszuweichen, Umwege zu gehen, Hilfsmittel zu gebrauchen und Listen zu finden.

6.   Dabei entwickelt der Erfahrene einen besonderen Sinn für Charakter, Stil und *Physiognomie* seines Gegenstandes. Seine Wahrnehmung wird einerseits reich an Unterscheidungen und Nuancen, andererseits erweitert sie sich oft um einen „siebten Sinn", ein Gespür oder Vorgefühl, also eine intuitive, ganzheitliche Erfassung der Atmosphäre einer Situation.

7.   Dieses Wahrnehmen, Wissen und Können des Erfahrenen ist immer nur unvollständig in Worte zu fassen. Als *„implizites Wissen"* aktualisiert es sich im praktischen Vollzug, lässt sich jedoch in diskursiven oder axiomatischen Sätzen nicht hinreichend aussagen. Erfahrung kann daher auch letztlich nur durch Vorbild gelehrt und durch Nachahmung erlernt werden.

[Thomas Fuchs in Hanskeller 2003, S. 70f.].

Erfahrung entsteht durch Aktivität, hat eine zeitliche Dimension (sie wurde früher gemacht, um für später gerüstet zu sein), sie ist Abarbeiten an Widerständen („Widerfahrnisse"), sie führt zu *intuitivem* Wissen und Können, zu implizitem Wissen. Genau dies thematisiert Pierre Bourdieu (1998) als praktischen Sinn, der durch Habitualisierung en passant in entsprechenden Situationen durch ständige Wiederholung („performativ" und mimetisch, wie man sagen könnte) erworben wird. Es geht um das Leibgedächtnis, so wie es stark bei Tänzern ausgeprägt ist bzw. durch Tanzen gefördert wird. Erfahrung wird von Th. Fuchs in die Nähe zur Intuition gebracht, wenn es bei rational nicht klar zu bewertenden Situationen zu Entscheidungen kommen muss. Wichtig in diesem Zusammenhang ist die Frage nach dem Verlust von Erfahrung (ebd., S. 81ff), wenn also der leibliche Kontakt mit der Welt verloren geht. Die Beispiele von Fuchs betreffen Entsinnlichung als Teil unserer kulturellen Entwicklung, die Präsentation der Welt nur noch durch Bilder, die szientifische Infragestellung der Lebenswelt – etwa in der Gerätemedizin. Es liegt auf der Hand, dass man diese Themenstellung vertiefen muss, da unsere Lebenswelt heute entschieden eine Medienwelt ist. Häufig werden – v. a. in der politischen Diskussion über Medien – Verbote ausgesprochen, was letztlich wenig mit dem Ziel zu tun hat, die Heranwachsenden handlungsfähig in unserer Welt, wie wir sie vorfinden, zu machen. Immerhin wichtig sein abschließender Hinweis: der homo sapiens ist der schmeckende Mensch, da das lateinische sapere wissen und schmecken bedeutet.

Immerhin ist der hier erneut begründete Appell zur Berücksichtigung der Ganzheitlichkeit der menschlichen Welt- und Selbstverhältnisse hochrelevant. Man erinnere sich: Descartes als Begründer der modernen Philosophie hat durch seine Zweiteilung in eine res extensa und eine res cogitans den Weg frei machen wollen dafür, dass der Mensch ohne theologische Bevormundung die Natur erforschen konnte. Immerhin war er Zeitgenosse von Bacon, Galilei und Kepler. Der Begründer der Phänomenologie, Edmund Husserl, von Hause aus Mathematiker (er hat bei Weierstrass, einem der führenden Mathematiker seiner Zeit, promoviert), hat sich zeit seines Lebens mit Descartes befasst. Denn recht bald nach Descartes begann nicht nur die „Mechanisierung des Weltbildes" aufgrund der schlagenden Erfolge der „experimentellen Philosophie" (so nannte man die Physik), es begann auch sofort die Kritik an szientifischen Verkürzungen dieser Weltzugangsweise, wenn sie auf andere als messbare Sachverhalte ausgedehnt wird. Es ist eine recht komplexe Diskurslage, in der mit der algebraischen und der geometrischen Methode gleich zwei Denk-Paradigmen vorlagen, die eine starke Ausstrahlung auf alle Wissensbereiche hatten. Selbst Newton verwendete die axiomatische Methode in der Darstellung seiner Ergebnisse, er zeigte jedoch nur einen Weg des Findens der ersten Prinzipien auf. Die Algebra brachte das Rechnen, den operativen Umgang mit kleinsten Partikeln ins Bewusstsein, ein konstrukivistisches Verfahren, das auch in der Philosophie (etwa von Hobbes) aufgenommen wurde. Diese Idee reicht bis zu der These von Vico, dass der Mensch nur das verstehen kann, was er selbst gemacht hat. Vico übertrug diesen Gedanken auf die Geschichte, die deshalb verstanden werden kann, weil der Mensch sie selbst gemacht hat (vgl. hierzu Fuchs 1984).

Husserl (1976) setzt sich in seinem letzten Werk, dem „Krisis-Buch", mit den Verkürzungen auseinander, die die Anwendung der mathematisch-naturwissenschaftlichen Methode in der kulturellen Entwicklung der Moderne mit sich gebracht hat. Dies ist der philosophische Hintergrund der Ausführungen von Thomas Fuchs. Als Ausweg aus dieser Verengung schlägt Husserl in seinem letzten, erst sehr viel später veröffentlichten Kapitel seiner Krisis-Studie (1976) „Lebenswelt" als deutungsreiche Kategorie vor. Seither arbeiten sich die Phänomenologen intensiv an solchen szientifischen Verkürzungen ab: Husserl an der empirischen Psychologie seiner Zeit, Merleau-Ponty ebenfalls, spätere Phänomenologen nehmen sich Piaget (seinen Lehrstuhlnachfolger) aufs Korn. Aktuell gibt es (m. E. auch notwendige) Streitschriften gegen die naturwissenschaftlichen Verkürzungen des menschlichen Geistes durch die Neurowissenschaften (s. etwa Meyer-Drawe 2008).

Ästhetisches Lernen

Auf der anthropologischen Ebene scheint alles geklärt zu sein: Der Mensch ist ein kulturell verfasstes Wesen. Er gestaltet sich und seine Umwelt. Hierzu dienen die symbolischen Formen, zu denen Kunst gehört. Ein ästhetischer Zugang ist im Rahmen der Philosophie nicht weiter begründungspflichtig, da er neben dem theoretischen und dem praktischen Zugang eine gleichberechtigte Rolle spielt. Wolfgang Welsch (1996) hat schließlich – durchaus als Fazit der Entwicklungen in den letzten 200 Jahren – mit dem Konzept der transversalen Vernunft zwar auch die Besonderheit jedes der drei Zugänge zur Welt, aber eben auch ihren Zusammenhang dargestellt. Der Mensch ist zudem ein lernendes Wesen. Auch dies ist auf der anthropologischen Ebene unstrittig. Alle Dimensionen, sein Intellekt und seine Sinnlichkeit, seine Phantasie und sein Beurteilungsvermögen lassen sich in ihrer Genese verfolgen. Der Mensch ist zudem ein aktives Wesen. Nur durch Tätigkeit konstituiert er sich und gestaltet seine Welt. All dies lässt sich nunmehr zusammenführen in einem Konzept des ästhetischen Lernens. In Abb. 22 werden einige Bestimmungsmomente des hier verwendeten Lernkonzeptes verdeutlicht.

Insbesondere ästhetisches Lernen ist ein aktiver Vorgang, ist Konstruktion und Produktion, knüpft an (nicht nur) ästhetischen Erfahrungen an und ist erfahrungsoffen, ist ein Lernen mit allen Sinne, berücksichtigt den Leib und seine lebensweltliche Eingebundenheit.

Ästhetisches Lernen kann über künstlerische Produkte geschehen, doch ist das Ästhetische als Gestaltetes in allen Wahrnehmungsobjekten auszumachen. Wie Schiller in seinem 22. Brief zur ästhetischen Erziehung schreibt: Eine Erziehung durch Kunst schlägt um in eine Erziehung zur Kunst, ein Gedanke, der bis hin zum „Wow-Faktor" von Ann Bamford (2010) eine Rolle spielte: education through the arts oder to the arts. Es ist – wie vieles – eine bloß analytische Trennung, die – wenn man sie zu ernst nimmt – rein ideologisch wird. Ästhetisches Lernen meint also beides: Das Erlernen des Ästhetischen, etwa im Sinne der seinerzeit von Mollenhauer vorgeschlagenen „ästhetischen Alphabetisierung" – durchaus an Gegenständen elaborierter Kunst, so wie er es in seinem Buch „Ästhetische Grundbildung" (1996) gezeigt hat. Ästhetisches Lernen kann jedoch an jedem anderen Gegenstand geschehen: Das Ästhetische ist auf der Seite des Objekts eine überall vorzufindende Dimension.

Auch das ästhetische Handeln kann enger und weiter verstanden werden: enger, insofern es sich an dem klassischen Kunstkanon orientiert und etwa die künstlerische Praxis meint (Singen und Musizieren, Theater spielen etc.). Es kann aber auch in einem weiteren Sinn als jegliche Form von Tätigkeit betrachtet werden.

Auf der Seite des Subjekts ist vor allem die spezifische ästhetische Verfasstheit zu sehen: Das Eingestimmtsein auf Handlungsentlastung, auf die Neugierde auf und Freude an Gestaltungsprozessen, auf das Sich-Selbst-Erleben in ästhetischen Gestaltungsprozessen.

Abb. 30

Es ist kein Zufall, wenn Ästhetikkonzeptionen immer wieder auf das Subjekt zu- rückkommen: Auch die Gestaltung oder Erfassung von „Schönheit" an einem Objekt verweist letztlich auf die Fähigkeit des Menschen, diese zu erfassen oder sogar herzustellen und dabei Freude, Genuss oder Befriedigung zu empfinden. Der Mensch ist sich selbst beides zugleich, die größte Last und die größte Lust.

All diese Aspekte können m. E. nicht in einem rigiden verhaltenspsychologi- schen Ansatz erfasst werden. Es ist zudem kein Zufall, dass in einem Buch, das der Wiedergewinnung des Lernbegriffs durch die Pädagogik gewidmet ist (Göhlich u.a. 2007), solche Lernformen auftauchen, die speziell im ästhetischen Lernen eine Rolle spielen: Der Leib, das Performative und Mimetische, der Umgang mit sich und seiner Geschichte etc. Es ist auch kein Zufall, dass Vertreter einer nicht-behavioristischen Lerntheorie, etwa John Dewey, der mit seinem handlungs- und lebensweltorientierten Ansatz immer wieder neu entdeckt wird, sich auch intensiv mit Kunst befasst haben: Kunst als Erfahrung, die handelnd gemacht wird (Dewey 1980).

Die Künste scheinen zudem ein Erfahrungsfeld zu sein, an dem das Genuine von Lernprozessen geradezu in Reinkultur zum Ausdruck kommt. So gibt es den wichtigen Hinweis darauf, dass Lernen nicht bloß ein kontinuierlicher Akt einer fortlaufenden Erweiterung ist, sondern man vielmehr immer wieder mit Hindernissen und Widersprüchen und auch mit der Notwendigkeit eines Umlernens konfrontiert wird: Lernen und Negativität gehören zusammen.

Zu einem zeitgemäßen Konzept von ästhetischem Lernen gehören auch solche Themen wie Üben oder Gedächtnis: Das Gedächtnis, so kann man sagen, ist unsere Verbindung zur Vergangenheit. Sofern Bildung auch die Entwicklung eines bewussten Verhältnisses zur Zeit ist, darf man das Gedächtnis nicht vernachlässigen. Gedächtnis hat jedoch – beim Einzelnen, vor allem aber auch in sozialen Kontexten – sehr viel mit Konstruktion und auch mit Macht zu tun. Und Üben ist kein verzichtbares lästiges Beiwerk, sondern Bedingung der Möglichkeit, Könnerschaft zu erwerben. Diese wiederum ist notwendig, wenn eine künstlerische Gestaltung ein wichtiges Kriterium von Kunst erfüllen soll, nämlich öffentlich gezeigt zu werden. Wenn ästhetisches Lernen ein Weg ist, Selbstwirksamkeit – also eigene Produktivität – zu erfahren, dann gehört die Herstellung von Öffentlichkeit dazu. Denn dies ist der Weg, Anerkennung zu erfahren.

Betrachten wir einzelne Aspekte aus dem Komplex des ästhetischen Lernens etwas genauer.

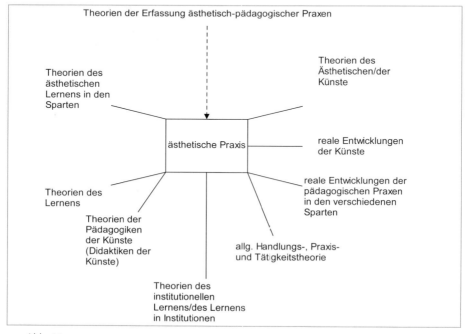

Abb. 31

Erfassen der ästhetischen Praxis

Um eine weitere Klärung des Konzeptes des ästhetischen Lernens vornehmen zu können, braucht man eine Vermessung des Feldes der ästhetischen Praxis. Die folgende Graphik (Abb.31) zeigt eine erste Topographie der relevanten Diskurslandschaft und der realen Entwicklungen, in die ästhetische Praxis und ihre Reflexion eingeordnet ist.

Überblick über gängige Lerntheorien
Abbildung 32 gibt einige grundlegende Informationen über verbreitete psychologische Lerntheorien:

KATEGORIE	BEHAVIORISMUS	KOGNITIVISMUS	KONSTRUKTIVISMUS
Gehirn ist ein	passiver Behälter	informationsverarbeitendes Gerät	geschlossenes System
Welt	...kann nicht Gegenstand der Theorie sein		...existiert außerhalb des Bewusstseins
Wirklichkeit	... ist die Lernsituation	...bestimmt die Denkstruktur	Das Gehirn legt Welten fest, konstruiert sie
Wissen wird	abgelagert	verarbeitet	konstruiert
Wissen ist	...eine konkrete Input-Output-Relation, ...die Lerngeschichte	... ein adäquater interner Verarbeitungsprozess	... mit einer Situation operieren zu können, ... nie abgeschlossen
Symbole sind	... nicht Gegenstand der Theoriebildung	... mentale Repräsentationen der objektiven Außenwelt	... mentale Konstruktionen der subjektiven Innenwelt
Lernziele	richtige Antworten	richtige Methoden zur Antwortfindung	komplexe Situationen bewältigen
Paradigma	Stimulusresponse	Problemlösung	Konstruktion
Strategie	Lehren	Beobachten und helfen	Kooperieren
LehrerIn ist	Autoritätsperson	TutorIn	Coach, TrainerIn, SpielerIn
Feedback wird	extern vorgegeben	extern modelliert	intern modelliert
Interaktion	starr vorgegeben	dynamisch in Abhängigkeit des externen Lernmodells	selbstreferentiell, zirkulär, strukturdeterminiert (autonom)
Intelligenz	... kann nicht Gegenstand der Forschung sein	... ist die Fähigkeit zum Problemlösen	... ist die Fähigkeit, in eine mit anderen geteilte Welt einzutreten

Abb.32: Aussagen zu Lehren und Lernen aus der Sicht verschiedener Paradigmen
Quelle: Steinbach, Chr.: Pädagogische Psychologie 2003

Lernformen und Lernbereich – einige Unterscheidungen und Zusammenhänge
Göhlich/Zirfass (2007) unterscheiden ähnlich wie Delors (1997) vier Bereiche: Wissen lernen, Können lernen, Leben lernen und Lernen lernen.

Einen weiteren nützlichen Zusammenhang zeigt die folgende Graphik (Abb. 33), die bereits die institutionellen Kontexte der Lernprozesse einbezieht.

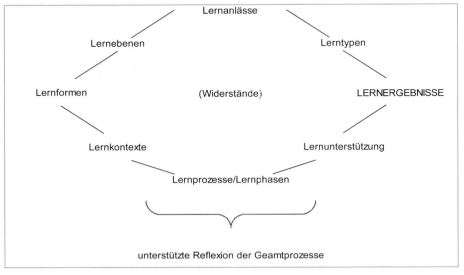

Abb. 33

Einen weiteren Ordnungsversuch zeigt Abb. 34.

alle	Formen des Lernens	In allen Hand-lungsformen	In den Lernbereichen	In verschiedenen Lernorten
	kognitiv	>> herstellen	Können	Schulen
	emotional	>> sprachlich kommunizieren	Wissen	außerschulische Orte
Lernen	sozial	>> sich treffen	Leben	Orte des informellen Lernens (Familie, öffentliche Orte, Medien etc.)
	kreativ	>> rezipieren	Lernen lernen	Betrieb

Abb.34: Ordnungsschema Lernen

Idealtypische Abfolge von Lernprozessen

Eine idealtypische Abfolge eines Lernprozesses kann wie in Abb. 35 modelliert werden.

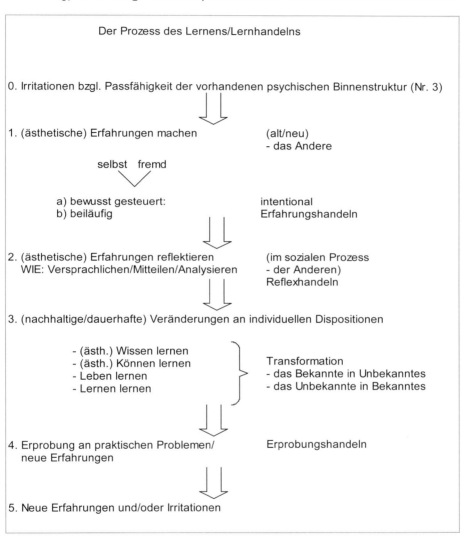

Abb. 35

Ästhetisches Lehren – eine Zwischenbilanz

Der übliche „Lehr-/Lernkurzschluss" (Holzkamp) versteht Lernen als Produkt des Lehrens. Zeitgemäße Theorien des Lernens nehmen zu dieser Vorstellung Abstand. Es bleibt aber dann die Frage, wie die Anleitung oder Ermöglichung von Lernen in intentional angelegten Settings überhaupt erfolgen kann. Was kann der Lehrer tun und welche Professionalität braucht er dafür? Geht es bei dem ästhetischen Lernen darum, Erfahrungen zu machen – als Eigenwert und als Basis bzw. Gegenstand von weiteren Reflexionen –, dann ist eine zentrale Aufgabe in der Anleitung dieser Prozesse, solche Erfahrungen zu ermöglichen. Ein erster Schritt besteht dann in der Gestaltung eines anregungsreichen Milieus. Eine zweite Handlungsstrategie besteht darin, etwas zu zeigen, zu präsentieren (Prange 2005). Dies ermöglicht auf der Seite der Lernenden, Prozesse der Mimesis in Gang zu setzen. Wichtig ist zudem die Gestaltung der Atmosphäre. Besteht eine entscheidende Lernmöglichkeit darin, unter der Bedingung der Handlungsentlastung sich mit Gestaltung auseinanderzusetzen, dann hat dies Folgen für das Anleitungsverhalten: Denn eine solche Atmosphäre muss geschaffen werden. Dies bedeutet generell eine spezielle Haltung in der Anleitung: Anerkennung, Ermutigung, Animation.

Auch und gerade Prozesse der Selbstreflexion brauchen eine Atmosphäre des Vertrauens. Denn ästhetische Praxis (als Basis des ästhetischen Lernens) heißt immer auch: Entäußerung. Es kommen Dinge zum Vorschein – etwa Aspekte des intimen Selbst –, die man im Alltag normalerweise nur kontrolliert zur Sprache bringt.

Als Kernkompetenzen ästhetischen Lehrens kann man also bislang benennen:
>> Zeigen
>> Vorführen
>> Animation/Ermutigung
>> Anerkennen und Wertschätzen
>> Atmosphäre schaffen
>> auf der Basis einer zugewandten unterstützenden Haltung.

Horizonte ästhetischen Lernens

Ästhetisches Lernen kann sich eng abgegrenzt auf eine einzelne Situation beziehen, es kann aber auch zum Gestaltungsprinzip des ganzen Lebens werden. Es sind folgend Unterscheidungen denkbar:
>> punktuelles ästhetisches Lernen in zeitlich abgegrenzten Situationen
>> ästhetisches Lernen in einem Schulfach: Fachdidaktik
>> ästhetisches Lernen in einem (schulischen oder außerschulischen) Projekt
>> ästhetisches Lernen als allgemeines didaktisches Prinzip in allen Fächern: Lehrkunst/Lernkunst
>> ästhetisches Lernen als Organisationsprinzip für die gesamte Einrichtung (s.u.): die Kunst der Schule

>> ästhetisches Lernen als Organisationsprinzip für alle pädagogischen Kontexte
>> ästhetisches Lernen als Grundprinzip der Lebensgestaltung: (ästhetische) Lebenskunst; der Mensch als Ästhet.

Die gesellschaftlichen Kontexte ästhetischen Lernens

Der Mensch ist ein gesellschaftliches Wesen. Selbst seine Individualität kann er nur auf der Basis intersubjektiver Verhältnisse entwickeln. Bildung, so wurde es oben beschrieben, ist individuelle Aneignung je gesellschaftlich vorhandener Gestaltungskompetenzen der Lebensbedingungen. Diese Überlegung hat folgende Konsequenzen:

„Die Gesellschaft" kann entsprechend einer systemtheoretischen Zugangsweise in die Subsysteme Politik, Wirtschaft, Gemeinschaft und Kultur aufgeteilt werden. Der Einzelne muss handlungsfähig in jedem dieser Felder werden. Man spricht hier von politischer Sozialisation, Qualifikation, Allokation/Selektion und Enkulturation, so wie sie (im Anschluss an Fend) vor allem als Funktionsbeschreibung des öffentlichen Schulsystems beschrieben werden. All dies realisiert der Einzelne durch Handeln in verschiedenen Kontexten, bei dem alle Dimensionen seiner Persönlichkeit geformt werden (Abb. 36).

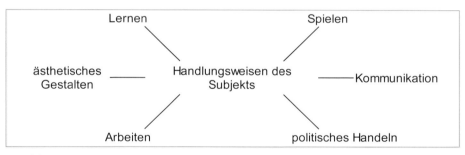

Abb. 36

Die Genese der jeweils in einer Gesellschaft benötigten/gewollten Form von Subjektivität wird dabei nicht dem Selbstlauf überlassen, sondern geschieht u.a. durch ein aufwendiges Bildungssystem. Im Zuge der Durchsetzung der Moderne wurde sowohl die für das geplante Lernen vorgesehene Lebenszeit als auch das System, das dieses bewirken soll, immer weiter ausgebaut. Dabei geht es nicht nur um eine maximale Entwicklung von Begabungen: Der ganze Prozess muss in einem politischen Rahmen, d.h. unter dem Aspekt von Macht und Herrschaft gesehen werden. Wenn es heute in Deutschland erhebliche Probleme mit der Gewährung von Teilhabechancen gibt, wobei bestimmte Bevölkerungsgruppen in besonderer Weise benachteiligt werden, dann kommt darin dieser Machtaspekt deutlich zum Ausdruck.

Als ein Vorschlag, diese soziale und politische Dimension des organisierten Lernens zu begreifen, kann die Bildungs- und Kultursoziologie von Pierre Bourdieu zugezogen werden. Sein in unserem Zusammenhang zentraler Begriff bei der Produktion erwünschter Subjektformen ist der Begriff des Habitus. Insbesondere für das informelle Lernen liefert „Habitus" ein gutes Konzept der Erklärung. Der Habitus erfasst die allgemeine Disposition zur Welt, die Wahrnehmungs-, Denk- und Handlungsschemata, so wie sie handelnd in den verschiedenen Alltagspraxen erworben und angewendet werden. Der Habitus stattet milieuspezifisch Menschen mit Kompetenzen zur Bewältigung ihrer lebensweltlich anstehenden Aufgaben aus. Interessant – aber bisher noch nicht hinreichend untersucht – ist der Zusammenhang zwischen expansivem Lernen (i.S. von Holzkamp) und der Habitusentwicklung (Bremer in Faulstich/Ludwig 2004, S. 263 – 274). Die von Bremer angesprochenen Probleme sind relevant: So entsteht der Habitus eher beiläufig im Alltagshandeln, sodass die Gefahr besteht, milieusprengende ästhetische Erfahrungen erst gar nicht machen zu können (eben weil sie nicht zum Alltag des Milieus gehören). Ein „lernender Weltaufschluss" (Holzkamp) durch neue Dispositionen muss also anders als durch beiläufige Habitualisierung erworben werden. Ein Problem scheint auch zu sein, dass der Holzkampsche Ansatz stark kognitiv orientiert ist, wobei Bourdieus Praxisbegriff entschieden den Leib und das Lernen des Körpers einbezieht. Dies ist ein Grund dafür, dass insbesondere Tanz und Bewegungserziehung das Habitus-Konzept mit seinem Weg der „Inkorporierung" eine wichtige Rolle spielt. Die symbolische Besetzung des Raumes, die Bourdieu in seinen frühen Studien in Nordafrika unternommen hat, verrät zudem eine Nähe zur Phänomenologie von Merleau-Ponty.

Eine gute Zusammenfassung der bisherigen Überlegungen liefert ein längeres Zitat von Fauser/Veith:

> „Mit dem Begriff Bildung wird die selbsttätige und zunehmend reflexiv werdende Auseinandersetzung des Menschen mit seiner historisch überlieferten, gesellschaftlich und symbolisch strukturierten Umwelt bezeichnet. Dabei erscheint der Bezug zur Kultur als eine ebenso selbstverständliche wie notwendige Bedingung der Persönlichkeitsentwicklung. Bildung realisiert sich in der von Vernunft geleiteten Beschäftigung mit menschlichen Erfindungen. Diese sind in Form von Gebrauchsgegenständen, Institutionen und Symbolen kulturhistorisch inventarisiert. Über Sprache und Literatur, Wissenschaft und Technik, Philosophie und Ethik, Religion und Kunst werden sie tradiert.
> Der Begriff des ästhetischen Lernens akzentuiert die sinnliche Dimension der Aneignung und Vergegenständlichung. In der menschlichen Sinnesausstattung sind jedoch nur die Grundmodalitäten der gegenständlichen Wahrnehmung festgelegt. Wir sehen Konturen, Farben und Muster, hören Geräusche und Töne, empfinden Wärme und Kälte, Berührung und Schmerz, riechen Düfte, schmecken Unterschiede zwischen süß und sauer, salzig und bitter und registrieren, wenn wir uns bewegen, sensibel Gleichgewichts- und Richtungsänderungen. Eine verlässliche Auskunft auf die Frage, ob das, was wir dabei erleben, angenehm und schön ist oder als Missempfindung Abwehr provoziert, geben uns die Sinne nicht. Ganz offenbar steht die Kulturbedeutung eines Objekts im Zusammenhang mit den lebensweltlichen Praktiken von Gemeinschaften. Sie lassen sich also weder aus der neurophysiologischen noch aus der psychologischen Organisation der Wahrnehmungsprozesse alleine herleiten. Das Wahrnehmungssystem stellt sicher, dass wir in der Mannigfaltigkeit von Sinnesdaten die Welt als eine konstante Gegebenheit erkennen können. Es unterliegt jedoch durchaus Täuschungen.

Man lernt mit den Sinnen

In unsere Sinneswahrnehmungen mischen sich stets Erfahrungen und Vorstellungen, die wir im Medium kulturell definierter symbolischer Wissenssysteme und normativer Ordnungen begrifflich ordnen und reflektieren. Deshalb ist das, was die Menschen sehen, mehr als nur ein Produkt der sinnlichen Informationsverarbeitung. Psychologisch betrachtet, sind unsere inneren Bilder und Erlebnisformen gesellschaftlich imprägnierte subjektive Konstruktionen, die nur im Kontext bestimmter sozialer Praktiken sinnvoll und verstehbar werden. Die soziokulturelle Schematisierung der Sinne beginnt mit ersten Lebensäußerungen und verfestigt sich zu individuellen „Habitus" (Bourdieu) noch bevor die Heranwachsenden ihre Welt begrifflich ordnen. Man lernt mit den Sinnen, wie die Gegenstände, mit denen man umgeht, in der Gemeinschaft, in der man lebt, gehandhabt, symbolisch gedeutet und wahrgenommen werden. In diesem elementaren, nicht auf physiologische und psychologische Struktureigenschaften des menschlichen Körpers reduzierbaren Sinn, strukturieren ästhetische Wahrnehmungsschemata unsere sinnlichen Erfahrungen und Vorstellungen von Welt, aber auch unser Selbstverständnis und Begriffe von Subjektivität und Reflexion. In der Regel wird die sozialisatorische Dimension von ästhetischem Lernen nicht thematisiert.

Wir sind intuitiv davon überzeugt, dass unser Geschmack und Bewegungsempfinden einer fiktiven Normalnorm entsprechen. Gleichzeitig jedoch wissen wir, dass die ästhetischen Maßstäbe, an denen wir uns orientieren, in Abhängigkeit von sozialen Lagen oder kulturellen Zugehörigkeiten stark variieren. Unter Pluralitätsbedingungen wird ästhetisches Lernen deshalb auch zur kulturellen Herausforderung. Denn in dem Augenblick, in dem wir begreifen, dass die sinnlichen Beziehungen zur Welt kulturell konfiguriert sind, werden wir uns des konstruktiven Charakters unserer eigenen Wahrnehmungs- und Ausdrucksformen bewusst. Erst mit diesem Wissen wird das ästhetische Lernen kreativ und reflexiv – und zwar sowohl in Bezug auf den Lernprozess als auch auf die habitusbildenden gesellschaftlichen Praktiken. Man beginnt dem bloßen Augenschein zu misstrauen, stellt seine Sinneserfahrung oder die sinnlichen Inszenierungen der anderen in Frage und sucht nach neuen Formen der Wahrnehmung und Präsentation. Insofern bilden sinnliche Erfahrungen den Ausgangspunkt und das Korrektiv von Lernprozessen, die weit über die ästhetische Dimension hinaus auch Lernen inspirieren". (Fauser/Veith 2011)

Prinzipien des ästhetischen Lernens

Kern der kulturellen Bildungsarbeit ist der aktive oder rezeptive Umgang mit den Künsten. Ästhetisches Lernen wiederum ist die Art und Weise, wie kulturelle Bildung zustande kommt. In der Theorie und der Praxis der kulturellen Bildungsarbeit haben sich Prinzipien herauskristallisiert, die handlungsleitend bei Planung und Durchführung ästhetischer Lernprojekte helfen oder die zur Analyse einer stattgefundenen Praxis dienen können. Doch welches sind diese Prinzipien? Brigitte Schorn (2009) listet die folgenden auf:

1. Ganzheitlichkeit: Kopf, Herz und Hand
2. Selbstwirksamkeit
3. Ästhetische und künstlerische Erfahrung
4. Stärkeorientierung und Fehlerfreundlichkeit
5. Interessenorientierung
6. Partizipation
7. Selbstgesteuertes Lernen in Gruppen

8. Zusammenarbeit mit Profis
9. Öffentlichkeit und Anerkennung.

Nützlich für die Gestaltung ästhetischer Lernprozesse sind zudem die „Charakteristika der ästhetischen Erkenntnis" von Aissen-Crewett (1998, S. 314). Sie formuliert diese Charakteristika auf der Grundlage ihrer begründeten Zielsetzung, dass „ästhetische Erfahrung" das Ziel der ästhetisch-aisthetischen Erziehung ist (ebd., Kap. 6), die durch Symbole (i.S. von Cassirer und Langer) vermittelt wird (Kap. 7).

Die Wege des ästhetischen Lernens (Kap. 8)

>> sind erfolgsbezogen und handlungsorienient
>> nah an den Dingen
>> angewiesen auf Langsamkeit und Verweilen
>> sowie auf Subjektivität und Affektivität
>> und wenden sich der lebendigen Fülle des Einzelnen zu
>> auf der Basis „denkender Sinne".

Ästhetisches Lernen in diesem Sinne führt zur „gleichgewichtigen Ausbildung der sinnlichen und geistigen Kräfte des Menschen" (Kap. 12) und hat als Ziel ästhetisch-aisthetische Erkenntnis.

Die oben angesprochenen Charakteristika sind in Abb. 37 zusammengefasst.

Die Charakteristika der ästhetisch-aisthetischen Wahrnehmung und Erkenntnis aus didaktischer Sicht (Aissen-Crewett)

>> Ästhetisch-aistetische Wahrnehmung und Erkenntnis repräsentiert als dynamisches Erkenntnisprinzip den sinnlich wahrgenommenen und erfahrenen Reichtum und Mannigfaltigkeit der Welt.

>> Ästhetisch-aistetische Wahrnehmung und Erkenntnis nimmt die subjektiven Wahrnehmunen und ästhetischen Erfahrungen der Lernenden ernst und stellt insofern eine Vermittlung zwischen Subjekt und Objekt her.

>> Ästhetisch-aistetische Wahrnehmung und Erkenntnis ist nicht individualistisch, sondern konstitutiv auf Mitteilung und Mitteilbarkeit angelegt und stellt insofern eine Vermittlung zwischen Individualität und Allgemeinheit her.

>> Ästhetisch-aistetische Wahrnehmung und Erkenntnis ist produktiv; sie ist ein kontinuierlicher Prozess des Bildens von Wahrnehmungsstrukturen.

>> Ästhetisch-aistetische Wahrnehmung und Erkenntnis lässt sich nicht durch begriffliche Vorfestlegungen einfangen und begrenzen.

>> Dem ästhetischen Wahrnehmungs-, Erkenntnis- und Strukturierungsprozess liegt ein subjektiv-notwendiges Bedürfnis zugrunde, die ästhetisch wahrgenommene und erfahrene Mannigfaltigkeit und den Reichtum von Welterfahrung in einem System stimmig zu machen, d. h. zu erkennen.

>> Ästhetisch-aistetische Wahrnehmung und Erkenntnis ist eine notwendige komplementäre Komponente zum begrifflichen Denken und stellt insofern eine Vermittlung von Sinnlichkeit und Vernunft her.

Abb. 37

Daraus leitet sie die folgenden unterrichtspraktischen Maximen ab (Abb.38).

Konsequenzen für Unterrichtsziele und -mittel (Aissen-Crewett)
Die Umsetzung des Prinzips der ästhetisch-aisthetischen Wahrnehmung und Erkenntnis erfordert, soll sie im Unterricht gelingen, Konsequenzen für Unterrichtsmittel und -ziele. Ohne hier eine abschließende Erörterung liefern zu wollen, scheint mir die Ermöglichung oder Inszenierung folgender Gelegenheiten sinnvoll:

>> Gelegenheit, die Kunst der Wahrnehmung zu praktizieren: Ästhetisch-aisthetische Erkenntnis setzt ästhetisch-aisthetische Wahrnehmung und Erfahrung voraus. Die Kinder sollten deshalb lernen bzw. ihnen sollte die Gelegenheit gegeben werden, mit allen Sinnen wahrzunehmen und zu erkennen, und zwar ohne Festlegungen und Vorgaben.

>> Gelegenheit, zu kreieren, zu erfinden, zu improvisieren: Die Gelegenheit für genuine Intuition, Improvisation und Kreativität auf seiten der Kinder ist im konventionellen Unterricht relativ selten anzutreffen. Wenn es richtig ist, dass viele der komplexesten Probleme, denen wir uns gegenübersehen, nicht mittels Messung, Kalkulation und logischer Deduktion gelöst werden können, ist es notwendig, dass Kinder Gelegenheit zu ästhetischen Erfahrungen haben, in denen inventive, intuitive Denkweisen gefordert und gefördert werden.

>> Gelegenheit, Vorstellungen und Erfahrungen darzustellen: Wahrnehmen reicht nicht. Es ist ebenso wichtig, in der Lage zu sein, das, was man wahrnimmt, zu strukturieren, zu deuten, zu bewerten, darzustellen und zu kommunizieren. Hierzu sollte den Kindern vielfältige Möglichkeit gegeben werden.

>> Gelegenheit, sich in genuinen Untersuchungen zu engagieren: Untersuchung bedeutet immer ein „Herausfinden". Kindern sollte deshalb Gelegenheit gegeben werden, ohne Festlegungen, mit „offenem Ende" Probleme zu identifizieren und Hypothesen aufzustellen, um Erfahrungen zu machen, diese zu sammeln, zu synthetisieren und zu analysieren, um hierdurch zu lernen, Hypothesen zu verifizieren oder falsifizieren, möglicherweise auch eine Theorie zu bilden und diese mit anderen Kindern zu diskutieren.

Abb. 38

Durchaus kompatibel mit den Überlegungen von Aissen-Crewett sind die Ausführungen von Mattenklott (1998), die ebenfalls für die Grundschule gedacht sind.

Interessant sind in unserem Kontext die sechs von ihr identifizierten Gegenstandsbereiche

1. Der Leib und die Sinne
2. Elementare ästhetische Erfahrungen
3. Bauformen der Künste
4. Theaterkünste
5. Das Naturschöne
6. Zwischen Alltag und Kunst.

Ästhetisches Lehren

Es hat sich heute die Erkenntnis durchgesetzt, dass Lernen eine Tätigkeit ist, die nicht delegiert, die auch nicht in einem linear-kausalen Verständnis von außen gesteuert werden kann: Lernen ist subjektives Handeln. Vor diesem Hintergrund stellt sich dann aber das Problem, was Lehren – als eine Form äußerer Einflussnahme auf den subjektiv verlaufenden Lernprozess – eigentlich bedeuten kann. Denn das verbreitete Verständnis von Lehren als unmittelbares Bewirken von Lernen kann vor diesem Verständnis von Lernen nicht mehr gelten. Klaus Holzkamp (1993) bezeichnet dieses Alltagsverständnis von Lernen und Lehren als Lehr-Lern-Kurzschluss. In der Tat lässt sich zeigen, wie stark bis heute in pädagogischen Kontexten Lernen nur als Folge von Lehren begriffen wird.

Immerhin hat sich auch in der deutschen erziehungswissenschaftlichen Diskussion die Unterteilung formales, nonformales und informelles Lernen durchgesetzt. Während das formale und nonformale Lernen in inszenierten Lernumgebungen, vor allem in pädagogischen Institutionen (aber nicht nur dort) stattfindet, ist das informelle Lernen das Lernen en passant. Es geschieht einfach dadurch, dass man sich in bestimmten Kontexten bewegt und sich dadurch Strukturen, Werte, Normen, Wissen und Verhaltensweisen aneignet.

Dies ist der Prozess, den Bourdieu Habitualisierung nennt. Studien, die allerdings wenig belastbar sind, gehen davon aus, dass etwa 80% unserer Lebenskompetenzen nicht durch formales, sondern durch nonformales und vor allem durch informelles Lernen, also in nicht professionell gestalteten pädagogischen Settings, erworben werden. Zu beachten ist allerdings hierbei, dass diese Unterteilung formal, nonformal und informell nicht identisch ist mit der Unterscheidung Schule/Außerschulisches. Vielmehr ist davon auszugehen, dass auch in der Schule als dem zentralen Ort des formalen Lernens in erheblichem Umfang nonformal und vor allem informell gelernt wird: In den Pausen, in der Art der Zeit- und Raumorganisation, durch die Architektur etc.

Offensichtlich geschieht das, was man Sozialisation und Enkulturation nennt, also die Hineinentwicklung des Einzelnen in gesellschaftliche und kulturelle Kontexte, vor allem über informelles Lernen. Dieser Bereich, der per Definition ohne professionelle Pädagogik auskommt, ist trotzdem pädagogisch zu analysieren. Denn natürlich sind soziale und räumliche Kontexte gestaltet – möglicherweise mit kommerzieller Absicht. Und natürlich lassen sich dann auch „Bildungs- und Lernwirkungen" solcher Kontexte informellen Lernens untersuchen. Nicht umsonst sprach man schon vor Jahrzehnten von „heimlichen Erziehern" und meinte Verlage und Medien. Dies ist allerdings nicht Thema dieser Ausführungen. Hier geht es vielmehr um das intendierte Lernen, das in professionell gestalteten pädagogischen Settings – etwa in pädagogischen Institutionen und von pädagogischen Profis organisiert – stattfindet.

Es hat sich in diesem Zusammenhang eingebürgert, eine Makro-, Meso- und Mikroebene zu unterscheiden. Die Makroebene erfasst gesellschaftliche (z.B. gesetzliche) Vorgaben und Einflüsse, die Mesoebene bezieht sich auf die pädagogische Institution, die Mikroebene erfasst die zwischenmenschliche Interaktion, etwa zwischen Lehrer und Schüler. Diese Unterscheidung von Ebenen gestattet es, zwei oft als Alternative vorgestellte Zugangsweisen zu dem Handeln in bestimmten Kontexten als komplementäre, sich ergänzende Sichtweisen zu verstehen:

>> die Perspektive der (objektiv vorgegebenen) Struktur oder des Systems (dies kann sich auf das gesellschaftliche Gesamtsystem, aber auch auf die Schule als System beziehen),
>> die Perspektive der handelnden Akteure (Mikroebene).

Es geht also um eine sinnvolle Integration beider Ansätze. Eine solche Integration ist – gerade im Kontext der kulturellen Bildungsarbeit – notwendig. Denn in den kulturpädagogischen Diskursen lassen sich Schwerpunkte der Debatten identifizieren:

Es gibt recht ausgeprägte Debatten über das Konzept der kulturellen (künstlerischen oder ästhetischen) Bildung, wobei es die Natur des Bildungsbegriffs mit sich bringt, dass man sich hier auf einer hohen Abstraktionsstufe bewegt.

Es gibt zudem eine ausufernde Literatur, die sich mit der Beschreibung von Praxis befasst, meist ohne theoretische Reflexionsebene.

Kaum thematisiert wird hingegen, dass auch kulturelles (ästhetisches oder künstlerisches) Lernen in pädagogisch inszenierten Kontexten stattfindet. Dies gilt ohnehin für kulturpädagogische Einrichtungen. Es gilt sogar für offene Angebote in der Kinder- und Jugendkulturarbeit. Diese Mesoebene wird jedoch kaum in ihrer Wirkung auf die pädagogischen Prozesse reflektiert. Man braucht daher eine Theorie kulturpädagogischer Institutionen. Greift man zu verbreiteten Handbüchern der Organisationstheorie, so wird man mit einer Vielzahl unterschiedlicher Zugangsweisen konfrontiert. So sind Organisationen Thema soziologischer, psychologischer, betriebswirtschaftlicher, politikwissenschaftlicher und in letzter Zeit auch pädagogischer Studien.

Während psychologische Organisationslehren naturgemäß das Verhalten der Menschen in Organisationen untersuchen (etwa die Mikroebene bearbeiten), finden sich in sozialwissenschaftlichen Zugangsweisen beide Zugriffe: das Ausgehen von System/Struktur und die Fokussierung auf die Akteure und ihr Handeln. So beschreibt das verbreitete Handbuch (Weik/Lang 2005) im ersten Band handlungstheoretische Ansätze:

Sensmaking (Weick), Organisationskultur (Schein), organisationales Lernen und Mikropolitik auf der Grundlage philosophischer und sozialwissenschaftlicher Basistheorien (Rational Choice, Ansätze des Verstehens, Hermeneutik und Phänomenologie und Ethnomethodologie).

Im zweiten Band werden strukturtheoretische Ansätze vorgestellt: Systemtheorie, institutionensoziologische Ansätze, Selbstorganisation, organisationale Transformation und Kontrolle auf der Basis der folgenden Theorien: Neomarxismus und kritische Theorie, Strukturalismus und Poststrukturalismus, Postmoderne und Theorie sozialer Systeme.

Alleine die Aufzählung zeigt, dass Organisationstheorie und das systematische Gestalten und Verändern von Organisationen inzwischen ausgesprochen elaboriert und theoretisch anspruchsvoll ist.

In der Schulentwicklung sind es (unter anderem) die Dortmunder Gruppe um ihren früheren Leiter Rolff und Helmut Fend, die die Komplexität dieser Debatte aus pädagogischer Sicht aufgearbeitet haben. Helmut Fend bezieht sie in seine Publikationen der letzten Jahre – quasi als Fazit seiner mehrere Jahrzehnte dauernden Forschungstätigkeiten – systematisch ein (Fend 2008, 2006a und b). Er erweitert seine stark am Strukturfunktionalismus (in Anlehnung von Parsons) orientierte frühere Theorie der Schule um die Berücksichtigung des Handlungsaspektes durch eine nunmehr ausgeprägte Akteursperspektive, fasst also das System Schule (Mesoebene) sowohl als „korporativen Akteur im lokalen Umfeld" (Fend 2006, Kap. 3) auf der Makroebene, aber auch als systemischen Zusammenhang schulischer Akteure (Mikroebene) auf. Die Mikroebene wird durch Einbeziehung von Theorien der verstehenden Soziologie (in der Folge von Max Weber) handlungstheoretisch erfasst. Als Theoriemodell zieht er den in der Politikwissenschaft entwickelten Ansatz eines „akteurszentrierten Institutionalismus" zu, in dem er beide Dimensionen, die des Handelns und die des Systems, aufgehoben und integriert sieht.

Aufgabe des Bildungswesens ist „Humangenese", wobei seine früheren Ansätze einer Identifikation gesellschaftlicher Funktionen (Qualifikation, Allokation/Selektion, Legitimation und Enkulturation) erhalten bleibt. Es geht um die Konstruktion der jeweils erforderlichen Subjektivität (in meinen Worten), um „Menschengestaltung" (so Fend), bei der das Lernen eine zentrale Rolle spielt.

Die Arbeiten von Fend dürften die theoretisch komplexesten und empirisch gehaltvollsten Beiträge zur Theorie der Schule im gesellschaftlichen Kontext sein. Sie bilden damit auch eine Art Resonanzboden für andere Ansätze. Michael Göhlich (hier v.a. 2001), einer der Hauptvertreter einer pädagogischen Organisationsforschung, legt ebenfalls die Unterscheidung Struktur vs. Handeln zugrunde (und berücksichtigt überraschenderweise kaum die reichhaltige Literatur zur Organisationstheorie).

In einem systemtheoretischen Zugriff stellt er knapp die Entwicklung von philosophischen Vorläufern bis zu aktuellen systemtheoretischen Ansätzen dar. Im handlungstheoretischen Teil verfolgt er den Weg von Aristoteles über Thomas von Aquin und Kant bis zu Weber, Habermas, Bourdieu und Gebauer/Wulf.

Im Kontext des Lehrens ist dies hochrelevant, weil Lernen und Lehren in Institutionen hier im Mittelpunkt steht und pädagogische Professionalität somit auch bedeutet, pädagogische Praxis in einem organisatorisch-institutionellen Rahmen zu realisieren. Nun ist gerade an Theorien des Handelns kein Mangel, zumal gerade bei diesem Thema nicht bloß Zugangsweisen von unterschiedlichen Großtheorien hier möglich sind, sondern die Auffassung von Handeln stark von dem dahinter stehenden Menschenbild abhängt.

Was heißt Lehren?

Nimmt man die inzwischen unstrittige These ernst, dass Lernen nur als subjektive Tätigkeit und nicht als bewusst produziertes Ergebnis eines Lehr-Handelns verstanden werden kann, dann ergibt sich zwangläufig die folgende Erkenntnis:

Lehren kann nur als Unterstützungshandeln von Lernen verstanden werden. Lehren heißt dann, Lernen zu ermöglichen.

Die Aufgabenbestimmung ist komplexer und komplizierter, als man vielleicht meinen könnte. Denn die Schaffung von Umgebungen, die günstig sind für Lernen, hat mindestens die folgenden Dimensionen:

>> Es sind die konkreten Voraussetzungen und die Lebensbedingungen der Lernenden zu kennen, also das, was die Berliner („lerntheoretische") Didaktik die Analyse des Bedingungsfeldes nennt.

>> Es sind die gesellschaftlichen Rahmenbedingungen – etwa die gesetzlichen Vorgaben, aber es ist auch die spezifische gesellschaftliche Problematik – zu kennen.

>> Es sind Kenntnisse über die Auswirkung der sozialen Gruppe, der zeitlichen Ordnung und des Ortes der Bildungseinrichtung im Sozialraum, sowie über die Auswirkung der Atmosphäre (räumlich und sozial) des Lernortes etc. nötig.

>> Es ist nötig, die kulturelle und individuelle Relevanz der Inhalte beurteilen zu können.

>> Man braucht Kenntnisse über Lerntheorie und Gruppenverhalten, über Entwicklungs- und Lernpsychologie.

>> Man muss über ein Methodenrepertoire verfügen.

Diese Liste ließe sich fortführen, sodass am Ende deutlich wird, dass alle Aspekte in der Allgemeinen und Fachdidaktik (ohnehin zu verstehen als Berufswissenschaft von Lehrenden) auftauchen müssen. Dies lässt sich nicht nur an gängigen Einführungen in die Didaktik ablesen, auch das „Handbuch Unterricht" (Arnold u.a. 2009), das quasi das Berufswissen von LehrerInnen in Hinblick auf ihr Kerngeschäft Unterricht darstellt, bestätigt dies. So werden „Bedingungen und Kontexte des Unterrichts" beschrieben (Schule als Institution, Schulsystem, Familie, Peers, individuelle Voraussetzungen), also Rahmenbedingungen, die der einzelne Lehrer kaum beeinflussen kann, die er aber kennen sollte, weil sie seinen „Möglichkeitsraum des Lehr-Handelns" bestimmen. Das umfangreichste Kapitel befasst sich mit Methoden, mit der sozialen Gestaltung der Lernsituation, mit Arbeits- und Organisationsformen und mit Medien. Die menschliche Dimension wird durch Thematisierung des Schülers (Kognition und Motivation, Herkunft etc.) und des Lehrers (Berufsrolle, Belastung) sowie die oft leidige Frage der Leistungsbeurteilung eingeholt.

Lohnenswert wäre es, sich mit der durch den Bologna-Prozess ausgelösten „Reform" der Lehrerausbildung und die in diesem Prozess formulierten „Standards für die Lehrerausbildung" (2004) der Kultusministerkonferenz in Hinblick auf das dort formulierte Lehrerbild anzusehen. Der im Handbuch vorgestellte Ansatz des Lehrerhandelns(!) formuliert die folgenden Grundannahmen(a.a.O., S. 463):

>> „Lehrkräfte werden als autonom und verantwortlich Handelnde gesehen.

>> Bei diesem Handeln gehen sie in der Regel zielgerichtet vor, d.h. sie verfolgen bestimmte Zwecke.

>> Im Zuge dieses Handelns strukturieren die Lehrkräfte ihren Handlungsraum aktiv-kognitiv.

>> Bei all dem greifen Lehrkräfte auf Wissensbestände zurück. Diese im Laufe der Zeit aufgebauten kognitiven Strukturen können als professionelles Wissen bezeichnet werden, das reicher als nur Fachwissen ist.

>> Das individuelle professionelle Wissen enthält auch überindividuelle gesellschaftliche Wissensbestände."

An Wissensbeständen werden Inhaltswissen, curriculares Wissen, Philosophie des Schulfachs, pädagogisches Wissen und fachspezifisch-pädagogisches Wissen unterschieden (S. 465).

Offensichtlich wird in diesem Ansatz die kognitive Dimension des Lehrerhandelns stark hervorgehoben (als Studium der teachers's cognition als Teil der teacher's action; S. 462).

Es würde Sinn machen, diese kognitive Dimension des Handelns (Wissen lernen) zu erweitern um die weiteren Dimensionen des Lernens (Können lernen, Leben lernen, Lernen lernen), das dann auch die mimetische, emotionale, motivationale etc. Dimension des Handelns berücksichtigt, sodass Handeln vollständiger erfasst werden könnte. Denn der Lehrende agiert in pädagogischen Situationen als ganze Person, weshalb das auf Weinert zurückgehende Resümee auch erklärbar wird: „Lehrkräfte können auf eine sehr unterschiedliche, aber nicht beliebige Art und Weise gleichermaßen guten und erfolgreichen Unterricht halten." (zitiert auf S. 462). Als Zielvorstellung kann das in der us-amerikanischen Literatur diskutierte Modell des „reflektierten Praktikers" (dessen (Selbst-)Reflexion sich auf die gesamte Person bezieht) dienen.

Die Gestaltung von Ermöglichungsbedingungen erfolgreichen Lernens erfasst u.a.

>> Erfahrung im Umgang mit Differenzen

>> Kommunikations- und Sozialkompetenz

>> Selbstkompetenz

>> Gruppenkompetenz

>> Gestaltungskompetenz in Hinblick auf den Rahmen

>> Inhaltskompetenz

>> Methodenkompetenz

Speziell in Hinblick auf kulturelle Schulentwicklung wurde in der BKJ die in Abb. 20 gezeigte Matrix entwickelt.

Man sieht, dass die untere Zeile der BKJ-Matrix den aktiven Lernprozess des Individuums in seinem Lernhandeln zeigt. Alle darüber liegenden Zeilen beschreiben Bedingungsfaktoren für gelingendes Lernen, gehören also im hier vorgestellten Verständnis zum Lehren.

Lehren heißt:

>> Unterstützung von Lernprozessen

>> Organisation/Steuerung von individuellen Lernprozessen

>> Organisation/Steuerung des Lernens in Gruppen

>> Ermöglichen von Erfahrungen

>> tätig sein

>> absichtsvolle Veränderung der mentalen Strukturen anderer

>> Organisation/Führen von Gruppen

>> Vormachen, Zeigen, Modell sein für andere, „Vorbild" sein

Lehren ist:

>> Inhalt/Gegenstand pädagogischer Berufe/Professionen

>> Organisation von Rahmenbedingungen und Ressourcen des Lernens

>> lernbar

>> Gestaltung von anregungsreichen (Lern-)Milieus

>> Beratung von Selbst-Lern-Prozessen

>> Bearbeiten von Widersprüchen, Konflikten und Widerständen

>> Einsicht in die Relevanz des zu Lernenden.

Abb. 39

Einen anderen Zugang zu dem Thema Lernen/Lehren wählt Göhlich 2001. Er unterscheidet vier Lernbereiche: Wissen lernen, Können lernen, Leben lernen, Lernen lernen und dies unter dem Aspekt der Mesoebene, der pädagogischen Institutionen. Bei der Unterstützungsleistung der Lehrenden unterscheidet er wiederum drei Aspekte: Stabilisieren, Aufklären, Anregen – durchaus in einer Nähe zu Hartmut von Hentigs pädagogischer Aufgabenbestimmung „Die Menschen stärken – die Sachen klären", sodass sich folgende Matrix ergibt (Abb. 40; ebd. S. 240).

| | | Lernen-Unterstützen | | |
		Stabilisieren	(Auf)Klären	Anregen
Lernen	Wissen-Lernen	Wissenlernen wird stabilisiert	Wissenlernen wird (auf)geklärt	Wissenlernen wird angeregt
	Können-Lernen	Könnenlernen wird stabilisiert	Könnenlernen wird (auf)geklärt	Könnenlernen wird angeregt
	Leben-Lernen	Lebenlernen wird stabilisiert	Lebenlernen wird (auf)geklärt	Lebenlernen wird angeregt
	Lernen-Lernen	Lernenlernen wird stabilisiert	Lernenlernen wird (auf)geklärt	Lernenlernen wird angeregt

Abb. 40 Aspekte des Pädagogischen der Praxis pädagogischer Institutionen

Offensichtlich wird durch solche Festlegungen von Aufgaben und Anforderungen das Professionsprofil von Lehrenden bestimmt.

Terhart (2002, 106f.) zitiert eine Schweizer Studie über zwölf Standards in der Lehrerbildung:

1. *„Zur Lehrer-Schüler-Beziehung*: Ich habe gelernt, den Schülerinnen und Schülern (in jeder Situation, mit unterschiedlichen Mitteln) fördernde Rückmeldung zu erteilen.

2. *Zu schülerunterstützendem Handeln*: Ich habe den entwicklungspsychologischen Stand der Schülerinnen und Schüler in verschiedenen Bereichen (Intelligenz, Sprache, Moral, soziales Verstehen) zu diagnostizieren und daran anzuknüpfen gelernt.

3. *Zu Disziplinproblemen und Schülerrisiken*: Ich habe gelernt, wann ich bei Verletzungen (Auslachen, Kränkungen, Eifersucht, Diebstahl usw.) den Unterricht zu unterbrechen und unter den Aspekten von Gerechtigkeit, Fürsorglichkeit und Wahrhaftigkeit einen „Runden Tisch" zu organisieren habe.

4. *Zum Aufbau von sozialem Verhalten*: Als Lehrer/Lehrerin habe ich in meiner Ausbildung gelernt, Besonderheiten von Ausländerkindern für die Entwicklung von Schulkultur zu nutzen und sie in ihrer Auseinandersetzung mit der neuen Welt zu unterstützen.

5. *Zur Lernprozessbegleitung*: Ich habe gelernt, wie man mit Schülerinnen und Schülern Fehler so bespricht, dass sie davon profitieren können (Fehlerkultur aufbauen).

6. *Zur Gestaltung des Unterrichts*: Ich habe gelernt, die Phasen des Unterrichts, in denen Schülerinnen und Schüler je aufnehmend, verarbeitend oder kontrollierend tätig sind, eindeutig zu bestimmen und flexibel zu gestalten.

7. *Zur Evaluation und Leistungsmessung*: Ich habe gelernt, den individuellen Fortschritt der Leistung nach unterschiedlichen Kriterien und mit unterschiedlichen Instrumenten zu messen und transparent zu machen.

8. *Zum Medieneinsatz*: Ich habe gelernt, Unterrichtsmedien (PC, Bild, Ton, Film, Modelle) bereitzustellen und so einzusetzen, dass sie der Anschauung (nicht der Ablenkung) dienen.

9. *Zur Team-Arbeit der Lehrerschaft*: Ich habe gelernt, ein Berufs- und Schulleitbild mit zu formulieren und im alltäglichen Unterricht zu realisieren.

10. *Zur Öffentlichkeitsarbeit*: Ich habe gelernt, die Aufgaben der Schule an Elternabenden darzustellen und die Eltern in die Bildungsarbet einzubeziehen.

11. *Zum Kräftehaushalt der Lehrperson*: Ich habe gelernt, wie ich ein persönliches Fortbildungs- und Zusatzausbildungsprogramm zusammenstellen und verwirklichen kann.

12. *Zur Fachdidaktik*: Ich habe gelernt, den Aufbau der Fachinhalte additiv über mehrere Klassen mit Hilfe des Lehrplans und der Schulbücher zu strukturieren."

Zur ästhetischen Dimension des Lehrens

Ästhetisches Lehren kann verstanden werden zum einen als Ermöglichung ästhetischen Lernens, das wiederum nicht möglich ist, wenn nicht alle Dimensionen der Lernunterstützung in ihrer ästhetischen Qualität berücksichtigt werden. Ästhetisches Lernen basiert auf einer handelnd erworbenen ästhetischen Erfahrung. Offensichtlich kann diese nur dann erfolgreich und dauerhaft ermöglicht werden, wenn der Lehrende selber von der fördernden Qualität des Ästhetischen in seinen eigenen Lernprozessen überzeugt ist und sich diese bewusst gemacht hat. Eine ästhetische Gestaltungsdimension zu berücksichtigen heißt u.a. die Berücksichtigung der Sinnlichkeit des Menschen, und diese wiederum ist verankert in der Leiblichkeit des Menschen. Selbst in der abstraktesten Lernübung im

Bereich der höheren Mathematik in der Oberstufe spielt diese körperliche Präsenz von Lehrenden und Lernenden eine Rolle. In meinem eigenen Studium hat es etwa durchaus eine Rolle für die Aufmerksamkeit bei Vorlesungen gespielt, ob der Professor still und stationär seine Folien am Tageslichtprojektor – und dies dann erzwungenermaßen in der linearen Abfolge des Foliendurchlaufs – dargestellt hat oder ob er in umfassendem Körpereinsatz die großen Wandtafeln verwendet hat, bei deren Nutzung die oft notwendige Herstellung von Querverbindungen zwischen dargestellten Wissenselementen leicht möglich war: Es war auch eine körperliche Darstellung mathematischer Sachverhalte (für das Beispiel des Religionsunterrichts siehe Leonhard 2006).

Eine ästhetische Dimension hat die gegenständliche Gestaltung des Lernraumes, die Organisation des zeitlichen Erlebens (etwa im Sinne „geschlossener Gestalten", wie es die Gestaltpädagogik lehrt), die sinnlich wahrnehmbare Form der Verteilung und Bewegung der beteiligten Menschen im Raum als Teil der verwendeten Sozialformen des Lernens. Ich selbst stehe in dem mir zur Verfügung stehenden Universitätsraum immer wieder vor dem Problem, Gruppenarbeit bei festgeschraubten Tischen und Bänken organisieren zu müssen. Ein simples Beispiel, das jedoch zeigt, wie groß der Einfluss der räumlichen Gegebenheiten auf Lehr-Lern-Situationen ist.

Inwieweit es möglich ist, eine nachvollziehbare praktische Handlungsrelevanz in allen Lernstoffen zu finden und auf sinnlich erlebbare Weise in Lehr-Lern-Situationen zu integrieren, ist eines der großen Probleme der allgemeinbildenden Schule. Es gehört geradezu zu den Strukturprinzipien von Schule, dass es eine Differenz zwischen der häuslichen und der schulischen Lebenswelt der SchülerInnen geben muss, dass es zudem eine Differenz zwischen unmittelbar und vermutlich erst zukünftig verwendbarem Wissen gibt, dass man es also stets mit einer behaupteten Relevanz für ein *späteres* Leben zu tun hat. Möglicherweise ist diese behauptete Relevanz auch fragwürdig, weil sich bestimmte Wissensbestände des Lehrplans eher aus historischen Gründen oder aufgrund von Machtkonstellationen bei der Erstellung des Lehrplanes ergeben haben. Ein Problem besteht zudem darin, dass die Perspektive auf das zukünftige Leben bei immer mehr Jugendlichen zur Zeit eher negativ gesehen wird, sodass auch der Verweis auf später wenig Wirkung zeigt: Viele haben offenbar die Hoffnung auf ein sinnvoll zu gestaltendes Leben aufgegeben.

Vor diesem Hintergrund ist es wichtig, die Chancen und Möglichkeiten des Ästhetischen – gerade bei der Herstellung einer „Lust am Leben", einer „Vorfreude auf die Zukunft" – zu sehen. Auf allgemeiner Ebene liegen hier zahlreiche Texte vor (z. B. Fuchs 2008). Eine Präzisierung dieser allgemeinen Thesen und die Erarbeitung einer Art Methodologie muss weiteren Arbeiten vorbehalten bleiben. Zur Erinnerung: Bei dem vorliegenden Text handelt es sich um ein Werkstattpapier als Zwischenergebnis dieses „work in progress". Möglich ist es jedoch schon bei dem jetzigen Wissensstand, die Überlegungen zu (passenden) Theorien der Organisation und Institution (Fuchs in Braun 2011) auf das Handeln von Lernenden und Lehrenden zu beziehen.

Neben der deutschsprachigen Literatur zu einem anderen Lernen und Lehren und zu einer kulturellen Schulentwicklung ist dabei die Berücksichtigung der (u.a.) englischsprachigen Literatur von Interesse, so wie sie etwa rund um die Initiative creative partnerships entstanden ist und in der Praxis erprobt wurde (Sefton-Green u.a. 2011; Fleming 2008, Thomson 2007, Banaji/Burn 2006). Insbesondere ist die dortige Unterscheidung von „Lehren von Kreativität" und „kreativem Lehren" hilfreich. Ist Lehre die Ermöglichung von Lernen, so muss – in Ergänzung des in Teil 1 Ausgeführten – die Erwartung an erfolgreiches Lernen der Maßstab für das Lehren sein. Einen konkreten Maßstab bietet das berühmte Project Zero der Harvard Universität (Seidel u.a., o. J.). Dieser Ansatz unterscheidet sieben Zwecke ästhetischen Lernens:

> „Ästhetisches Lernen
> >> soll ein breites Spektrum an Dispositionen und Fähigkeiten entwickeln helfen, v.a. die Fähigkeit, kreativ zu denken und Verbindungen herzustellen
> >> soll künstlerische Techniken beinhalten, ohne dass diese Priorität haben
> >> soll ästhetische Bewusstheit entwickeln
> >> soll Wege aufzeigen, die Welt zu verstehen
> >> soll die Jugendlichen ermutigen, sich in der Kommune und bei sozialen Themen zu engagieren
> >> soll die Fähigkeit vermitteln, sich selbst auszudrücken
> >> soll den Jugendlichen helfen, sich als Individuen zu entwickeln."

Der „reflektierte Praktiker" als hier bevorzugtes Rollenmodell eines Lehrenden kann all diese Bestimmungen quasi als weitere Checkliste zur kritischen Selbstreflexion seiner Lehrpraxis nutzen.

Historische Vorläufer der Kulturschule

Der Begriff der Kulturschule wird nicht bloß heute häufiger von Schulen zur Selbstbezeichnung im Sinne eines ausgewiesenen Kulturprofils verwendet: Es gibt auch historische Vorläufer, v.a. in der Weimarer Republik (vgl. Fuchs 2013 i.V.). Zum Teil sind solche Schulinitiativen im Rahmen der ersten „Kulturpädagogik" entstanden. Diese erste Kulturpädagogik verstand sich nicht wie die heutige Kulturpädagogik als erziehungswissenschaftliche Teildisziplin, deren Grund- und Leitbegriff der der kulturellen Bildung ist und die es mit dem pädagogischen Gebrauch der Künste, des Spiels und der Medien zu tun hat: Es ging – vergleichbar den Bemühungen von Paul Natorp um eine ebenfalls umfassende Sozialpädagogik – um die Konstitution der Pädagogik insgesamt auf der Basis eines bestimmten normativen und auch essentialistischen Verständnisses von „Kultur". Eduard Spranger zusammen mit dem renommierten Theologen und Philosophen Ernst Troeltsch – kurzzeitig beschäftigt im Kulturministerium der jungen Demokratie – wollte den Sinnverlust der aus dem Krieg heimkehrenden Soldaten durch ein entsprechend normativ aufgeladenes Kulturkonzept – vor allem in der Ausbildung von Gymnasiallehrern – kompensieren. Für diese „Sinnstiftung von oben" glaubte man, in Theodor Litt den richtigen Mann gefunden zu haben, nachdem Kerschensteiner abgelehnt hat. Anfangs pejorativ zur Bezeichnung der Geisteswissenschaftlichen Pädagogik in Anschluss an Wilhelm Dilthey gebraucht (Spranger, Nohl u.a.), übernahmen dessen Schüler diesen Begriff zur Selbstbezeichnung ihres Ansatzes. In diesem Kontext gab es dann auch ein Verständnis von Schulen als Kulturschulen. Einen anderen Ansatz verfolgte etwa der angesehene Leipziger Reformpädagoge Hugo Gaudig, der 1917 sein bereits früher fertiggestelltes Buch „Die Schule im Dienste der Persönlichkeit" herausbrachte und in dem viele Ansätze einer Kulturschule vorgedacht sind. Im Mittelpunkt seines anthropologisch fundierten Ansatzes steht als „Kulturprinzip der Zukunft" (ebd., S. 22ff.) das Konzept der Persönlichkeit. Auch aus diesem Grund befasst sich G. Weigand (2005, S. 235ff.) in ihrem Buch „Schule der Person" mit Gaudig und zeigt, wie zwar Prinzipien wie das, die Schule als Lebens- und Kulturschule zu begreifen, dem Prinzip der Selbsttätigkeit, des Projektunterrichts, der freien geistigen Arbeit eine Nähe zu ihrem eigenen Ansatz vermuten lassen, aber letztlich doch primär eine Orientierung an Gesellschaft, Staat und Kultur zulasten der Stärkung der individuellen Persönlichkeit verfolgt wird. Es ist allerdings ein Forschungsdesiderat, die Geschichte des Kulturschulgedankens sorgfältig zu erforschen.

Die Schule als Kind der Moderne zu verstehen ist ein Ansatz unserer Konzeption von Schule. Auf die Moderne hat man in der Geschichte mit einem breiten Spektrum von Haltungen und Einschätzungen reagiert: Von bedingungsloser Befürwortung bis zu vehementer Ablehnung. Dies gilt auch für die Pädagogik. So ist die erste fulminante Kritik an der Moderne von einem Philosophen verfasst worden, der gleichzeitig wichtige Beiträge zur (Theorie der) Erziehung verfasst hat: Jean Jacques Rousseau. Dies ist kein Einzelfall. Man kann sogar feststellen, dass es gerade die Pädagogik – und hier insbesondere das Nachdenken über Schule – war, mit der man seine Vorstellung von der Gestaltung der modernen Gesellschaft und Kultur realisieren wollte. Dies gilt für die Aufklärungspädagogik, die mittels Pädagogik den gesellschaftlichen Fortschritt, so wie sie ihn verstand, voranbringen wollte. Es gilt aber auch für die zahllosen modernitätskritischen pädagogischen Bewegungen, die spätestens seit der Romantik, über Nietzsche, über Teile der Reformpädagogik bis heute wirksam sind. Gerade die Reformpädagogik kommt als große Gegenbewegung gegen die negativen Folgen der Modernisierung und Industrialisierung in den Sinn. Alle kulturkritischen oder sogar kulturpessimistischen Topoi seit der Mitte des 18. Jahrhunderts dienen als Begründung für alternative Modelle von Pädagogik. Dabei ist die Reformpädagogik so schillernd, dass sich das gesamte Spektrum von reaktionären zu fortschrittlichen Positionen findet. Gemeinsamer Nenner der Schulkritik seit den Anfängen von Schule ist ihre Kopflastigkeit, ist die Vernachlässigung der Sinne.

Oft werden Kultur- und Schulkritik daher generell als modernitätskritisch gesehen. Über weite Strecken trifft dies auch zu. Doch muss daran erinnert werden, dass die Erinnerung an die Rechte und Bedürfnisse des Einzelnen nicht bloß Kennzeichen der

Romantik sind: Es steht vielmehr seit Beginn der Moderne das Subjekt im Mittelpunkt.
Man kann also durchaus die reale Entwicklung der Moderne anhand der Visionen und
Versprechungen der Moderne kritisieren. So ist auch das hier vorgestellte Schulkon-
zept zu verstehen: Kein antimoderner Rückfall in eine Romantik, in der Gemeinschaft
gegen Gesellschaft, Emotionalität gegen Verstand ausgespielt werden, sondern
Respektierung des ganzen Menschen. Dabei ist auch die Idee der Gemeinschaft —
obwohl oft genug missbraucht für antimoderne Ressentiments — nicht nur reaktionär
konnotiert. Vielmehr lässt sich die Sehnsucht nach Gemeinschaft auch mit politisch
fortschrittlichen Positionen vereinbaren. So ist etwa Charles Taylor (2009) keineswegs ein Antimodernist, wenn er den Bedarf des Menschen an Fülle reklamiert (vgl.
auch Kluge 2006): Auch die Künste — obwohl im Zuge der Postmoderne gegen eine
instrumentelle Vernunft in Stellung gebracht — sind keineswegs bloß das „Andere der
Vernunft". Vielmehr lassen sich die Künste seit Mitte des 18. Jahrhunderts in den
Entwicklungsprozess der Moderne einordnen, sogar: Es ist ihre Entwicklung gar nicht
zu verstehen, ohne die Modernitätskontexte einzubeziehen (Fuchs 2011). So ist die
Rede von ihrer Autonomie geradezu ein Ergebnis des Projektes der Moderne, das zu
einer Autonomisierung aller gesellschaftlichen Teilbereiche — und damit auch zur Autonomisierung des Feldes der Künste — führt. Somit greift die Kulturschule zwar Gedanken der Reformpädagogik auf, ohne sich notwendigerweise dieser Rubrik zuordnen
zu müssen. Das Konzept der Kulturschule ist ebenfalls nicht eindeutig bestimmten
erziehungswissenschaftlichen Methoden (quantitativ/qualitatitv, hermeneutisch,
phänomenologisch etc.) zuzuordnen. Dieses sind vielmehr Forschungsmethoden,
die bei jedem (pädagogischen) Sachverhalt angewandt werden können. Auch wird
ein Gegensatz zwischen soziologischen, anthropologischen oder pädagogischen
Verständnisweisen nicht akzeptiert. Auch hierbei handelt es sich um verschiedene
notwendige Sichtweisen von Schule, wobei auf keine verzichtet werden kann, will man
ein angemessenes Bild von Schule erhalten. Damit ist auch verbunden, dass eine
Zuordnung zu einer der großen wissenschaftlichen Schulen (Geistswissenschaftliche
Pädagogik, Pädagogik des Kritischen Rationalismus, Phänomenologische Pädagogik
etc.) nicht möglich ist, obwohl von den Traditionen dieser Denksysteme her einige
dem Konzept näher liegen als andere. Dies ist allerdings eher ein Problem als dass
es hilfreich ist. Dies betrifft insbesondere die Nähe zur Geisteswissenschaftlichen
Pädagogik, die als einflussreichste pädagogische Denkschule im 20. Jahrhundert
(in Deutschland) auch stark auf den Kulturbegriff zurückgegriffen (erste „Kulturpädagogik" in der Weimarer Republik), allerdings eher von ihren Hauptvertretern
(Spranger, Nohl) einen politisch höchst bedenklichen Weg bis hin zur Anbiederung
an den Nationalsozialismus beschritten hat. Entsprechend energisch waren daher
Anstrengungen der Schüler und Enkelschüler nach dem Zweiten Weltkrieg (Blankertz,
Klafki etc.), sich mit dieser Erblast auseinanderzusetzen. Denn der Verdacht, dass
die seinerzeitige Art und Weise der Konstitution von Pädagogik mit der politischen

Haltung der Exponenten verbunden war, war nicht auszuschließen. Doch bleiben wir noch kurz bei der Weimarer Kulturpädagogik.

Hermann Nohl (1970) hat später versucht, rückwirkend dieser Bewegung im Rahmen der Geisteswissenschaftlichen Pädagogik ein theoretisches Fundament zu geben. Die „musische Bildung" spielt hierbei eine besondere Rolle. Es war aber genau dieses Konzept, das der Ideologiekritik der 1970er Jahre nicht standhielt, sodass man es weitgehend durch „kulturelle Bildung" ersetzt hat. Kommt also jetzt – quasi durch die Hintertür – das Konzept des Musischen zurück?

In der heterogenen Strömung der Reformpädagogik spielt Kultur- und Zivilisationskritik eine zentrale Rolle. Bast (1996) stellt den Zusammenhang von Jugendbewegung mit der Kunsterzieher-, der Arbeitsschul-, der Landerziehungs-, der Einheitsschulbewegung und anderen Reformvorschlägen (Jena-Plan, Montessori, Berthold Otto, Rudolf Steiner) her und zeigt, dass bereits zeitgenössische Pädagogen und Philosophen diese Ansätze hart kritisiert haben (Bernfeld, Litt, Plessner u.a.). Insbesondere kommen die Arbeitsschul- und die Kunsterzieherbewegung mit ihren Schulreformvorschlägen ins Blickfeld. Denn wieder einmal ist es das Ästhetische, das bei der Suche nach Ganzheit und Einheit angesichts der diagnostizierten Eindimensionalität des Lebens in der industriellen Moderne und ihrer Zersplitterung helfen soll. Skiera (2010, S. 143 f.) spricht daher von einer „nationalen Rettungspädagogik". Eine große Rolle spielen die drei Kunsterziehertage 1901 (Dresden; Bildende Kunst), 1903 (Weimar; Sprache und Dichtung) und 1905 (Hamburg; Musik und Gymnastik). Es trafen dort prominente Vertreter unterschiedlicher Reformbemühungen aufeinander, etwa Kerschensteiner und Gaudig, die beide ein Arbeitsschulkonzept vertraten. Allerdings stellte sich heraus, dass sehr unterschiedliche Konzepte damit gemeint waren, die sich etwa durch ihre verschiedene Akzentsetzung – hier Orientierung am Staat, dort Orientierung an der Person – unterschieden. Immerhin hat man das Spektrum von der ursprünglichen Konzentration auf die Bildende Kunst für andere Sparten geöffnet. D. Kerbs (hier zitiert nach Skiera a.a.O., S. 149f.) identifiziert 15 Leitmotive in der Kunsterzieherbewegung

>> das kunstwirtschaftliche, rational-ökonomische Motiv
>> das kunstsoziale, klassenversöhnende, sozialreformerische Motiv
>> das irrationalistisch-romantische, kulturpessimistische Motiv
>> das lebensreformerische-geschmackspädagogische Motiv
>> das heimatkundliche Motiv
>> das Leitmotiv Volkskunst
>> das Leitmotiv Natur
>> das Leitmotiv „Kunst dem Volk"
>> das Leitmotiv „Vom Kinde aus"
>> das ethnozentrische, rassistische Motiv
>> das musisch-freizeitpädagogische Motiv
>> das Leitmotiv „bildnerisches Denken".

Als weitere Motive findet er reformpädagogische, kunstdilettantische, lebensphilosophische, gestaltpsychologische, therapeutische, kreativitäts-theoretische, mediendidaktische Motive. Viele dieser Motive sind verständlich vor dem Hintergrund des Mentalitätshaushaltes der Menschen im Wilhelminischen Kaiserreich (siehe hierzu die Analysen in Fuchs 2012). Andere Motive klingen durchaus vertraut, haben aber offenbar ein wenig an Aktualität – sowohl im Wissenschaftsdiskurs als auch im pädagogischen und im politischen Alltag – verloren.

Kerbs hebt hervor (ebd., 162), dass die Kunsterzieherbewegung bemerkenswerte Impulse ausgelöst hat:

>> überfällige Kritik an der alten Lernschule
>> sinnliche Wahrnehmung anstelle von Buchstabenwissen; Selbsttätigkeit und Erfindung
>> Einsicht in die sozialisierende Wirkung einer gerechten und gut gestalteten Wohn- und Schulumwelt
>> Hervorheben der Kreativität des Kindes
>> Bedeutung der ästhetischen Bildung für die nachwachsende Generation.

Es scheint so, als ob – bei allen problematischen ideologischen Gehalten einzelner reformpädagogischer Ansätze – an solche Erkenntnis aus der Geschichte der Pädagogik angeknüpft werden kann, zumal sie in Einklang mit aktuellen Forschungen in Neurowissenschaften, Psychologie und Schulpädagogik stehen.

Die Kulturschule ist also auch ein Kind der Moderne, das allerdings deren Pathologien versucht, in dem Mikrokosmos Schule abzumildern. Ziel ist es, starke Persönlichkeiten entwickeln zu helfen, die ein „Leben im aufrechten Gang" (Bloch) realisieren können und die daher in der Lage sind, an den gesellschaftlichen Pathologien nicht zu zerbrechen.

6. Hinweise zur kulturellen Schulentwicklung

Schulentwicklung als Organisations-, Personal- und Unterrichtsentwicklung

In den vorangegangenen Kapiteln habe ich im Anschluss an systematische Ausführungen immer wieder die Frage gestellt, was diese für den Prozess einer kulturellen Schulentwicklung bedeuten könnten. Diese Überlegungen werden in diesem Kapitel aufgegriffen und fortgeführt. Eckart Liebau (1992) hat den schönen Slogan von einer „Kultivierung des Alltags" verwendet. Hieran kann eine erste Erläuterung des Konzeptes einer „kulturellen Schulentwicklung" angeschlossen werden.

Im Englischen ist die beste Übersetzung des Bildungsbegriffs mitnichten education, sondern vielmehr cultivation. Dies ist kompatibel mit der Tatsache, dass zu Beginn des 19. Jahrhunderts Bildung und Kultur auch im Deutschen weitgehend synonym verwendet werden. Bildung wird in der neuhumanistischen Traditionslinie als Selbstbildung verstanden: Ebenso wenig, wie man Lernen delegieren kann, kann man die Verantwortung für seinen eigenen Bildungsprozess anderen übertragen. Aus der Kultivierung des Alltags wird dann eine Selbstkultivierung. Der Alltag, um den es in diesem Text geht, ist der Alltag der Schule. Dieser Alltagsbegriff ist weitgehend bedeutungsgleich mit dem Begriff der Lebenswelt. Dies ermöglicht den Anschluss an die verbreitete Redewendung, dass die Schule eine Lebenswelt für sich ist. *Daher kann man „kulturelle Schulentwicklung", deren Grundideen im folgenden erläutert werden, als Selbstkultivierung der Lebenswelt Schule verstehen.*

Im folgenden sollen im Rahmen einer Literatursichtung Impulse gewonnen werden, die für eine noch zu entwickelnde Methodologie kultureller Schulentwicklung sinnvollerweise zu berücksichtigen sind. (Ich übernehme hier Ausführungen, die ich unter Mitarbeit von T. Braun in Braun 2011 publiziert habe).

Die sozialpsychologische Dimension

Schulen sind äußerst komplexe Gebilde, die gegenüber anderen Organisationen spezifische Besonderheiten aufweisen. Insbesondere betrifft dies das Personal. Die sozialpsychologische Dimension betrifft dabei die spezifische Gruppendynamik in Schulorganen (Lehrerkonferenz, Lehrerrat, Leitung, Schulkonferenz, Klassen- und Schulpflegschaft etc.), die wiederum eng mit den spezifischen Professionalitäten in der Schule, vor allem mit dem professionellen Habitus von LehrerInnen zu tun hat. Gerade bei LehrerInnen gibt es einen starken Kontrast von großer Freiheit (im

Unterrichtsgeschehen) und stärkster Reglementierung. Vermutlich bedingen beide Elemente einander. In jedem Fall scheinen bestimmte, immer wieder am deutschen Schulsystem beklagte Defizite auch darauf zurückgeführt werden können. Dies betrifft etwa der geringen Anteil an Teamteaching oder an wechselseitigen Hospitationen (kollegiale Beratung).

Ständeorganisationen wie Realschullehrer-, Philologenverband oder bestimmte Sonderschullehrerorganisationen (Gehörlose etwa) zementieren die oft kritisierte Gliederung unseres Schulwesens. Die Schule hat eine flache Hierarchie, wobei die Aufteilung von Fach- und Dienstaufsicht und die — im internationalen Vergleich — große Machtlosigkeit der Schulleitung (trotz inzwischen eingetretener Änderungen) ein Übriges tut. Auch hier ist ein Widerspruch festzustellen: Eine nur allmählich sich durchsetzende Form eines nicht autoritären Verhaltens im Unterricht im Kontrast zur eigenen Widerständigkeit gegenüber Autorität und Hierarchie. Geht man zudem von einem in vielen Organisationen (möglicherweise notwendig) vorhandenen Strukturkonservativismus der Lehrerschaft aus, dann überrascht es nicht, dass sozialpsychologische Kompetenzen sowohl in der Schulentwicklungsberatung, vor allem aber bei Schulleitungen eine immer größere Rolle spielen. Dies wird auch durch die zunehmend einbezogenen modernen Managementlehren verstärkt.

Betrachtet man unter dieser Perspektive den vermutlich ausgereiftesten Ansatz von Rolff u.a. (2009), so stellt man fest, dass der Umgang mit Personalfragen den größten Anteil einnimmt (Kap. III und V) und hierbei wiederum der Aspekt von Konflikten und Widerständen im Mittelpunkt steht. Dabei gibt es auch hier einen Paradigmenwechsel in den letzten Jahren, der zuvor in der Soziologie vollzogen wurde: Die Bewertung der Rolle von Konflikten. Galten diese in früheren Jahren bloß als Störungen, die zu vermeiden oder zu bewältigen waren, geht man heute — wie mir scheint: mehrheitlich — davon aus, dass Konflikte nicht nur zum Alltag sozialer Gruppen und von Organisationen gehören, sondern sogar paradoxerweise als Bindemittel, als Medium der Integration gelten (für die Gesellschaft vgl. Heitmeyer 1997).

Für Prozesse der *kulturellen Schulentwicklung* ergibt sich hieraus die Berücksichtigung der folgenden Aspekte und Themen:
>> Widerstände und Konflikte (ihre Gründe, ihre Berechtigung und ihre Notwendigkeit),
>> die spezifische Professionalität von LehrerInnen und Schulleitungen,
>> die Notwendigkeit einer hohen Kompetenz in Moderationstechniken, Konfliktbearbeitung und im Umgang mit Widerständen,
>> die Unterschiedlichkeit und Legitimität von Interessen von Einzelnen und Gruppen und damit verbunden: Aspekte der Macht
>> die Notwendigkeit einer demokratischen Aushandlungskultur,
>> die Rolle von Partizipation aller Akteure am Entwicklungsprozess, die bei einer umfassenden Information beginnt.

Beratungsprozesse als Bildungsprozesse

Sowohl im Management als auch in Teilbereichen der Erziehungswissenschaft ist Beratung ein wichtiges Element der Berufsausübung geworden. In der Managementlehre gibt es eine unglaubliche Fülle an Beratungsangeboten und Workshops, die methodisch alle möglichen psychologischen, soziologischen und esoterische Ansätze umfasst. All dies kann als Ausdruck einer großen Ratlosigkeit und eines erheblichem Drucks in der Wirtschaft gewertet werden.

In der Pädagogik ist Beratung Teil einer jeden beruflichen Tätigkeit: Berufsberatung, Elternberatung, Erziehungsberatung, Förderberatung auf der einen Seite, Beratung von pädagogischen Institutionen und Organisationen (Familie, Jugendeinrichtungen, WB-Einrichtungen und natürlich auch Schulen) auf der anderen Seite. Eine dritte Ebene betrifft die Beratung von pädagogischen Fachkräften: Supervision oder Coaching, so wie sie beide schon lange zum professionellen Selbstverständnis in der Sozialarbeit und in sozialtherapeutischen Kontexten gehören. Die Relevanz von Beratung hat nicht nur dazu geführt, dass diese heute Teil des Studiums ist: in den 1980er Jahren wurde aufgrund eines Mangels sogar ein entsprechendes Funkkolleg entwickelt (Hornstein u.a. 1977). Allerdings gab es auch heftige Kritik an einer Schwerpunktsetzung auf Beratung (Giesecke), da man die Horrorvision von PädagogInnen sah, die – ohne jede Lebens- und Berufserfahrung – nur noch lernen, andere Menschen zu manipulieren.

Heute ist Beratung nicht bloß markanter Teil einer pädagogischen Professionalität: Auch die Schule als Institution nimmt Beratung durch externe Experten in Anspruch ebenso wie Lehrer oder Schulleitungsmitglieder Supervision – einzeln oder im Team – in wachsender Zahl nutzen. Speziell für die Schulentwicklung gibt ein umfangreiches Angebot, das sich auf interne oder externe Ansätze, auf schulnahe oder schulferne Experten bezieht, das berufsbegleitend oder im Aufbaustudium studiert werden kann oder für das es zumindest eine Fülle von Fortbildungsangeboten gibt. Alle Lehrerbildungsinstitute haben inzwischen entsprechende Formate im Angebot, wobei mit den Schulinspektionen, die nach internationalen Modellen nunmehr auch in Deutschland eingerichtet worden sind, neue Infrastrukturen geschaffen wurden. Zudem gibt es Netzwerke von Moderatoren, die je nach Bedarf von den Schulen für alle möglichen Fragen angefordert werden können.

Bei Beratungen ist zumindest zweierlei zu fragen: Zum einen ist der theoretische und konzeptionelle Hintergrund von Beratung zu thematisieren, der wiederum eng mit Rolle und Status von Beratern im Schulentwicklungsprozess verbunden ist. Das Spektrum reicht hier von einfacher Informationslieferung bis hin zu unmittelbarer Beteiligung als Akteur im Entwicklungsprozess. Es kann sich um externe Berater handeln, mit denen ein klarer Kontrakt abgeschlossen wird. In Baden-Württemberg hat man dagegen entsprechende Fortbildungen für LehrerInnen ausgeschrieben, die aus dem Lehrerteam heraus die Schulentwicklung voran bringen sollen. In der psychologischen Beratung und Therapie und in der Diskussion um Supervision gibt es eine umfassende Debatte über diese Frage. In der Schulpädagogik ist diese

Debatte bei weitem weniger verbreitet und ausdifferenziert. Speziell in Hinblick auf Schulentwicklungsberatung liegen inzwischen aussagefähige Konzeptionen vor.

In erster Linie ist hier wieder das einflussreiche Dortmunder Konzept zu nennen (Rolff u.a. 1998), das mit Erfolg viele Jahre in verschiedenen Bundesländern die Grundlage für die Qualifizierung von Schulleitern und Schulentwicklungsberatern war. Alle Elemente einer professionellen Beratung finden hier ihren Platz (s.u.). Von den theoretischen Grundlagen her gibt es eine starke Orientierung an der soziologischen Organisationstheorie. Referenzautoren sind Bateson, Senge, Dalin, eigene empirische Untersuchungen, die anglo-amerikanische Schulwirkungsforschung, Lewin, Managementtheorien, wobei allerdings – entsprechend dem Charakter als „Manual" – theoretische Grundlagen nicht ausführlich diskutiert werden. In dieser Hinsicht liefert Schöning (2000) eine wichtige Studie.

Auf aktuelle Ansätzen von Steuerungs- und Governance-Theorien auch als theoretischer Basis von Beratung wurde weiter oben hingewiesen. Hier geht es um die zur Zeit sich gut entwickelnde „evidenzbasierte Bildungspolitik" (Heinrich 2007), die sich auf die unterschiedlichen Systemebenen beziehen kann (siehe auch Berkemeyer 2010). Bei Schöning (2000) steht die einzelne Schule im Mittelpunkt. Er diskutiert als mögliche theoretische Grundlagen die folgenden Ansätze:

>> die Organisation als autopoietisches System (Luhmann)
>> organisationales Lernen (Bateson)
>> Psychoanalyse und Organisationskultur
>> ethische Begründungszusammenhänge der Schulberatung (Diskursethik).

Auf dieser Grundlage entwickelt er seinen eigenen „mehrdimensionalen Ansatz" der Schulentwicklungsberatung, der Beratung als „diskurs-hermeneutisches Verfahren" (ebd., S. 139) fasst. Seine drei Dimensionen der Beratung sind

>> Zeit (Dauer der Beratung: punktuell, mittelfristig, langfristig)
>> Komplexität: instrumentelle Beratung (Rat, Hilfe, Unterweisung), Supervision/ Mediation, Aktionsforschung (Organisationsdiagnose/OE)
>> Organisationstiefe der Entwicklung: periphere Veränderung; Teilsysteme; Organisationskultur.

Im Hinblick auf *kulturelle Schulentwicklung* sind m. E. zu berücksichtigen:

>> die Verortung in Hinblick auf die drei genannten Dimensionen. Hierbei scheint mir als letztliches Ziel die jeweils anspruchsvollste Variante (langfristig; Organisationskultur; OE) anzustreben zu sein, will man das Ziel einer „Kulturschule" erreichen.
>> Es ist zudem der Status des Beraters zu klären. Möglicherweise können modellartig unterschiedliche Berater-Typen (extern, intern; hohe Feldkompetenz, vielleicht sogar Lehrer, fachfremder Experte etc.) erprobt und verglichen werden.
>> Die moralphilosophische Dimension (dialogisch statt manipulativ) ist zentral, will man sich auch bei dem Beratungsprozess an den Prinzipien kultureller Bildung

orientieren (Bildung als Selbstbildung; Partizipation; Selbstermächtigung; Selbstwirksamkeit; Stärkenorientierung).

Es scheint, dass der Beratungsprozess als Bildungsprozess der Organisation Schule (Schulentwicklung als Selbst-Kultivierung der Schule) verstanden werden kann – mit allen Komplikationen, die der Bildungsbegriff mit sich bringt.

Ein Blick über die Grenzen

Schulentwicklung und Schulentwicklungsforschung in Deutschland waren immer schon international eingebettet. Auf die enge Zusammenarbeit von Rolff mit Per Dalin, der wiederum als langjähriger OECD-Verantwortlicher für Schulentwicklung ein breites internationales Erfahrungsspektrum einbrachte, wurde schon mehrfach hingewiesen. Spätestens seit den großen Flächenevaluationen hat sich der internationale Diskurs noch intensiviert. Empirische Schulforschung wird kaum noch im nur nationalen Rahmen betrieben. Trotzdem soll auf ein wichtiges nationales Beispiel kultureller Schulentwicklung, nämlich der Initiative von Creative Partnerships (CP), früher Arts Council England, seit 2009 unabhängig in CCE (Creativity Culture & Education) organisiert, hingewiesen werden.

Zunächst muss der Reichtum an englischsprachigen Texten zur Schulentwicklung („school development", „school improvement") erwähnt werden. So zeigt eine entsprechende Abfrage bei Google bei ersterem Begriff 59,7 Mio., bei letzterem Begriff sogar 219 Mio. Eintragungen an. „School Quality" ist mit 203 Mio. Einträgen vertreten. Sehr viele anglo-amerikanische Texte befassen sich dabei mit Fragen der Unterrichtsverbesserung: *Schulentwicklung ist überwiegend Unterrichtsentwicklung.* Ein Beispiel für ein (im Netz leicht zugängliches) Material ist etwa „School Improvement Planning – a Handbook" der kanadischen Provinz Ontario aus dem Jahr 2000, die 1998 mit einer grundlegenden Schulreform begonnen hatte. Bemerkenswert ist dieses eher zufällige Beispiel deshalb, weil der Toronto District School Board im Jahre 2008 den Bertelsmann-Schulpreis gewonnen hat, weil insbesondere die Integration der Jugendlichen durch die Schule hier besonders gut gelungen ist. (Information zum Preisträger: http://www.bertelsmann-stiftung.de/cps/rde/xbcr/SID-60F8F125-784E5773/bst/xcms_bst_dms_25445_25446_2.pdf; letzter Zugriff: 18.03.2010)

Durchaus relevant in unserem Kontext der *kulturellen Schulentwicklung* sind die folgenden Elemente:
>> Leitbild der Teilhabe und Chancengleichheit
>> Leadership bzw. Verantwortungsübernahme durch Führungskräfte
>> faire Ressourcensteuerung durch „Learning Opportunity Index"
>> Integrative Lernkultur und individuelle Förderung
>> regionale Unterstützungssysteme für Schulen und Lehrkräfte

>> Öffnung von Schulen für die Community, Einbeziehung der Eltern
>> innovative Maßnahmen für Problemgruppen
>> längere gemeinsame Lernzeiten

Das zitierte Handbook gibt praxisnah den Ablauf einer Schulentwicklung an und präsentiert Materialien wie Musterbriefe an die Eltern und Checklisten.

Kommen wir zurück zu Creative Partnerships (CP). Ausgangspunkt dieser Initiative war eine bildungs- und kulturpolitische Aufbruchstimmung mit Amtsantritt der damals neu gewählten Regierung Tony Blair. Jugend- und bildungspolitische Rahmenprogramme wie Every Child Matters und Youth Matters gaben die Leitlinien vor mit klaren politischen Visionen und Zielen. Sie werden seither regelmäßig überprüft und fortgeschrieben.

Eine zentrale Rolle als Referenzpapier spielte das unter der Leitung von Ken Robinson tagende National Advisory Committee on Creative and Cultural Education, das 1999 die Denkschrift „All our Futures" dem Bildungs- und Kulturministerium vorlegte. Dieses Papier unterstützte die Orientierung der Regierung Blair auf den Dienstleistungsbereich und hier vor allem auf die Kreativwirtschaft. Seither ist „creativity" die zentrale Leitformel der englischen Bildungs-, Jugend-, Kultur- und Schulpolitik.

„All our Futures" wird seither als Programm — etwa für die Entwicklung lokaler Regierungsarbeit — weiterverwendet.

In dieser Denkschrift finden sich alle Argumentationslinien, die auch die Tätigkeit des Arts Council und von CCE/CP prägen:
>> die Rolle der internationalen Wettbewerbfähigkeit Großbritanniens durch die Förderung aller kreativen Talente.
>> Grundlage hierfür sind gute Fähigkeiten in Lesen, Schreiben und Rechnen.
>> Für diesen Prozess ist creative and cultural education essentiell.
>> Es geht um human ressources.
>> Es geht um Ermutigung zu Innovation in allen Aktivitätsfeldern.
>> Cultural education ist mehr als künstlerische Bildung: Es geht um Werte und Normen, um Toleranz, um die Fähigkeit, mit Vielfalt umzugehen.
>> Die Schule spielt eine zentrale Rolle.
>> Nötig ist dabei eine veränderte kreative Lernkultur.
>> Hohe Anforderungen an Lehrer und Schüler, verbindliche Standards und ihre Überprüfung sind zentral.
>> Schulen brauchen Partner.

Für den Arts Council England (ACE) bedeutete dieses Programm einen Paradigmenwechsel in der Kunst- und Künstlerförderung. „Soziale Kohäsion" wurde zum Leitprinzip, der Bildungsaspekt von Kunst und Kultur wurde zentral. All dies hat natürlich Proteste gegen eine solche „Funktionalisierung" der Künste provoziert. Doch startete der Arts Council eine Reihe von Initiativen, die alle das Ziel hatten, möglichst viele

Kinder und Jugendliche innerhalb und außerhalb der Schule in Kontakt mit Künsten und Künstlern zu bringen. Dies reichte soweit, dass vom Arts Council aus – eine quasi staatliche Kunstförder-Agentur (arms-length-organisation) – bis in die Schulentwicklung hinein gewirkt wurde, etwa durch die Entwicklung von Gütesiegeln (art mark) für Schulen mit einem deutlichen Kunstprofil.

Eine gut dotierte Initiative war Creative Partnerships (CP), die die Zusammenarbeit von Schulen mit Künstlern verstärken sollte. Heute ist CP eine ambitionierte, landesweit aktive Agentur, die mittelfristig alle Schulen in England erreichen will. Allerdings hat die neue konservative Regierung das Programm erheblich zusammengestrichen. Hier interessieren nur die konzeptionellen Ideen einer kulturellen Schulentwicklung.

1. Der allgemeine Rahmen wird durch die oben erwähnte jugend- und bildungspolitische Programmatik gegeben. Der Report „All our Futures" mit seiner stark ökonomisch orientierten Denkweise ist zentrales Referenzpapier.
2. Schulen können sich darum bewerben, mit finanzieller Unterstützung und mit Hilfe von Beratern (creative agents) unter Einbeziehung von externen (Kunst-, aber auch Wirtschafts- und sonstigen) Experten (creative practitioners) in einen systematischen Schulentwicklungsprozess einbezogen zu werden. Für die unterschiedlichen Akteure sind spezielle Trainingsmaßnahmen vorgesehen.
3. Die wissenschaftliche Unterfütterung geschieht zum einen durch regelmäßige Evaluationen durch die offizielle Evaluationsagentur OFSTED. Für die Entwicklung eines Curriculums hat Noel Dunne einen Forschungsbericht „The Art of Looking Sideways" (2007) vorgelegt. CP leistet sich zudem ein aufwendiges Programm von Forschungsstudien – als umfassende Literatur-Studien angelegt – zu unterschiedlichsten Aspekten (z. B. kreatives Lernen oder Kulturindustrie), die jeweils die Thesen von „All our Futures" aufgreifen und vertiefen. Die wissenschaftliche Verortung des Schulentwicklungsprogramms geschah u.a. durch die Studie von Prof. Patricia Thomson von der University of Nottingham: Whole School Change: A Review of the Literature, 2007.

Pat Thomson ist eine ausgewiesene Expertin für kreatives Lernen und für Inklusionspädagogik. Einer ihrer Bezugsautoren ist Pierre Bourdieu, gerade in Hinblick auf Inklusions- und Exklusionswirkungen von Kunst hochrelevant.

Der Literaturbericht ist in zwei Teile geteilt: ein eher „philosophischer" Teil A („Food for Thought"), der sich mit der Frage auseinandersetzt, was „change" bedeutet und warum er nötig ist (change als Transformation oder Verbesserung). Es werden verschiedene Vorstellungen von Organisation vorgestellt (Schule als rationale Maschine, als ökologisches Netz, als System, als sinnproduzierende Intelligenz), es werden unterschiedliche Tiefen eines Wandels vorgestellt.

Ein Fazit: *Schulentwicklung geschieht auf mehreren Ebenen, braucht Zeit und Ressourcen.* (S. 19).

Schulreform wird in den Kontext gesellschaftlicher Entwicklungen gestellt, wobei an der herkömmlichen Schule Kritik geübt wird: Sie basiert auf veraltetem Denken, bildet die Schüler nicht für die neue Ökonomie, nutzt nicht die Möglichkeiten der neuen Informationstechnologien, muss verstärkt die Individualisierungstendenzen in der Gesellschaft berücksichtigen, behandelt fälschlicherweise alle Kinder gleich.

Der zweite Teil stellt Wege der Schulentwicklung vor. Sie unterscheidet zwei große Forschungsrichtungen: School Effectiveness (SE) und School Improvement (SI)-Ansätze und eine school and practitioner based inquiry (i. S. von Aktionsforschung).

Aus der Diskussion weiterer Ansätze wird als Konsequenz formuliert, dass folgendes nötig ist:

>> „local and regional autonomy,
>> support for teacher action and learning, at all levels,
>> external support which provides new financial and intellectual resources as well as critical feedback,
>> a philosophy to which schools can sign up
>> school staff involvement in important debates about change, and
>> networks within which schools can share ideas and experiencies.

Schools which change generally have a stable staff, a well worked out philosophy through which reasons for change can be justified and explained, a structure/culture which supports discussion and debate and sufficient autonomy and flexibility to engage in innovation.
They are not isolated – on the contrary, they are strongly connected with other like-minded schools. They enjoy district and central policies and practices which are aligned with their reform goals." (ebd., S. 54 f.)

Für unser Konzept der *kulturellen Schulentwicklung* lassen sich diese Schlussfolgerungen übernehmen.

Die Rolle der Künste in der kulturellen Schulentwicklung

Das Spezifikum des Ansatzes kultureller Schulentwicklung betrifft zum einen das Ziel einer Kulturschule, bei der Kultur in allen Bedeutungen (von eng – Kultur als Kunst – bis weit – Kultur als Lebensweise) eine zentrale Rolle spielt (s.o.). Kulturelle Schulentwicklung sollte jedoch bereits auf dem Entwicklungs- und Beratungsweg vielfältig künstlerisch-kreative Verfahren nutzen. Hierfür liegen Erfahrungen vor.

Einige Aspekte:
Zunächst ist daran zu erinnern, dass das Konzept kultureller Bildung künstlerische und ästhetische Bildung (Fuchs 2008 b) einschließt. Über die Bildungswirkungen eines Umgangs mit den Künsten liegen vielfältige Untersuchungen vor. Man gebe nur einmal bei einer Suchmaschine „Impacts of arts education" ein. Im anglo-amerikanischen Bereich dominieren dabei Untersuchungsansätze, die die positiven Auswirkungen einer Kunstbeschäftigung auf andere Unterrichtsfächer bestätigen (vgl. jedoch Rittelmeyer 2010). Auch die Stärkung der Schlüsselkompetenzen ist vielfach belegt (Schorn/Timmerberg 2009).

Im Hinblick auf Unterrichtsentwicklung beginnt inzwischen auch in Deutsch-land ein neues Stadium, in dem man Künste und KünstlerInnen sinnvoll auch in nicht-künstlerischen Fächern zum Zweck der Unterrichtsentwicklung einsetzt. Entsprechende Beispiele finden sich auf der Homepage der Arbeitsstelle kulturelle Bildung in Jugendarbeit und Schule NRW (www.kulturellebildung-nrw.de). Die Rolle des Gebäudes und der Schularchitektur ist schon seit langem Thema in der Schulpä-dagogik, u.a. im Rat für Baukultur. Christian Rittelmeyer hat sich hiermit jahrelang befasst (Rittelmeyer 1991). Der häufig genutzte Slogan ist: „Schule muss schön sein!". (Büchler u.a. 2007).

Auch für den Bereich der außerunterrichtlichen Angebote in der Schule („Schule ist mehr als Unterricht!") gibt es viele gute Erfahrungen mit den Künsten. Bei den Wettbewerben „Kinder zum Olymp" oder „mixed up" oder im Rahmen der Tätigkeiten der Deutschen Kinder- und Jugendstiftung, des NRW-Programms „Kultur und Schule" oder MUSE sind zahlreiche Beispiele für eine durch künstlerische Aktivitäten beein-flusste produktive Schulkultur zu finden. Bekannte Beispiele in Deutschland sind etwa die Helene-Lange-Schule (Riegel 2004) oder Preisträgerschulen bei dem Deutschen Schulpreis (Fauser u.a 2007).

Hartmut von Hentig wurde bei der Formulierung seiner Erfahrungen und Visionen mit der Schule – auch vor dem praktischen Hintergrund der Bielefelder Modellschul-versuche – nie müde, auf die unverzichtbare Rolle der Künste und vor allem des Theaters immer wieder hinzuweisen (Hentig 1993; vgl. auch Kahl 2004 und seine Initiative „Archiv der Zukunft").

Auch im Hinblick auf Personalentwicklung – was bei LehrerInnen eng verbun-den ist mit Unterrichtsentwicklung – gibt es zahlreiche Erfahrungen und Analysen.

Hessen stellt in seiner Initiative zur Entwicklung von Kulturschulen künstlerische
Lehrerfortbildung in den Mittelpunkt.

Bei vielen Beratungsverfahren im Bereich der Supervision, des Coaching und
der Organisationsentwicklung nutzt man inzwischen kreative und künstlerische
Methoden (Richter 1997 und 2009). In einigen Literaturreviews gibt es im Kontext
von creative partnerships sehr gute Überblicke über viele dieser Aspekte kultureller
Schulentwicklung (z.B. über creative learning, über das Konzept creativity, über arts in
education; vgl. http://www.creative-partnerships.com/research-resources/research/
literature-reviews,73,ART.html). Auch in der akademischen Schulpädagogik und Schulentwicklungsforschung nutzt man systematisch solche kreativen Verfahren (etwa bei
Rihm 2008, der sich an die Lerntheorie Holzkamps anschließt, bei Burow – Weisheit
der Vielen – oder in den Reflexionen von Wolfgang Edelstein). Insbesondere wurde
im Zuge der Durchsetzung von Ganztagsschulen die kulturell-ästhetische Dimension
betont (Keuchel 2007; vgl. auch die vielfältigen Initiativen der Deutschen Kinder- und
Jugendstiftung). Ebenso liegen zahlreiche Erfahrungen über Gelingensbedingungen
einer Zusammenarbeit von Schule und außerschulischen kulturpädagogischen und
Kultureinrichtungen vor (Kelb 2008; Hill u.a. 2009). Es kommt nunmehr darauf an, all
diese Erfahrungen in ein konzises Konzept kultureller Schulentwicklung zu integrieren
und dabei die beschriebenen Erfahrungen – etwa die systematischen Ansätze von
MUSE der Yehudi-Menuhin-Stiftung – zu nutzen.

Ansätze zu einem Curriculum für die Ausbildung kultureller Schulentwickler

Kulturelle Schulentwicklung braucht Unterstützung durch Berater. Die notwendigen
Kompetenzen dieser Berater ergeben sich aus den Erfordernissen des Entwicklungsprozesses der Schulen. Obwohl man inzwischen weiß, dass Vorstellungen
einer linearen und klar planbaren Entwicklung wenig mit der Realität zu tun haben,
versucht man immer wieder, diesen Entwicklungs- (und Beratungs-)Prozess entsprechend zu modellieren. Ich zeige hier ein kanadisches Beispiel (Abb. 41; vgl.
auch Rolff u.a. 1998). Inzwischen kann man bei fast allen Ansätzen davon ausgehen, dass Organisationslernen und hierbei die Konzeption von Senge (1999) eine
wichtige Rolle spielt. Seine fünf „Disziplinen" (Personal mastery, mentale Modelle,
die gemeinsame Vision, Team Lernen und immer wieder das System) sind praktisch
brauchbar wie theoretisch reflektiert. Ebenso seine Vorstellung von Dynamik, seine
Komplementarität von Analytik und Intuition, seine Fehlerfreundlichkeit. Für unsere
Zwecke machen auch der Untertitel („Kunst und Praxis der lernenden Organisation")
und die ausführlichen Exkurse zu den Möglichkeiten der Künste (z. B. 508 ff.) das
Buch zu einem wichtigen Referenzwerk.

Bei der kulturellen Schulentwicklung ist im Gegensatz zu allgemeinen Entwick-
lungsansätzen eine Grundentscheidung schon gefallen: Die Entscheidung über das
angestrebte Schulprofil. Damit verbunden sind Vorstellungen (Visionen) davon, wie die

Schule aussehen sollte. Da ein entsprechender Beschluss der Schulkonferenz (was die Unterstützung von Eltern, Lehrern, SchülerInnen und Schulleitung einschließt) vorliegen muss, ist von einem entsprechenden partizipativen Vorgang der Meinungsbildung auszugehen. Möglich ist jedoch auch, dass bereits zur Anbahnung eines solchen Beschlusses eine entsprechende Beratung stattfinden kann. In vorliegenden Konzepten der Schulentwicklungsberatung ist in der Tat dies der erste Schritt (wobei Rolle und Erwartungen in einem Kontrakt geklärt sein müssen). In dem beabsichtigten kulturellen Schulentwicklungsprogramm ist vorgesehen, der Schule geeignete Selbstevaluationsinstrumente anzubieten, die sie in die Lage versetzen, das bislang erreichte kulturelle Schulprofil in den verschiedenen Dimensionen (Unterricht, außerunterrichtliche Angebote, Lehrer, Schulkultur, Kooperationen, Gebäude etc.) selbst zu ermitteln als Grundlage für eine erste Formulierung von Zielen.

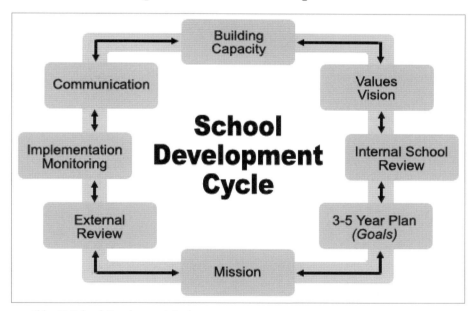

Abb. 41 School Development Cycle
Quelle: http://www.ed.gov.nl.ca/edu/k12/development/200608/index.html#sdc

Ein nächster Schritt ist die Formulierung eines Handlungsplanes, was etwa über die Formulierung eines Schulprogramms geschehen kann (Holtappels 2004). Es ist dabei möglich, dass die Entscheidung für ein kulturelles Schulprofil im Rahmen einer Evaluation durch eine Schulinspektion erfolgt, wie sie inzwischen auch in Deutschland eingeführt worden ist (Böttcher/Kotthoff 2007). Strategisch wäre es hierbei hilfreich (dies betrifft die Makroebene der Steuerung), entsprechende Indikatoren in die offiziellen Qualitätstableaus einzubringen. Für den ästhetisch-künstlerischen Bereich liegen Qualitätstableaus etwa der Deutschen Kinder- und Jugendstiftung oder der

BKJ (vgl. Abb. 20) vor. Diese können als systematische Raster für die Auswahl und Reihenfolge der zu bearbeitenden Aspekte dienen.

Der Entwicklungsprozess ist in erster Linie ein partizipativer und dialogischer Prozess, bei dem immer wieder mit Widerständen zu rechnen ist. Es muss zudem sichergestellt sein, dass es gute Rückmeldesysteme (Monitoring, Selbstevaluation) über den Entwicklungsstand gibt. Auch Zwischenerfolge müssen dokumentiert werden. Creative Partnerships verfährt – offenbar im Anschluss an entsprechende Konzeptionen der Organisationsentwicklung – in drei Etappen der Entwicklung: inquiry schools, change schools, schools of creativity. Dies ist sinnvoll.

Im Hinblick auf die Kompetenzen der Entwicklungsmoderatoren bieten sich zunächst einmal vorliegende Qualifizierungsmaßnahmen als Referenzsystem an. So schreibt die TU Dortmund (DAPF) aktuell ein entsprechendes Zertifikatsstudium mit folgenden Inhalten aus:

> „Bausteine
> >> Beratungsverständnis, Beraterrolle, Ablauf eines Beratungsprozesses
> >> Arbeit mit Schulleitung und Steuergruppen als Adressaten der Beratung
> >> Organisationsdiagnose
> >> Gesprächsformen und Umgang mit Widerstand
> >> Projektmanagement
> >> Qualitätsmanagement, interne Evaluation und Umgang mit Daten
> >> Gesundheitsförderung
> >> Großgruppendidaktik
> >> Feldphase: Diagnose und Kurzberatung einer Schule
> >> Bildung von Coaching-Gruppen
> >> u.a.m."

In unserem Kontext muss ein umfassendes Wissen über die oben vorgestellten Erfahrungen mit Künsten und kultureller Bildung von der Unterrichtsentwicklung über die Entwicklung einer entsprechenden Schulkultur bis zur Platzierung der Schule im Stadtteil (etwa in einer kommunalen Bildungs- und Kulturlandschaft) dazukommen. Wünschenswert ist zudem, dass man sich bei der Nutzung kreativer Methoden im Beratungsprozess auskennt.

Insgesamt lassen sich die zu vermittelnden Inhalte grob einteilen in
>> Wissensfelder, die etwa im Rahmen eines Selbststudiums geeigneter Materialien vermittelt werden können
>> zu erwerbende Fähigkeiten, etwa im Bereich der Kommunikation und Moderation, u.a. in Hinblick auf den Umgang mit Konflikten und Widerständen
>> Systematische (Selbst-)Reflexion, unterstützt durch kollegiale Beratung, Supervision und Coaching.

Entsprechende Erfahrungen von CP mit den creative agents sind einzubeziehen.

Gestaltung des kulturellen Schulentwicklungsprozesses

In einem nächsten Schritt sollen nun Konturen einer kulturaffinen Schulentwicklung und ihrer professionellen Beratung, Unterstützung und Moderation vertieft werden. Es ist dabei nicht beabsichtigt, einen referierenden und kritisch kommentierenden Überblick über alle oder zumindest viele Ansätze in der Schulentwicklungsdebatte zu geben (vgl. Göhlich 2001 oder Böttcher 2002). Es werden vielmehr sofort diejenigen Ansätze herausgegriffen, die bei dem jetzigen Kenntnisstand unserer Entwicklungsarbeit passfähig zu unserem Ansatz sind.

Ziel des Entwicklungsprozesses ist eine Kulturschule. Wichtig ist, dass bereits der Entwicklungsweg eine kulturelle Dimension hat. Insbesondere bedeutet dies in unserem Arbeitskontext, dass wichtige Prinzipien kultureller Bildungsarbeit bereits bei dem Entwicklungs-, Beratungs- und Moderationsprozess angewendet werden. Dies betrifft zum einen die Anwendung kulturpädagogischer Methoden unter besonderer Berücksichtigung einer ästhetisch-künstlerischen und kreativen Dimension. Es bedeutet zum anderen die Berücksichtigung kulturpädagogischer Arbeitsprinzipien: das Subjekt im Mittelpunkt, Stärkeorientierung, dialogisches Prinzip und Partizipation. Kulturelle Bildungsarbeit geht von dem Grundsatz aus, dass Bildung stets nur Selbstbildung sein kann. Damit verbunden ist das Prinzip, dass Lernen nicht delegiert werden kann und eigentlich nur dann erfolgreich ist, wenn es motiviert und freiwillig erfolgt. Lernen steht dabei im Mittelpunkt des Bildungsprozesses, wobei alle Formen und Dimensionen von Lernen, also formales, nonformales und informelles Lernen ebenso wie kognitives, ästhetisches, emotionales und körperbezogenes Lernen mit erfasst werden. Es gibt in der Akademie Remscheid und in der BKJ eine langjährige Diskussion über solche Formen eines „anderen Lernens".

Interessant ist, dass es hierbei große Gemeinsamkeiten mit Überlegungen gibt, die – z. T. vor einem anderen theoretischen Hintergrund – zu ähnlichen Ansätzen und Konzepten kommen. Dazu gehören Konzeptionen, die auf der Basis der Habitustheorie von Bourdieu den Körper als Ganzes als Subjekt des Lernens verstehen, so dass mimetisches und performatives Lernen in den Blick geraten. Dazu gehören Ansätze des informellen Lernens, die die unbewussten Möglichkeiten von Lernen thematisieren (vgl. etwa Göhlich/Wulf/Zierfas 2007 oder Fuchs 2008). Solche holistischen Ansätze führen etwa zu Begriffen wie „Lernkultur" (Hill u.a. 2008; Wulf u.a. 2007). All diese Überlegungen beziehen bereits die räumlichen, zeitlichen, sozialen und organisatorischen Kontexte des Lernens mit ein, sodass die Institutionen des Lernens – hier: die Schule, die bereits von der NRW-Bildungskommission (1995) als „Haus des Lernens" verstanden wurde – zwangsläufig in den Blick geraten:

Gelingendes Lernen erfordert eine geeignete Lernkultur als wesentlichem Bestandteil einer Schulkultur.

Dass auch die Aneignung von „Kultur" (Fuchs 2008a; 2012) unter der Perspektive des Lernens verstanden werden sollte, brachte schon der Titel meiner ersten syste-

matischen Gesamtdarstellung der Kulturpädagogik im Jahre 1994 („Kultur lernen")
zum Ausdruck. Mit der Berücksichtigung der Kontexte vermeidet man zudem einen
gravierenden Fehler, der etwa den Großteil der Geisteswissenschaftlichen Pädagogik
prägt, den „pädagogischen Bezug" als Dyade zwischen „Zögling" und Pädagogen unter
Ausblendung der jeweiligen institutionellen Kontexte zu verstehen (vgl. Merkens 2006).

Dieser Ansatz macht das zu entwickelnde Konzept anschlussfähig an vorliegende, z. T. gut ausgearbeitete Ansätze, die im folgenden kurz benannt werden sollen.
>> die Theorie der Praxis pädagogischer Institutionen (Göhlich 2001)
>> Ansätze einer „lernenden Organisation" (vgl. die Überblickswerke aus der Sicht
    der BWL Schreyögg 2008, aus sozialwissenschaftlicher Sicht Weik/Lang 2005;
    aus psychologischer Sicht Weinert 1987),
>> die auf die „Schule als lernende Organisation" übertragen worden sind (Fullan
    1999, Buchen/Rolff 2009)
    und die moderne Variante der älteren
>> Theorie der Organisationsentwicklung (Trebesch 2000) sind.

Damit wird deutlich, dass die Schule als sich entwickelndes dynamisches System
in einem sozialen Kontext mit zahlreichen Interessengruppen verstanden wird, das
sich – durch angeregte und ggf. moderierte Lernprozesse – selbst entwickeln muss
(„Selbstkultivierung von Schule"). Die Art und Weise des Schulemachens wurde mit
der „Kunst der Schule" charakterisiert, um die Spezifik des notwendigen Führungs-
wissens („Kunst") hervorzuheben.

Mit Göhlich und anderen (Böttcher/Terhart 2004; Göhlich/Hopf/Sausele 2005;
Geißler 2000) scheint es mir hochplausibel zu sein, neben den oben angeführten
soziologischen, psychologischen oder betriebswirtschaftlichen Ansätzen (so wie sie
etwa in Dortmund bei Rolff und Co. seit Jahren erfolgreich rezipiert werden) einen genuin
pädagogischen Ansatz zur Schulentwicklung zu erproben. Dazu ist ein pädagogisches
Verständnis von „Lernen" (Göhlich u.a. 2007) ebenso zu unterstellen wie es ergiebig
ist, das Lernen von und in Organisationen als originären Ansatz in den Mittelpunkt zu
stellen (Geißler 2000; „Organisationales Lernens": Göhlich in Göhlich u.a. 2007).

Der zunächst einmal bloß heuristische Kerngedanke der nunmehr knapp zu
beschreibenden Elemente des kulturellen Schulentwicklungsprozesses ist die Idee
einer Parallelisierung von individueller und organisationeller Entwicklung.

Nahe gelegt wird dieses Vorgehen auch durch die Rezeption des so genannten
Neo-Institutionalismus in der Pädagogik und die – ursprünglich von Fend proklamierte
und dann auch produktiv von Rolff und seinem Team aufgenommene – Erkenntnis aus
dem Scheitern der Topdown-Ansätze in der Bildungspolitik der 1980er Jahre, dass die
Einzelschule Subjekt und Objekt eigener Gestaltungs- und Entwicklungsprozesse sein
muss (Fend 2008): Die Schule besteht aus einer Vielzahl von internen Akteursgruppen
(Mikropolitik), sie agiert aber auch selbst in ihrem Kontext als eigenständiger Akteur.

Elemente des kulturellen Schulentwicklungsprozesses

Im folgenden wird die Grundidee einer Parallelisierung der „Lern-Subjekte" Individuum und Schule (siehe Abb. 3) an wichtigen Begriffen und Zusammenhängen knapp skizziert.

Leitbegriff kulturelle Bildung: Kulturelle Bildung als Selbst-Kultivierung der Schule und des Einzelnen

„Bildung" kann als Produkt und Prozess verstanden werden. Angestrebt wird die „Vision" eines handlungsfähigen Individuums, das im sozialen Kontext sein Leben sinnerfüllt gestaltet. „Bildung" wird bereits bei dem Einzelnen – auch in der Geschichte der Pädagogik – als Kultivierung verstanden. Dieser Begriff ist übertragbar auf die Schule als pädagogischer Institution. Dabei ist die Vision oder das Leitbild – heute selbstverständliches Element der Organisationsentwicklung bzw. der Schulprogrammarbeit – eine Schule, die die Kernaufgabe der Lernunterstützung der SchülerInnen erfüllt in einer entwickelten Schulkultur, die das Leben in der Schule für alle Beteiligten anregungsreich und förderlich gestaltet.

Leitprinzip (kulturelles) Lernen

Kern des Bildungsprozesses sind komplexe Formen des Lernens. Auch Institutionen können lernen. Göhlich hat den Vorschlag unterbreitet – vermutlich angeregt durch den UNESCO-Bildungsbericht Delors 1997 – vier Lernfelder zu unterscheiden (Göhlich u.a. 2007)

>> Wissen lernen
>> Können lernen
>> Leben lernen
>> Lernen lernen.
   Diese können sinnvoll auf die Institution Schule übertragen werden (ebd. S. 225 ff.).

Partizipation und dialogisches Prinzip

Partizipation und dialogisches Prinzip sind Kernprinzipien kulturpädagogischer Arbeit. Es ist inzwischen anerkannter Wissensschatz der Organisationstheorie – gerade in der Schule –, dass die Akteure in der Schule die Entwicklung ihrer Schule selber gestalten müssen, will Schulentwicklung erfolgreich sein.

Systemischer Ansatz

Dass Organisationen als soziale Systeme verstanden werden müssen, gehört ebenfalls zum Allgemeingut. Eher seltener wird dies in aller Konsequenz auf den Einzelnen übertragen, obwohl Luhmann auch dies tut. Der Systemgedanke in Bezug auf den Einzelnen könnte etwa bedeuten, dass die unterschiedlichen, ohnehin nur analytisch zu trennenden Dimensionen der Persönlichkeit (Kognition, Emotion etc.) in ihrem Wechselspiel zusammen gesehen werden müssen.

Beobachtung, Selbstreflexion und die Beobachtung des Beobachters

Ein Grundgedanke der Luhmannschen Systemtheorie ist das Prinzip der Beobachtung von Beobachtern. Dieses ist die Basis für eine im Dialog stimulierte Form der Selbstreflexion. Dieser Gedanke kann in Hinblick auf den Einzelnen etwa mit der Anthropologie Plessners („exzentrische Positionalität") oder mit der Sozialphilosophie im Anschluss an G.H. Mead begründet werden. In der Organisationsentwicklung wird es etwa in dem Qualitätsentwicklungsverfahren LQW (Zech 2008) angewandt, das für unsere Zwecke sehr geeignet ist. Basis ist eine institutionsspezifische Definition gelungenen Lernens. Diese wird systematisch in ihrer Relevanz für die verschiedenen Arbeitsbereiche der Institution durchdekliniert. Die Institution wird als System verstanden (ebd., S. 25f). Der Qualitätsentwicklungsprozess kommt dadurch zustande, dass die Mitglieder der Institution durch gestaltete Fragebogen zu einer Selbstbeobachtung ermutigt werden, die in einem Selbstbericht zusammengefasst wird. Dieser wird – als Beobachter der (Selbst)-Beobachter – von einem externen Gutachten hermeneutisch entschlüsselt, d.h. es wird das von diesem aus dem Bericht herausgelesene Selbstverständnis der Akteure diesen zurückgespiegelt, wobei diese wiederum den Fremd-Beobachter/Gutachter bei seiner Beobachtung beobachten (und diesem dies ebenfalls mitteilen). Das Verfahren führt zu einer erhöhten Selbst-Reflexion der Mitarbeiter der Einrichtung (und letztlich auch des Gutachters), wobei der Prozess dialogisch und partizipativ angelegt ist.

Anthropologie des Lernens, der Schule und das Change Management

Anthropologie des Lernens und Prinzipien des Change-Managements können ebenfalls zueinander in Beziehung gesetzt werden. Brohm (in Böttcher/Terhart 2004, S. 173 ff.) beschreibt das 3-W-Modell des Change-Managements. Demnach ist von einer Wandlungsbereitschaft, einem Wandlungsbedarf und einer Wandlungsfähigkeit als Voraussetzung eines Wandlungsprozesses auszugehen. Man erinnere sich nunmehr an die drei „Gesetze der pädagogischen Anthropologie" (Fuchs 2008), nämlich der Lernfähigkeit des Menschen, der Lernnotwendigkeit und der Tatsache, dass sich Lernbereitschaft darin artikuliert, dass Lernen ständig stattfindet. Lernen – verstanden als Wandel – kann also ohne Verkrampfung auch in dieser Hinsicht mit dem Wandel von Organisationen verglichen werden.

Die exzentrische Positionalität von Person und Institution

Von Helmut Plessner stammt der Gedanke, dass der entscheidende Motor der Menschwerdung darin zu sehen ist, dass es dem Menschen als einzigem Lebewesen gelingt, zu sich in eine selbstreflexive Position zu gelangen: Er tritt (virtuell) aus seiner Mitte heraus und kann eine Distanz zur Unmittelbarkeit seiner Lebensbedingungen herstellen. Dieser Prozess kann als entscheidende anthropologische Grundlage von Bildung verstanden werden (Fuchs 2008). In Beratungs- und therapeutischen Prozessen wird dies als methodisches Prinzip genutzt, wobei es vielfältige – u.a. auch sinnlich erfahrbare – Methoden gibt, diesen Prozess der Selbstdistanzierung zu unterstützen und so die Selbstreflexivität zu erleichtern – oder sogar erst in Gang zu bringen.

Dies ist auch für Organisationen möglich (König/Volmer 2000). Viele Verfahren der Organisationsentwicklung verwenden letztlich dieses methodische Mittel, wobei natürlich die Vielzahl der Akteure und Akteursgruppen innerhalb der Schule zu berücksichtigen ist. Eine Anthropologie der Schule (Weigand 2004) kann so analog zu einer Anthropologie der Person-Genese aufgebaut werden.

Kulturpädagogische Prinzipien

Die Übertragbarkeit von Prinzipien wie Stärkeorientierung oder „Bildung bzw. Schulentwicklung als Koproduktion" (Ackermann/Rahm 2004; Rahm 2005) sind unmittelbar einsichtig.

Weitere Überlegungen zum methodischen Vorgehen bei der Schulentwicklung(sberatung)

Der zunächst einmal nur heuristisch gemeinte Ansatz einer Parallelisierung von individueller und organisationsbezogener Entwicklung (Abb. 3) kann durchaus ertragreich in Hinblick auf eine Konturierung eines speziellen kulturpädagogischen Schulentwicklungsprozess sein. Diese Parallelisierung kann die Funktion übernehmen, das Konzept „kulturelle Schulentwicklung" fassbar und vermittelbar zu machen. Es kann zudem dazu dienen, diesen Prozess zu strukturieren. Es ermöglicht eine weitreichende Anschlussfähigkeit für verwandte Theorien – und zeigt die Verwandtschaft und Nähe zu vorhandenen bereits ausgearbeiteten Ansätzen auf. Für die BKJ und die Akademie Remscheid taugt diese Idee oder sogar Vision dazu, das umfangreiche Wissen und die Erfahrungen in der kulturellen Bildungsarbeit auch in den noch relativ neuen Bereich der Organisationsentwicklung einzubringen.

Die Schule als lernende Organisation – Neue Ansätze in der Organisationstheorie

Wie jede Theorie ist auch die Organisationstheorie in Bewegung. Theoriekonzeptionen werden verworfen, neue Ansätze sollen (tatsächliche oder vermeintliche) Fehler früherer Ansätze korrigieren. In Überblicksdarstellungen (Schreyögg 2008, Kieser 2001) kann man sich über die verschiedenen Ansätze informieren. Dass es neuere Entwicklungen gibt, bedeutet allerdings nicht, dass ältere Ansätze plötzlich verschwinden. Es ist vielmehr von einem konkurrierenden Nebeneinander verschiedener Ansätze auszugehen, wobei die Wissenschaftsgeschichte (z. B. über die Arbeiten von Thomas Kuhn) weiß, dass der Wettbewerb nicht nur in Kategorien von Wahrheit, sondern auch als politischer Kampf um Pfründe oder Reputation im Wissenschaftsbetrieb geführt wird. Die gilt natürlich auch für das Segment Schulentwicklung, in dem sich ebenfalls einige untereinander konkurrierende Ansätze bekämpfen.

Die neuere Entwicklung der Organisationstheorie, bei der die betriebswirtschaftliche Zugangsweise eine gewisse Hegemonie hat, eröffnet gerade für eine „kulturelle Schulentwicklung" hoffnungsvolle Perspektiven, die hier kurz angedeutet werden sollen.
Es gibt die Tendenz, Akteurs- und Strukturansätze miteinander zu kombinieren. Im Hinblick auf Schule sind hier etwa die neueren Arbeiten von Helmut Fend zu nennen (Fend 2006). Diese Ansätze eröffnen damit auch neue Perspektiven, die Beziehung

Mensch/Organisation und hierbei das Wechselspiel zwischen Organisations- und Professionstheorie genauer zu betrachten. Für die Schule betrifft dies insbesondere die Debatte um die Professionalisierung des Lehrerberufs (Helsper u.a. 2008).

Man nimmt Abschied von linearen Vorstellungen eines Ursache-Wirkung-Zusammenhanges, die in den früheren Ansätzen der Schulentwicklung (etwa rund um Dortmund) noch stark präsent waren. Systemische Ansätze oder Ansätze der Mikropolitik führen dazu, die Komplexität des Geschehens in der Schule angemessener wiederzugeben. Dies gilt auch für die jüngeren Entwicklungen in Dortmund (vgl. Buchen/Rolff 2008). Dabei spielen eher systemische Ansätze im Anschluss an Bateson als Luhmann-orientierte Ansätze eine Rolle.

Man kann inzwischen geradezu von einem Siegeszug interpretativer phänomenologischer und konstruktivistischer Forschungsmethoden auch im Hinblick auf Organisationen sprechen. Damit kommen zugleich andere Dimensionen in den Blick. Dies geschieht etwa rund um die Ansätze der Organisationskultur im Anschluss an E. Schein (2003). Der ethnologische Kulturbegriff, der das Leben als Ganzes mit seinen Praxen, seinen Vergegenständlichungen (Artefakten), den Ritualen, den Werten und Normen, wurden rezipiert und auf Organisationen angewandt (vgl. Fuchs 2008a). Damit rückt auch die informelle Ebene, rücken formal nicht vorgesehene Subkulturen ins Blickfeld. Auch die Mythen, die in einer Organisation existieren, werden als relevant erkannt. Schreyögg (2008; Kap.2.3.5 und Kap. 6) fasst diese Ansätze unter der Rubrik „Postmoderne Organisationstheorie" zusammen und ordnet sie nach vier zentralen Themen:

>> Kritik an der in der Moderne dominierenden Rationalität. Stattdessen spielen Mythen, das A-logische und Irrationale eine Rolle.
>> Symbolisierte Ansätze, die die Organisation als symbolisch konstituierte Sinnwelten begreifen.
>> Konstruktivistische Ansätze, die die „Objektivität" als Grundkategorie früherer Forschungsansätze in Frage stellen.
>> Praxeologische Ansätze, die die Praktiken der handelnden Akteure in den Mittelpunkt stellen.

All diese Ansätze sind inzwischen in der Schulforschung angekommen (vgl. Helsper/Böhme 2004).

Insbesondere beschäftigen sich Helsper/Böhme mit Schulmythen (Helsper u.a. 2001), Wulf u.a. befassen sich mit Performativität und Ritualen, Göhlich versteht Schulentwicklung als Schulkulturentwicklung.

Relevant in unserem Kontext ist auch die Tatsache, welch starke Rolle inzwischen „analoge Verfahren" (im Gegensatz zu „digitalen Verfahren", eine Unterscheidung die auf Watzlawik zurückgeht) in (Theorie und Praxis) der Organisationsberatung spielen. So widmen König/Volmer (2000) ein umfangreiches Kapitel der Darstellung, wie man mittels Symbolen, Körpersprache, mit Verfahren der Visualisierung oder mit „Systemskulpturen" bei der Organisationsberatung arbeiten kann – alles Methoden, die aus dem Feld des kulturellen Lernens stammen können (und es auch tun; vgl. Richter 2009). Im Rahmen der Darstellung organisationalen Lernens

(Pawlowski/Geppert in Weik/Lang 2005, Bd. 2, Kap. 8) spielt neben dem kognitiven und verhaltensbezogenen Ansatz auch das *„kulturelle Lernen"* eine Rolle (S. 279):

> „Kulturelles Lernen hat seinen Ursprung in interpretativen Ansätzen des menschlichen Verhaltens und basiert auf der Auffassung, dass Organisationsmitglieder im Zeitablauf ein System intersubjektiv geteilter Bedeutungen (Konstruktionen der Wirklichkeit) entwickeln, die durch Artefakte wie z. B. Symbole, Metaphern, Rituale und Mythen, die wiederum durch Werte und Einstellungen getragen werden, vermittelt wird. Die Entwicklung dieser kulturellen Muster wird insbesondere auf der organisationalen und Gruppenebene des Lernens thematisiert." (ebd.)

Diese Begriffsbestimmung *kulturellen Lernens*, die aus der allgemeinen Organisationstheorie stammt, ist jedenfalls anschlussfähig zu Auffassungen kulturellen Lernens im Kontext der kulturellen Bildung. Diese Anschlussfähigkeit wird auch durch die Genese solcher symbolorientierter Ansätze nahegelegt. So sieht Czarniawska-Joegers (in Ortmann 2000, S. 360 ff.) die französischen Symbolisten rund um Mallarmé in ihrer Opposition zum Realismus als Ahnen der Symboltheorie in Soziologie, Philosophie, Ethnologie etc.

Merkmal	Organisationskultur	Organisationaler Symbolismus	Organisationaler Diskurs
Theoretischer Hintergrund	Funktionalistische Kulturtheorie, Kognitionstheorie, Sozialer Konstruktivismus, Symbolischer Interaktionismus	Symbolischer Interaktionismus, Konstruktivismus	Semiotik, Poststrukturalismus (v.a. Foucault), Theorie der Sprechakte, Konstruktivismus, Konversationsanalyse/Ethno- methodologie
Untersuchungsgegenstand	Grundannahmen, Weltbilder, ihre integrierende Wirkung und der Prozess ihrer Entstehung	Symbole, der Prozeß ihrer Deutung	Sprache und Sprachgebrauch
Zentrale Begriffe	Grundannahmen, Werte, Weltbilder, kognitive Landkarten, „shared meanings", Subkulturen („diversity")	Symbol, Symbolsysteme, symbolische Felder, geteilte und subjektive Bedeutung	Diskurs(e), Kommunikation, Text, Kontext, Metapher, Narrative, Macht, Ideologie, Prinzip der diskursiven Realität
Zentrale Thesen bzgl. sozialer Mechanismen	In Organisationen existieren historisch entstandene, gemeinsame, kognitive und/oder evaluative Orientierungsmuster und Interpretationsschemata, die das Verhalten der Mitglieder beeinflussen und steuern. Sie sind begrenzt beeinflussbar und gestaltbar.	Gemeinsame Inter-pretationsschemata von organisationalen Symbolen bzw. Symbolsystemen führen zu gemein-samer Sinnzuschrei-bung und somit auch partiell zu gemeinsamen Handlungen.	(Teilweise) Integration und Koordination werden durch Kommunikation auf der Mikroebene erreicht, auch wenn sie nicht expliziter Inhalt sind. Im Rahmen dieser Kommunikation konstruieren/dekonstruieren und bestätigen/bezweifeln die Mitglieder Annahmen, Rollen, Strukturen etc.

Abb. 42: Vergleich von Organisationskultur, Organisationalem Symbolismus und Organisationalem Diskurs (Weik/Lang, 2005, S. 213)

Ein weiterer neuerer Ansatz ist das Konzept der lernenden Organisation (alternativ: organisationales Lernen). In der Schul(entwicklungs)theorie wurden diese Ansätze seit den 1970er Jahren aufgegriffen. Allerdings blieb auch hier keiner der Anwendungsversuche der Organisationstheorien auf die Schule unwidersprochen. Dies gilt auch für das Übertragen des Konzeptes der lernenden Organisation auf die Schule („lernende Schule"): Die Schule sei eine solch besondere Institution (etwa aufgrund ihrer Einbindung in die staatliche Bürokratie), dass solche für „autonome" Organisationen entwickelten Ansätze nicht auf sie angewandt werden könnten. Die Praxis mit ihren zu lösenden Problemen kann allerdings nicht darauf warten, bis derartige Theoriedebatten zu einem praktikablen Ergebnis führen. Daher wird – explorativ – der Grundgedanke der lernenden Organisation hier weiter verfolgt. Da ist zunächst die Frage nach den Lerntheorien (die ja bekanntlich nicht für Gruppen oder soziale Systeme, sondern für Individuen entwickelt werden): Welche der Lerntheorien (verhaltenspsychologisch, sinnverstehend, konstruktivistisch etc.) ist überhaupt anwendbar? Eine große Rolle im Kontext des Organisationslernens spielt die Lerntheorie von Bateson, der single-loop-, double-loop- und Deutero-Lernen unterscheidet, wobei die jeweils höhere Lernstufe durch Reflexion der niedrigeren Zustande kommt.

Passfähig zu der Anwendung von Lerntheorien ist dabei das Konzept der Organisationskultur von Schein (2003), der drei Ebenen der Organisationskultur unterscheidet:
>> Artefakte als sichtbare Strukturen und Prozesse
>> bekundete Werte und
>> Prämissen als unbewusste Gedanken und Gefühle (implizites Wissen)

Als Bereiche des Lernens ist die klassische Aufteilung in Wissen, Können und Wollen in nahezu jeder Lerntheorie zu finden.

Wichtig ist zudem der Zusammenhang zwischen dem Lernen von Individuen, von Gruppen und dem Lernen der gesamten Organisation.

Bormann (2002, S. 292) unterscheidet die folgenden Lernanlässe:
>> kurzfristige Erfolge
>> wahrgenommene Fehler
>> sinnvolle Tätigkeiten
>> Partizipationsmöglichkeiten
>> neue Anforderungen
>> Gestaltungsmöglichkeiten.

Bormann (2002) kommt in ihrer Studie über ein durchaus vergleichbares Projekt (Konzentration der Schule auf Fragen der Umwelt) zu dem Ergebnis, dass folgende Interventionen hilfreich waren (ebd., S. 2248ff.):
>> breite Beteiligung durch akzeptanzfördernde Maßnahmen schaffen
>> Aktivitäten in bekannten Formen diskutieren

>> Situationen herbeiführen, in denen die Kompetenzen wirksam eingesetzt werden können.
>> Geduld aufbringen.

Das Prinzip Ästhetik in verschiedenen Qualitätsbereichen

Die Realisierung des Konzeptes der Kulturschule besteht wie oben angeführt darin, in allen Qualitätsbereichen von Schule Möglichkeiten zu schaffen, ästhetische Erfahrungen zu machen. Über die unterscheidbaren Qualitätsbereiche gibt es in der internationalen Schulforschung einen weitgehenden Konsens, so wie er etwa in dem Qualitätstableau von SEIS bzw. in den Qualitätstableaus der Bundesländer dargestellt wird. Kernbereich von Schule ist – bei aller berechtigten Rede von der Lebenswelt Schule – der Unterricht. Hierbei kann gezeigt werden, in welcher Weise erfahrungsorientierte („aisthetische") oder sogar künstlerische Zugangweisen in jedem Fachunterricht zur Anwendung kommen können. Entsprechende Arbeitshilfen liegen vor (z.B. Arbeitsstelle 2012). Man kann zudem zeigen, dass in jedem Curriculum der verschiedenen Schulformen und Länder viele Möglichkeiten bereits jetzt vorgesehen sind, künstlerische Zugangsweisen zu integrieren. Unmittelbar mit dem Unterricht hängt – quasi als weiterer „Lehrkraft" – das räumliche Ambiente zusammen. „Schule muss schön sein" ist bereits jetzt ein anerkannter Slogan. Auch die Erziehungswissenschaft kennt die Notwendigkeit einer qualitätsvollen Architektur seit langem. Damit ist zugleich das Konzept einer entwickelten Schulkultur angesprochen. Neben der gegenständlichen Umgebung geht es hierbei um die Qualität des sozialen Umgangs. Partizipation (die „demokratische Schule"), die Kooperation mit außerschulischen Partnern, hier vor allem: mit Künstlern und kultur(-pädagogischen) Einrichtungen, Elternarbeit etc. sind Qualitätskriterien, die in einem normativen Verständnis von Kultur (Selbstkultivierung von Schule), eine zentrale Rolle spielen. Damit ist zugleich die Qualifikation zum einen des Lehrpersonals, aber auch der Schulleitung angesprochen. Unterrichtsentwicklung und Personalentwicklung gehen bekanntlich Hand in Hand. Dass künstlerische Methoden für LehrerInnen aller Fächer hilfreich ist, zeigt etwa die lange Erfahrung der hessischen Lehrerfortbildung, wo ein mobiles Team komplette Schulkollegien aufsucht und mittels künstlerischer, v.a. theatraler Erfahrungen fortbildet. Ähnliches gilt für Schulleitungen, zumal es einen Trend gibt, im Rahmen der Realisierung einer erhöhten Autonomie von Schule auch die Entscheidungsbefugnisse der Leitung auszudehnen und die Leitungs- und Führungskompetenzen zu verbessern (Buchen/Rolff 2006). Bei den Schulungs- und Vorbereitungslehrgängen zukünftiger Schulleitungen, die sich ebenfalls auf Länderebene durchsetzen, spielen spielerische Erfahrungen vor allem im Bereich der Kommunikation eine wichtige Rolle.

Diese Trends sind keineswegs auf Deutschland begrenzt. Vielmehr gibt es deutliche internationale Entwicklungen in diese Richtung. So hat man bei der letzten UNESCO-Konferenz zur kulturellen Bildung in Korea eine „Seoul Agenda" verabschiedet, die u.a. die Forderung enthält, das Prinzip Ästhetik als Mittel der Entwicklung des gesamten Schulwesens offensiv einzusetzen.

Ein überzeugendes Beispiel für den Stand der Diskussion ist das Internationale Handbuch zu kreativem Lernen (Sefton-Green u.a. 2011), in dem von der Geschichte und Theorie des kreativen Lernens über Schulentwicklung und Unterrichtsentwicklung bis hin zur entsprechenden Veränderung des gesamten Schulsystems alle Facetten rund um Schule (auf der Makro-, Meso- und Mikroebene) durchdekliniert werden. Als ein praktisches Beispiel unter vielen wird hier der Ansatz von Oberhausen (Abb. 43 und 44 Kulturschule) dokumentiert.

**Anforderungen für Kulturschulen /
Verfahren zur „Kulturellen Schulentwicklung"**

- Erkennbarer kultureller Schwerpunkt im Schulprogramm, IST-Stand des kulturellen Profils
- Schulkonferenzbeschluss
- Aktive Mitarbeit von Lehrerinnen, Lehrern, Eltern, Pflegschaften, Förderverein und evtl. Sponsoren
- Erkennbare Kooperation mit außerschulischen Partnern / Lernorten
- Erkennbare Auswirkungen auf die Schulkultur
- Erkennbare Angebote, bei denen Kinder Kunst und Kultur selbst erschaffen
- Anbahnung von Schlüsselkompetenzen für die Persönlichkeitsbildung durch kulturelle Bildung
- Vernetzung mit dem regulären Unterricht
- Nachhaltigkeit der angestrebten Entwicklungsziele
- Darstellung des Entwicklungspotentials zu Verwirklichung kultureller Bildung für die nächsten 3 Jahre
- Teilnahme an selbst gewählten kulturellen Landesprojekten
- Bereitschaft zur Evaluation
- Öffentlichkeitsarbeit / Präsentationen

Der Mehrwert bei einer Projektbeteiligung

- Profitierung von professionellen Kompetenzen
  Bibliothek, Theater, VHS, Museen, Musikschule, Malschule…
- Unterstützung / Vermittlung bei Kooperationen zwischen Kulturinstituten und Schulen
- Verankerung in einem Netzwerk kultureller Bildung
- Abbau von Schwellenängsten
- Ausgestaltung kultureller Konzepte im Schulprofil
- Aufzeigen von Finanzierungsmöglichkeiten
- Attraktivitätssteigerung

Projekt

Das Pilotprojekt „KulturSchule" ist eine Gemeinschaftsaktion innerhalb eines neuen, innovativen und kreativen Bildungsnetzwerks folgender Partner:

- ➢ Bildungsbüro
- ➢ Kulturinstitute der Stadt Oberhausen:
  - ▪ Öffentliche Stadt(teil)bibliothek
  - ▪ sba - Schulbibliothekarische Arbeitsstelle
  - ▪ Radiowerkstatt im Bert-Brecht-Haus
  - ▪ Theater Oberhausen - Theaterpädagogik -
  - ▪ Ludwiggalerie Schloss Oberhausen
  - ▪ Stadtarchiv
  - ▪ Bunkermuseum Oberhausen
  - ▪ Gedenkhalle Oberhausen
  - ▪ Musikschule
  - ▪ Kulturbüro
  - ▪ Schulkultur / Schulmuseum Oberhausen
  - ▪ Volkshochschule
  - ▪ Internationale Kurzfilmtage
  - ▪ Kooperation Stadt Oberhausen - Seh-Sternchen Agentur für päd. Kultur- und
    Medienarbeit
  - ▪ Medienzentrum
- ➢ LVR Industriemuseum Oberhausen
- ➢ Schulaufsicht
- ➢ Schulverwaltung
- ➢ Schulen
- ➢ Bereich Jugend

Abb. 43: Kulturschulen in Oberhausen

Aus der Rahmenvereinbarung der Schule mit dem Bildungsbüro:

Präambel

Gemeinsames Bildungsverständnis

Bildung ist mehr als Schule – keine Institution schafft Bildung allein, notwendig ist die Vernetzung und sozialräumliche Ausgestaltung von schulischen und nichtschulischen Bildungsorten und Lernwelten. Damit einher geht ein Verständnis von ganzheitlicher Bildung, das neben der formalen Bildung auch non-formale und informelle Bildungsprozesse umfasst.

Kulturelle Bildung in der Schule ist kein Luxus sondern im Kinder- und Jugendfördergesetz Nordrhein-Westfalen als ein Schwerpunkt der Kinder- und Jugendarbeit ausgewiesen: „Sie soll Angebote zur Förderung der Kreativität und Ästhetik im Rahmen kultureller Formen umfassen, zur Entwicklung der Persönlichkeit beitragen und jungen Menschen die Teilnahme am kulturellen Leben der Gesellschaft erschließen." (§10 Abs.3 Jugendfördergesetz NW)

Durch die Zusammenarbeit von Schule und Kultur entsteht eine kreative Lernatmosphäre, die Kindern und Jugendlichen neue Zugänge zu Bildung eröffnet.

Kulturelle Bildung ist ein entscheidendes Fundament, um die Lebensperspektiven von jungen Menschen und ihren Familien in einer modernen Informationsgesellschaft zu sichern. Kinder und Jugendliche brauchen Fähigkeiten und Handlungskompetenzen, die nicht nur mit Wissen, sondern auch mit Lebenskunst, mit gefestigter Persönlichkeit, Selbstvertrauen und Motivation zu tun haben. Ästhetische Praxis und Auseinandersetzung mit Kunst und Kultur zielt auf diese Schlüsselkompetenzen. Dazu gehören zum Beispiel: Kreatives Denken, Improvisationsvermögen, Ausdruckfähigkeit, soziale Kompetenz, Toleranz, Selbstorganisation, Ausdauer oder auch die Fähigkeit, die Initiative zu ergreifen.

Kulturelle Bildung ist mehr als Wissen und Fähigkeiten: sie umfasst die Persönlichkeitsbildung. Kinder und Jugendliche brauchen nicht nur gute Noten in den „harten" Fächern. Für eine gelingende Lebensführung brauchen sie Gelegenheiten, ihre kreativen Stärken zu entdecken und spielerisch soziale Kompetenzen zu entwickeln.

Schule

Schulprogramm / Schulinternes Curriculum

- Zur Einbettung der kulturellen Projekte in den Schulalltag müssen diese im Schulprogramm verankert sein, damit sie Teil der Schulentwicklung sind.
- Die Projekte müssen in die kompetenzorientierten Kernlehrpläne eingebunden werden.
- Die Projekte sollen in mehreren Fachbereichen verankert und fächerübergreifend / jahrgangsübergreifend erarbeitet werden.
- Bei den Projekten soll die Kooperation mit außerschulischen Partnern/ Lernorten sichtbar werden.
- Die Entwicklung des kulturellen Schwerpunktes im Schulprogramm muss dokumentiert werden.

Schulkultur

Die Weiterentwicklung und Umsetzung von Konzepten zu Kultur und Bildung hat unmittelbare Auswirkungen auf die Schulkultur.

- Der Lebensraum Schule wird als positiver Lernort erlebt, in dem Lernen zur Mitgestaltung anregt und alle Beteiligten einbindet.
- Das Gebäude, das Schulgelände und die Gestaltung der Räume bereichern die Gesamtatmosphäre der Schule.
- Die soziale Kompetenz zeigt sich in einem wachsenden Verantwortungsbewusstsein der Schülerinnen und Schüler. (z. B. Streitschlichtung, Mediation, Klassenrat)
- Durch die kulturellen Projekte erschließen sich für alle Beteiligten (Schulleitung, Lehrerkollegium, Schüler, Eltern, externe Fachkräfte) Zugänge zum kulturellen und gesellschaftlichen Leben, in dem neue Kommunikationsstrukturen entstehen.
- Die kulturellen Projekte sind unter anderem in den Stadtteil eingebunden.

Unterrichtsqualität

Die pädagogische Arbeit zielt darauf ab, Kinder sowohl in ihrer Individualität zu achten, sie zu fördern und zu fordern als auch ihren Gemeinsinn zu entwickeln.

Ein Prinzip des Unterrichts ist eine präsentationsorientierte Pädagogik. Diese steht ergänzend zu der allgemeinen, durch Richtlinien und andere Vorhaben definierten schulischen Alltagsarbeit: Den Schülerinnen und Schülern werden gesellschaftliche Grundwerte und Tugenden nahegelegt. Sie werden dazu angehalten, ihre Arbeitsergebnisse und sich selbst öffentlich zu präsentieren.

- Der Unterricht unterstützt aktive Lernprozesse durch Eigentätigkeit und selbstverantwortliches Lernen.
- Der Unterricht integriert Formen des forschenden Lernens.
- Der Wechsel von formellen und informellen Lernangeboten schafft ein anregendes Lernklima.
- Präsentationsformen werden alters entsprechend angewendet.
- Das Leistungskonzept enthält auch stärkenorientierte Anerkennungsverfahren.
- Der Unterricht berücksichtigt jahrgangs- und fächerübergreifendes Arbeiten.
- Teamarbeit ist Teil der Unterrichtsorganisation.

Kommunikation und Dialog

- Die Schulleitung fördert die Beteiligung von Kolleginnen und Kollegen am Prozess der Schulentwicklung durch regelmäßige Konferenzen und Fortbildungen.
- Eltern werden in geeigneter Form in die Projektentwicklung eingebunden.
- Der fachliche Austausch mit externen Mitarbeiterinnen und Mitarbeitern findet regelmäßig statt.
- Öffentlichkeitsarbeit ist Teil der Projektentwicklung.

Evaluation

Die Evaluation des Kulturellen Projektes ist ein wichtiger Bestandteil des pädagogischen Prozesses. Die Schule installiert eine schulinterne Evaluationskultur (Feedback, etc.)

Öffentlichkeitsarbeit

Die Schule als lebendiger Lernort hat vielfältige Verbindungen in den Stadtteil und das Schulumfeld. Als lebendiges und gut funktionierendes Netzwerk in einer kommunalen Bildungslandschaft macht sie den Stadtteil / die Stadt attraktiv und lebenswert.

- Die Schule hat eine Webpräsenz.
- Die Schule informiert durch Flyer / Schülerzeitung und Pressearbeit.
- Die Schule präsentiert sich in der Öffentlichkeit durch die Teilnahme an außerschulischen Aufführungsmöglichkeiten und schulischen Umfeld.

Nachhaltigkeit/ Transfermöglichkeiten

Der Aufbau kommunaler Bildungslandschaften beinhaltet die Erarbeitung von Strategien und Strukturen für Austausch, Vernetzung und Entwicklung von Schulen und regionalen Partnern. Die Ergebnisse des Pilotprojektes „KulturSchule" sollen zu einer dauerhaften Zusammenarbeit der Partner kultureller Bildung und der Bildungseinrichtung führen sowie in andere Schulformen übertragen werden.

Unter diesem Aspekt sind Transfermöglichkeiten zu entwickeln

zum Beispiel:

- Vernetzung im Sozialraum
- Transfer von Praxiserfahrungen
- öffentliche Darstellung
- Konzeptevaluation
- individuelle Lernbiografien (beispielhaft).

Abb. 44

Schlussbemerkungen: Forschungsfragen und Evaluationen

Es ist ein roter Faden dieses Textes, dass eine Kulturschule die genuinen Aufgaben von Schule erfüllt. Solange dies bloß eine Behauptung ist, hat man lediglich die „Versprechungen des Ästhetischen" um ein weiteres angereichert: Dass Kunst und Ästhetik das Schulemachen erleichtern. Was notwendig ist, sind belastbare empirische Untersuchungen, ob diese Behauptung stimmt und unter welchen Umständen sich Erfolge einstellen. Dies konnte nicht Gegenstand dieses Textes sein, da es hier lediglich um eine Vergewisserung von theoretischen Grundlagen und eine Verortung des Konzeptes der Kulturschule im wissenschaftlichen (und z. T. bildungspolitischen) Diskurs ging. Allerdings steht man in Hinblick auf belastbare Wirkungsbehauptungen nicht mit leeren Händen da. Zum einen gibt es eine enorme Menge an empirischen Untersuchungen zu den Auswirkungen einer ästhetisch-künstlerischen Praxis auf andere Schulfächer. Man gebe nur einmal „impact of arts" oder „music oder arts education" in eine Suchmaschine ein und man wird mit einer enormen Menge an Untersuchungen, vor allem aus dem anglo-amerikanischen Raum belohnt. Es darf als erwiesen gelten, dass es entsprechende Wirkungen gibt, auch wenn diese Untersuchungen selbst kritisch analysiert werden müssen (vgl. Rittelmeyer 2010). Zudem gibt es nicht nur weitere Untersuchungen zur Wirksamkeit kultureller Bildung, etwa in Hinblick auf Schlüsselkompetenzen: Mit dem Kompetenznachweis Kultur gibt es inzwischen ein (mehrfach erfolgreich fremdevaluiertes) Instrument, den Erwerb von Schlüsselkompetenzen zu belegen bis hin zur Vergabe eines außerschulischen Bildungspasses (Timmerberg/Schorn 2009; dort finden sich auch Berichte über Fremdevaluationen von Erpenbeck und Thomas).

Ein wichtiges Referenzmodell für das hier vorgestellte Konzept einer Kulturschule ist die englische Initiative creative partnerships. Dort wurde ein ähnliches Konzept jahrelang mit großer Energie, in den letzten Jahren allerdings mit erheblich reduzierter öffentlicher Förderung durchgeführt. Zu der Tradition englischer Schulversuche gehört eine systematische Evaluation von OFSTED, der offiziellen Evaluationsagentur, mit positiven Ergebnissen: Neben einer Verbesserung der PISA-Ergebnisse der betreffenden Schulen hat man eine signifikante Verbesserung bei der Gesundheit der Lehrer (gemessen am Krankenstand), dem Wohlfühlen von Schülern (gemessen an der Schwänzquote) und bei der Elternarbeit festgestellt. Hieran können deutsche Untersuchungen anknüpfen. Solche Untersuchungen sind insbesondere bei dem Kulturagentenprojekt der Bundeskulturstiftung und der Stiftung Mercator vorgesehen, das zumindest bis 2016 laufen soll und an dem rund 150 Schulen beteiligt sind. Daneben gibt es eine Vielzahl von Einzelschulen, die sich selbst auf den Weg zur Kulturschule gemacht haben und die für eine systematische Evaluation eine empirische Basis bieten. Erste Ergebnisse sind in einer Weise ermutigend, dass man guten Gewissens das hier vorgestellte Konzept propagieren kann. Allerdings gibt es noch ein weites Forschungsfeld. So gibt es in der Kulturpädagogik noch zu wenig Aufmerksamkeit für das Problem der institutionellen Kontexte von ästhetischem Lernen. In Hinblick auf die Kulturschule ist zudem zu prüfen, inwieweit nicht nur die pädagogische Funktion der Persönlichkeitsentwicklung gut erfüllt wird: Problematischer wird es in Hinblick auf die gesellschaftlichen Funktionserwartungen. Wie ausgeführt muss die Schule in Kategorien des Antinomischen und Widersprüchlichen erfasst werden. Insbesondere geht es um den Widerspruch zwischen Anpassung und Emanzipation (vgl. Fuchs 2012), so wie er sich etwa an der Funktionserwartung der Allokation/Selektion bzw. der Legitimation ausdrückt: Was leistet die Kulturschule in dieser Hinsicht? Will sie dies überhaupt oder stärkt sie eher Ansätze wie den von Duncker oder Weigand, die die gesellschaftlichen Funktionserwartungen zugunsten der pädagogischen Aufgabe der Bildung zurückdrängen wollen? Geht dies überhaupt innerhalb des öffentlichen Schulwesens, konkret: Wieviele Abstriche lässt der Staat an solchen Aufgabenzuschreibungen zu, die wesentlich sein Engagement für die Schule motivieren? All diese Fragen können – wie erwähnt – nicht mehr bloß theoretisch beantwortet werden. Sie erfordern vielmehr empirische Untersuchungen, die wie alle Forschungen rund um Bildung die Schwierigkeit haben werden, kausal Bildungswirkungen auf entsprechende Einflüsse zurückzuführen. Denn so richtig das afrikanische Sprichwort ist, dass man ein ganzes Dorf brauche, um ein Kind zu erziehen: Man müsste herausfinden, welche Rolle innerhalb des ganzen Dorfes die Kulturschule spielt, zumal diese gemäß des Konzeptes Teil des dörflichen Bildungsnetzwerkes ist.

Literaturverzeichnis

Ackermann, H./Rahm, S. (Hg.): Kooperative Schulentwicklung. Wiesbaden: VS 2004

Adick, Chr.: Die Universalisierung der modernen Schule. Paderborn usw.: Schöningh 1992.

Aissen-Crewett, M: Grundriß der ästhetisch-aisthetischen Erziehung. Potsdam: Universität 1998

Alt, R.: Vorlesungen über die Erziehung auf frühen Stufen der Menschheitsentwicklung. Berlin: Volk und Wissen 1955

Altrichter, H./Mang Merki, K. (Hg.): Neue Steuerung im Schulsystem. Wiesbaden: VS 2010

Arbeitsstelle kulturelle Bildung in Schule und Jugendarbeit (Hg.; Redaktion Gisela Wibbing): Lernen mit Kunst und Kultur. Methoden kultureller Bildung im Fachunterricht. Remscheid: AST 2012

Arbeitsstelle kulturelle Bildung in Schule und Jugendarbeit (Hg.; Redaktion G. Wibbing): Künstlerische Methode in nichtkünstlerischen Fächern. Remscheid 2012

Arendt, H.: Vita Activa - oder vom tätigen Leben. Stuttgart: Kohlhammer 1960

Arnold, K.-H. u.a.(Hg.): Handbuch Unterricht. Bad Heilbrunn: Klinkhardt 2009

Bamford, A.:Der WOW-Faktor. Eine weltweite Analyse der Qualität künstlerischer Bildung. Münster: Waxmann 2010

Banaji, S./Burn, A.: The Rhetorics of Creativity: A Review of the Literature. London: cp 2006

Bast, R.: Kulturkritik und Erziehung. Dortmund: Projekt-Verlag 1996

Benner, D.: Allgemeine Pädagogik. Weinheim/Basel: Juventa 1987.

Berg, Chr. u.a. (Hg.): Handbuch der deutschen Bildungsgeschichte. Bde.I-VI. München: Beck 1987 ff.

Berkemeyer, N.: Die Steuerung des Schulsystems. Theoretische und praktische Explikationen. Wiesbaden: VS 2010

Bielenberg, I. (Hg.): Bildungsziel Kreativität. Kulturelles Lernen zwischen Kunst und Wissenschaft. München: Kopaed 2006

Bildungskommission NRW (Hg.): Zukunft der Bildung - Schule der Zukunft. Neuwied: Luchterhand 1995

Blömeke, S. u.a. (Hg.): Handbuch Schule. Bad Heilbrunn: Klinkhardt 2009

Bockhorst, H. (Hg.): KUNSTstück FREIHEIT. München: kopaed 2011

Boehm, G. (Hg.): Was ist ein Bild? München: Beck 1994

Böhme, J. (Hg.): Schularchitektur im interdisziplinären Diskurs. Wiesbaden: VS 2009

Bohl, T. u.a. (Hg.): Handbuch Schulentwicklung. Bad Heilbrunn: Klinkhardt 2010

Bollenbeck, G.: Bildung und Kultur. Glanz und Elend eines deutschen Deutungsmusters. München: Insel 1994.

Bollenbeck, G.: Eine Geschichte der Kulturkritik. Von Rousseau bis Günther Anders. München: Beck 2007

Bormann, I.: Organisationsentwicklung und organisationales Lernen von Schulen. Opladen: Lekse + Budrich 2002

Böttcher, W.: Kann eine ökonomische Schule auch eine pädagogische sein? Schulentwicklung zwischen Neuer Steuerung, Organisation, Leistungsevaluation und Bildung. Weinheim/ Basel: Juventa 2002.

Böttcher, W./Terhart, e. (Hg.): Organisationstheorie in pädagogischen Ferldern. Wiesbaden: VS 2004

Böttcher, W./Kotthoff H.-G. (Hg.): Schulinspektion: Evaluation, Rechenschaftslegung und Qualitätsentwicklung. Münster etc.: Waxmann 2007

Bourdieu, P.: Die feinen Unterschiede. Kritik der gesellschaftlichen Urteilskraft. Frankfurt/M.: Suhrkamp 1987.

Bourdieu, P.: Gegenfeuer. Wortmeldungen im Dienste des Widerstandes gegen die neoliberale Invasion. Konstanz: UVK 1998.

Bourdieu, P.: Praktische Vernunft. Zur Theorie des Handelns. Frankfurt/M.: Suhrkamp 1998.

Braun, K.-H./Holzkamp, K. (Hg.): Subjektivität als Problem psychologischer Methodik. Frankfurt/M.: Campus 1984

Braun, T./Fuchs, M./Kelb, V.: Wege zur Kulturschule. München: Kopaed 2010

Braun, T. (Hg.): Lebenskunst Lernen. München: Kopaed 2011

Breyvogel, W.: Das Subjekt in der Simulationsgesellschaft - Simulation und Stadt. In: Helsper 1991.

Brose, H.-G./Hildebrand, B. (Hg.): Vom Ende des Individuums zur Individualität ohne Ende. Opladen: Leske und Budrich 1988.

Brumlik, M./Brunkhorst, H. (Hg.): Gemeinschaft und Gerechtigkeit. Frankfurt/M.: Fischer 1993.

Brüsemeister, Th./Eubel, K.-D. (Hg.): Zur Modernisierung der Schule. Leitideen - Konzepte - Akteure. Ein Überblick. Bielefeld: transcript 2003.

Buchen, H./Rolff, H.-G. (Hg.): Professionswissen Schulleitung. Weinheim/Basel: Beltz 2009

Büchler, A. u.a. (Hg.): Schule muss schön sein. Facetten des ästhetischen Bildungsauftrages. München: Kopaed 2007

Buck, G.: Lernen und Erfahrung - Epagogik. Darmstadt: WBG 1989

Buer, J. V./Wagner, C. (Hg.): Qualität von Schule. Frankfurt/M.: Peter Lang 2007

Bundesvereinigung Kulturelle Jugendbildung (BKJ): Qualität und Verbände. Remscheid 1997.

Burow, O.-A.: Positive Pädagogik. Weinheim: Beltz 2011

Cassirer, E.: Idee und Gestalt. Goethe, Schiller, Hölderlin, Kleist. Darmstadt: WBG 1924/1971

Cassirer, E.: Philosophie der symbolischen Formen. Erster Teil: Die Sprache. Zweiter Teil: Das mythische Denken. Dritter Teil: Phänomenologie der Erkenntnis. Darmstadt: WBG 1953 (1923) / 1953 (1924) / 1954 (1929). (PSF)

Cassirer, E.: Zur Logik der Kulturwissenschaften. Fünf Studien. Darmstadt: WBG 1961. (LK)

Cassirer, E.: Philosophie der Aufklärung. Tübingen: Mohr 1973.

Cassirer, E.: Individuum und Kosmos in der Philosophie der Renaissance. Darmstadt: WBG 1974.

Cassirer, E.: Symbol, Technik, Sprache. Aufsätze aus den Jahren 1927 - 1933. (Hg. E.W. Orth und J. M. Krois). Hamburg: Meiner 1985

Cassirer, E.: Versuch über den Menschen. Einführung in eine Philosophie der Kultur. Frankfurt/M.: Fischer 1990 (Original: 1944).

Cassirer, E.: Erkenntnis, Begriff, Kultur (Hg.: R.A. Bast). Hamburg: Meiner 1993.

Cassirer, E.: Geist und Leben. Schriften (Hg.: E. W. Orth). Leipzig: Reclam 1993.

Castel, R.: Die Metamorphosen der sozialen Frage. Eine Chronik der Lohnarbeit. Konstanz: UVK 2000

Castells, M.: Das Informationszeitalter I: Der Aufstieg der Netzwerkgesellschaft. Opladen: Leske und Budrich 2001.

Cortina, K. u.a. (Hg.): Das Bildungswesen in der Bundesrepublik Deutschland. Reinbek: Rowohlt 2003

Dahrendorf, R.: Gesellschaft und Demokratie in Deutschland. München: dtv 1971.

Dalin, P.: Schule auf dem Weg in das 21. Jahrhundert. Neuwied: Luchterhand 1997

Delors, J.: Lernfähigkeit - Unser verborgener Reichtum. Neuwied 1997.

Deutsche UNESCO-Kommission: Kulturelle Bildung für alle. Von Lissabon nach Seoul. Bonn 2008

Dewey, J.: Kunst als Erfahrung. Frankfurt/M.: Suhrkamp 1980 (Orig.:1934).

Dewey, J. Demokratie und Erziehung. Weinheim/Basel: Beltz 2010 (zuerst 1916, auf deutsch 1930)

Dissanayake, E.: What is art for? Seattle: Univ. of Washington Pr. 2002

Dölle-Oelmüller, R./Oelmüller, W.: Grundkurs Philosophische Anthropologie. München: Fink 1996.

Duncker, L.: Erfahrung und Methode. Langenau-Ulm: Vaas 1987

Duncker, L.: Lernen als Kulturaneignung. Weinheim/Basel: Beltz 1994

Duncker, L./Scheunpflug, A./Schultheis, K.: Schulkindheit. Anthropologie des Lernens im Schulalter. Stuttgart: Kohlhammer 2004

Duncker, L.: Die Grundschule. Weinheim/München: Juventa 2007

Duncker, L./Lieber, G./Neuss, N./Uhlig, B. (Hg.): Bildung in der Kindheit. Seelze: Kallmeyer 2010

Dux, G.: Historisch-genetische Theorie der Kultur. Weilerswist: Velbrück 2005.

Ehrenspeck, Y.: Versprechungen des Ästhetischen. Die Entstehung eines modernen Bildungsprojekts. Opladen: Leske und Budrich 1998.

Eibl-Eibesfeldt, I./Sütterlin, C.: Weltsprache Kunst. Zur Natur- und Kunstgeschichte bildlicher Kommunikation. Wien: Brandstätter 2008

Engel, B.: Spürbare Bildung. Münster/N.Y.: Waxmann 2004

Erpenbeck, J.: Europäische Qualitätsstandards und der Kompetenznachweis Kultur. In: Timmerberg/Schorn 2009

Fatke, R./Merkens, H (Hg.): Bildung über die Lebenszeit. Wiesbaden: VS 2006

Faulstich, P./Ludwig, J. (Hg.): Expansives Lernen. Baltmannsweiler: Schneider 2004

Faulstich, W.: Das Medium als Kult. Geschichte der Medien, Bd. 1; Von den Anfängen bis zur Spätantike (8. Jahrhundert). Göttingen: V & R 1997.

Fauser, P. u.a. (Hg.): Was für Schulen! gute Schule in Deutschland. Seelze-Velber: Friedrich/Klett 2007

Fauser, P./Veith, H.: Kulturelle Bildung und ästhetisches Lernen. www.ganztaegig-lernen.org
    Letzter Zugriff 31.01.2011

Fend, H.: Sozialgeschichte des Aufwachsens. Bedingungen des Aufwachsens und Jugendge-
    stalten im zwanzigsten Jahrhundert. Frankfurt/M.: Suhrkamp1988.

Fend, H.: Neue Theorie der Schule. Einführung in das Verstehen von Bildungssystemen.
    Wiesbaden. VS 2006a

Fend, H.: Geschichte des Bildungswesens. Der Sonderweg im europäischen Kulturraum.
    Wiesbaden: VS 2006 b

Fend, H.: Schule gestalten. Systemsteuerung, Schulentwicklung und Unterrichtsqualität.
    Wiesbaden: VS Verlag 2008

Fichtner, B.: Lernen und Lerntätigkeit. Berlin: Lehmann 2008

Fischer, J./Joas, H. (Hg.): Kunst, Macht und Institution. Frankfurt/M.: Campus 2003

Fleming, M.: Arts in education and creativity: a review of literature. London: ACE/cp 2008

Foucault, M.: Die Ordnung der Dinge. Frankfurt/M.: Suhrkamp 1971

Frank, M./Raulet, G./Reijen, W. v. (Hg.): Die Frage nach dem Subjekt. Frankfurt/M.: Suhrkamp 1988.

Frevert, U./Haupt, H.-G. (Hg.): Der Mensch des 19. Jahrhunderts. Frankfurt/M./New York:
    Campus 1999.

Fröhlich, G./Rehbein, B. (Hg.): Bourdieu Handbuch. Leben - Werk - Wirkung. Stuttgart: Metzler 2009

Fuchs, M.: Das Scheitern des Philanthropen Ernst Christian Trapp. Eine Untersuchung zur
    sozialen Genese der Erziehungswissenschaft im 18. Jh. Weinheim/Basel: Beltz 1984.

Fuchs, M.: Didaktische Prinzipien - Geschichte und Logik. Köln: Pahl-Rugenstein 1984.

Fuchs, M.: Mathematik in der Schule. Köln: PRV 1984

Fuchs, M.: Mensch und Kultur. Anthropologische Grundlagen von Kulturarbeit und Kulturpolitik.
    Wiesbaden: Westdeutscher Verlag 1999.

Fuchs, M.: Bildung, Kunst, Gesellschaft. Beiträge zur Theorie der kulturellen Bildung. Rem-
    scheid: BKJ 2000

Fuchs, M.: Persönlichkeit und Subjektivität. Historische und systematische Studien zu ihrer
    Genese. Leverkusen: Leske + Budrich 2001.

Fuchs, M.: Kultur macht Sinn. Wiesbaden: VS 2008

Fuchs, M.: Kultur, Teilhabe, Bildung. München: Kopaed 2008

Fuchs, M.: Kulturelle Bildung. Grundlagen - Praxis - Politik. München: Kopaed 2008

Fuchs, M.: Kunst als kulturelle Praxis. Eine Einführung in die Ästhetik und Kunsttheorie für
    die Praxis. München: Kopaed 2011

Fuchs, M./Braun, T.: Konzepte der Schulentwicklung. In: Braun 2011

Fuchs, M.: Kultur und Subjekt. Bildungsprozesse zwischen Emanzipation und Anpassung.
    München: Kopaed 2012

Fuchs, M.: Bildung, Kultur, Politik. Beiträge zu einer kulturwissenschaftlichen Grundlegung
    der Pädagogik: Remscheid 2013 (i.V.)

Fuchs, Th.: Was ist Erfahrung? In Hauskeller 2003, S. 69 ff.

Fullan, M.: Die Schule als lernendes Unternehmen. Stuttgart: Klett-Cotta 1999

Furet, F. (Hg.): Der Mensch der Romantik. Frankfurt/M./New York: Campus 1998.

Galuske, M.: Flexible Sozialpädagogik. Elemente einer Theorie sozialer Arbeit in der modernen Arbeitsgesellschaft. Weinheim/München: Juventa 2002.

Gaudig, H.: Die Schule im Dienste der werdenden Persönlichkeit. Leipzig: Spamersche Buchhandlung 1917

Gehlen, A.: Der Mensch. Seine Natur und seine Stellung in der Welt. Bonn: Athenäum 1950.

Gehlen, A.: Urmensch und Spätkultur. Frankfurt/M.: Athenäum 1964

Gehlen, A.: Zeit-Bilder. Zur Soziologie und Ästhetik der modernen Malerei. Frankfurt/M.: Klostermann 1986.

Geißler, H.: Organisationspädagogik. München: Vahlen 2000

Giest, H./Lompscher, J.: Tätigkeitstheoretische Überlegungen zu einer neuen Lernkultur (leicht zu googeln; letzter Zugriff 15.03.2011)

Göhler, G. (Hg.): Die Eigenart der Institutionen. Baden-Baden: Nomos 1994

Göhlich, M: System, Handeln, Lernen unterstützen. Eine Theorie der Praxis pädagogischer Institutionen.Weinheim/Basel: Beltz 2001

Göhlich, M./Wulf, Chr./Zirfas, J. (Hg.): Pädagogische Theorien des Lernens. Weinheim/Basel: Beltz 2007

Göhlich, M./Zirfas, J.: Lernen. Ein pägdagogischer Grundbegriff. Stuttgart: Kohlhammer 2007

Grunder, H.-K./Schweitzer, F. (Hg.): Texte zur Theorie der Schule. Weinheim/München: Juventa 1999.

Habermas, J.: Theorie der gesellschaftlichen Kommunikation. 2 Bde. Frankfurt/M.: Suhrkamp 1981.

Habermas, J.: Es beginnt mit dem Zeigefinger. Die ZEIT vom 10.12.2009

Hammerstein, N. (Hg.): Handbuch der deutschen Bildungsgeschichte, Bd. 1. München: Beck 1996

Hartnuß, B./Maykus, A. (Hg.): Handbuch Kooperation von Jugendhilfe und Schule. Berlin: Deutscher Verein 2004.

Hauskeller, M. (Hg.): Die Kunst der Wahrnehmung. Zug: Die graue Edition 2003

Heinrich, M.: Governance in der Schulentwicklung. Wiesbaden: VS 2007

Heitmeyer, W. (Hg.): Bundesrepublik Deutschland: Auf dem Weg von der Konsens- zur Konfliktgesellschaft. Bd. 1: Was treibt die Gesellschaft auseinander? Bd. 2: Was hält die Gesellschaft zusammen? Frankfurt/M.: Suhrkamp 1997

Heitmeyer, W./Schröttle, M. (Hg.): Gewalt. Bonn: BpB 2006

Helsper, W./Böhme, J. (Hg.): Handbuch der Schulforschung. Wiesbaden: VS 2004

Helsper, W./Busse, S./Hummrich, M. (Hg.): Pädagogische Professionalität in Organisationen. Wiesbaden: VS 2008

Helsper, W.: Schule in den Antinomien der Moderne. In: Krüger 1990, S. 175 - 194

Hentig, H.v.: Die Schule neu denken. München/Wien: Hanser 1993.

Herrlitz, H.-G./Hopf, W./Titze, H./Cloer, E.: Deutsche Schulgeschichte von 1800 bis zur Gegenwart. Eine Einführung: Weinheim/München 2009

Hill, B./Biburger, T./Wenzlik, A. (Hg.): Lernkultur und kulturelle Bildung. München: Kopaed 2008

Holtappels, H. G. (Hg.): Schulprogramme - Instrumente der Schulentwicklung. Weinheim: Juventa 2004

Holz, H. H.: Philosophische Theorie der bildenden Künste. Drei Bände. Bielefeld: Aisthesis-Verlag 1996/1997/1998.

Holzhey, H. (Hg.): Ethischer Sozialismus. Zur politischen Philosophie des Neukantianismus. Frankfurt/M.: Suhrkamp 1994.

Holzkamp, K.: Gesellschaftlichkeit des Individuums. Köln: PRV 1978.

Holzkamp, K.: Grundlegung der Psychologie. Frankfurt: Campus 1983.

Holzkamp, K.: Lernen. Subjektwissenschaftliche Grundlegung. Frankfurt/M.: Campus 1993.

Hornstein, W./Bastine, R./Junker, H./Wulf, Chr.: Beratung in der Erziehung. 2 Bde. Frankfurt/M.: Fischer 1977

Husserl, E.: Die Krisis der europäischen Wissenschaften und die transzendentale Phänomenologie. Haag: Nijhoff 1976

Jaeger, F./Liebsch, B. (Hg.): Handbuch der Kulturwissenschaften, Bd. 1: Grundlagen und Schlüsselbegriffe. Stuttgart/Weimar: Metzler 2004.

Jäger, J./Kuckhermann, R. (Hg.): Ästhetische Praxis in der Sozialen Arbeit. Weinheim: Juventa 2004

Kahl, R.: Treibhäuser der Zukunft o.O. 2004

Kant, I.: Kritik der Urteilskraft (1790). Frankfurt/M.: Suhrkamp 1974.

Kant, I.: Anthropologie in pragmatischer Absicht (1798/1800). Werksausgabe Band XII (W. Weischedel). Frankfurt/M.: Suhrkamp 1982.

Kelb, V. (Hg.): Kultur macht Schule. Innovative Bildungsallianzen - Neue Lernqualitäten. München: kopaed 2007

Keuchel, S.: Kulturelle Bildung in der Ganztagsschule. Bonn: ARCult Media 2007

Kieser, A. (Hg.): Organisationstheorien. Stuttgart usw.: Kohlhammer 2001

Kleimann, B.: Das ästhetische Weltverhältnis. Eine Untersuchung der grundlegenden Dimensionen des Ästhetischen. München: Fink 2002.

Klein, R.: Kulturtheorien. In: Otto, H.-U./Thiersch, H. (Hg.): Handbuch Soziale Arbeit. München/Basel: Reinhardt 2011

Koch, L./Marotzki, W./Peukert, H. (Hg.): Pädagogik und Ästhetik. Weinheim: DSV 1994

König, E./Volmer, G.: Systemische Organisationsberatung. Weinheim: DSV 2000

Krüger, H.-H. (Hg.): Abschied von der Aufklärung. Perspektiven der Erziehungswissenschaft. Opladen: Leske und Budrich 1990.

Küpper, J./Menke, Chr. (Hg.): Dimensionen ästhetischer Erfahrung. Frankfurt/M.: Suhrkamp 2003

Langer, S. K.: Philosophie auf neuem Wege. Das Symbol im Denken, im Ritus und in der Kunst. Mittenwald: Mäander 1979.

Lauschke, M.: Ästhetik im Zeichen des Menschen. Hamburg: Meiner 2007

Lenhardt, G.: Schule und bürokratische Rationalität. Frankfurt/M.: Suhrkamp 1984.

Leonhard, S.: Leiblich lernen und lehren. Ein religionsdidaktischer Diskurs. Stuttgart: Kohlhammer 2006

Lepenies, W.: Kultur und Politik. München: Hanser 2006

Leschinsky, A. (Hg.): Die Institutionalisierung von Lehren und Lernen. Weinheim/Basel: Beltz 1996.

Leschinsky, A. Einleitung in ders.(Hg.): Die Institutionalisierung von Lehren und Lernen. Beiträge zu einer Theorie der Schule. Beiheft zur Zeitschrift für Pädagogik, Bd. 34. Weinheim/Basel: Beltz 1996

Liebau, E.: Kultivierung des Alltags. Weinheim/München: Juventa 1992.

Liebau, E./Zirfas, J. (Hg.): Die Kunst der Schule. Bielefeld: transcript 2009

Lieber, H.-J.: Kulturkritik und Lebensphilosophie. Weinheim 1974.

Lippitz, W.: Differenz und Fremdheit. Frankfurt/M.: Lang 2003

Lorenz, K.: Einführung in die philosophische Anthropologie. Darmstadt: WBG 1990.

Luthe, E.-W.: Kommunale Bildungslandschaften. Rechtliche und organisatorische Grundlagen. Berlin: Schmidt 2009

Mann, G./Heuß, A. (Hg.): Propyläen Weltgeschichte in 10 Bänden; hier: Bd. 1: Vorgeschichte, Frühe Hochkulturen. Berlin usw.: Propyläen-Verlag 1991 (Reprint).

Marx-Engels-Werke (MEW), Berlin 1958ff.

Mattenklott, G.: Grundschule der Künste. Hohengehren: Schneider 1998

Merkens, H.: Pädagogische Institutionen. Pädagogisches Handeln im Spannungsfeld von Individualisierung und Organisation. Wiesbaden: VS 2006

Merleau-Ponty, M.: Phänomenologie der Wahrnehmung. Berlin: de Gruyter 1966.

Meyer-Drawe, K.: Illusionen von Autonomie. Diesseits von Ohnmacht und Allmacht des Ich. München: Kirchheim 1990

Meyer-Drawe, K.: Diskurse des Lernens. München: Fink 2008

Mollenhauer, K.: Ästhetische Grundbildung. Weinheim: Juventa 1996.

Müller, H. A. (Hg.): Evolution: Woher und Wohin? Göttingen: Vondenhoeck & Ruprecht 2008

Müller-Rolli, S. (Hg.): Kulturpädagogik und Kulturarbeit. Grundlagen, Praxisfelder, Ausbildung. Weinheim/München: Juventa 1988.

Münch, R.: Die Kultur der Moderne. 2 Bde. Frankfurt/M.: Suhrkamp 1986.

Münch, R.: Theorie des Handelns. Zur Rekonstruktion der Beiträge von Talcot + Parsons, Emile Durkheim und Max Weber. Frankfurt/M.: Suhrkamp 1988.

Münchmeier, R. u.a. (Herausgeber im Auftrag des Bundesjugendkuratoriums): Bildung und Lebenskompetenz. Kinder- und Jugendhilfe vor neuen Aufgaben. Opladen: Leske und Budrich 2002.

Nagl-Docekal, H./Vetter, H. (Hg.): Tod des Subjekts? Wien/München: Oldenbourg 1987.

Neumann, E.: Funktionshistorische Anthropologie der ästhetischen Produktivität. Habil. FU Berlin 1996.

Nipperdey, Th.: Deutsche Geschichte. 1866 - 1918. Bd. I: Arbeitswelt und Bürgergeist. München: Beck 1990.

Nohl, H.: Die Deutsche Bewegung. Vorlesungen und Aufsätze zur Geistesgeschichte von 1770 - 1830. Göttingen: Vandenhoek & Ruprecht 1970.

Nohl, H.: Die pädagogische Bewegung in Deutschland und ihre Theorie. Frankfurt/M.: Schulte 1970 (zuerst 1933/19359:

Oelkers, J.: Wie man Schule entwickelt. Eine bildungspolitische Analyse nach PISA. Weinheim/Basel: Beltz 2003.

Oelmüller, W.: Grundkurs philosophische Anthropologie. München: Fink 1996

Oelmüller, W./Dölle-Oelmüller, R./Geyer, C.-F.: Diskurs: Mensch. Paderborn usw.: Schöningh 1985.

Oesterdiekhoff, G.: Traditionelles Denken und Modernisierung. Opladen: Westdeutscher Verlag 1992.

Ofsted: Learning: Creative Approaches that Raise Standards. Manchester 2010

Ortmann, G. u.a. (Hg.): Theorie der Organisation. Wiesbaden: Westdeutscher Verlag 2000

Otto, H.-U./Oelkers, J. (Hg.: Zeitgemäße Bildung. Herausforderung für Erziehungswissenschaft und Bildungspolitik. München/Basel: Ernst Reinhardt 2006.

Otto, H.-U., Rauschenbach, Th. (Hg.): Die andere Seite der Bildung. Wiesbaden: VS 2008

Otto, H.-U./Ziegler, H. (Hg.): Capabilities-Handlungsbefähigung und Verwirklichungs-chancen in der Erziehungswissenschaft. Wiesbaden: VS 2008

Otto, H.-U./Thiersch, H. (Hg.): Handbuch Soziale Arbeit. München/Basel: Reinhardt 2011

Paetzold, H.: Ernst Cassirer - Von Marburg nach New York. Eine philosophische Biographie. Darmstadt: WBG 1995.

Philipp, E./Rolff, H.-G.: Schulprogramme und Leitbilder entwickeln. Weinheim/Basel: Beltz 2006

Plessner, H.: Die Stufen des Organischen und der Mensch. Einleitung in die philosophische Anthropologie. Berlin: de Gruyter 1965.

Plessner, H.: Philosophische Anthropologie. Lachen und Weinen. Das Lächeln. Anthropologie der Sinne. Frankfurt/M.: S. Fischer 1970.

Plessner, H.: Die verspätete Nation. Frankfurt/M.: Suhrkamp 1974.

Plessner, H.: Gesammelte Schriften, Bd. VIII: Conditio humana. Frankfurt/M.: Suhrkamp 1983.

Pongratz, L.: Pädagogik im Prozess der Moderne. Studien zur Sozial- und Theoriegeschichte der Schule. Weinheim: DSV 1989.

Prange, K.: Die Zeigestruktur der Erziehung. Schöningh: Paderborn usw. 2005

Rahm, S.: Einführung in die Theorie der Schulentwicklung. Weinheim: Beltz 2005

Rathenau, W.: Zur Kritik der Zeit. Berlin: Fischer 1917

Reckwitz, A.: Die Transformation der Kulturtheorien. Zur Entwicklung eines Theorieprogramms. Weilerswist: Velbrück 2000.

Reckwitz, A.: Das hybride Subjekt. Eine Theorie der Subjektkulturen von der bürgerlichen Moderne bis zur Postmoderne. Weilerswist: Velbrück 2006.

Richter, I.: Die sieben Todsünden der Bildungspolitik. München/Wien: Hanser 1999.

Richter, K.: Herkunft des Schönen. 1999

Richter, K. F.: Erzählweisen des Körpers. Kreative Gestaltarbeit in Theorie, Beratung, Supervision und Gruppenarbeit. Seelze-Velber: Kallmeyersche 1997.

Richter, K.-F.: Coaching als kreativer Prozess. Göttingen: Vandenhoek & Ruprecht 2009

Riegel, E.: Schule kann gelingen! Bonn: bpb 2004

Rihm, Th.: Teilhabe an Schule. Wiesbaden: VS 2008

Rittelmeyer, Chr.: Schulbauarchitektur.Über die Wirkung von Bauformen und Raumfarben auf Schülerinnen und Schüler. Göttingen: 1991

Rittelmeyer, Chr.: Warum und wozu ästhetische Bildung? Oberhausen: Athena 2010

Robinson, K. (Hg.): All Our Futures: Creativity, Culture & Education by National Advisory Committee on Creative and Cultural Education 1999

Rolf, E.: Symboltheorien. Berlin usw.: de Gruyter 2006

Rosa, H.: Is there anybody out there? In: Kühnlein/Lutz-Bachmann 2011, S. 15 - 42

Rückriem, G. u.a.: Historischer Materialismus und menschliche Natur. Köln: PRV 1978

Rychen, D. R./Salganik, L. H.: Defining and Selecting Key Competencies. Seattle etc.: Hogrefe und Huber 2001.

Schein, E.: Organisationskultur. Köln: EHP 2003

Scheunpflug, A.: Biologische Grundlagen des Lernens. Berlin: Cornelsen 2001.

Schiller, F.: Sämtliche Werke. München: Hanser 1959.

Schivenhövel, W. u.a.: Ethnology of the Arts. Andechs: MPIO 2011

Schöning, W.: Schulentwicklung beraten. Das Modell mehrdimensionaler Organisationsberatung der einzelnen Schule. Weinheim/München: Juventa 2000

Schorn, B.: Prinzipien kultureller Bildung integrieren. In: "Kulturelle Bildung" Nr. 3, Doppelausgabe 2009, S. 7ff.

Schreyögg, G.: Organisation. Wiesbaden: 2008

Schurig, V.: Die Entstehung des Bewußtseins. Frankfurt/M./New York: Campus 1976.

Schurig, V.: Naturgeschichte des Psychischen. Zwei Bände. Frankfurt/M.-New York: Campus 1975.

Schwemmer, O.: Die kulturelle Existenz des Menschen. Berlin: Akademie 1997.

Seel, M.: Ästhetik des Erscheinens. München/Wien: Hanser 2000.

Seel, N.: Psychologie des Lernens. München/Basel: Reinhardt/UTB 2000

Sefton-Green, J./Thomson, P./Bresler, L./Jones, K. (eds.): The International Handbook of Creative Learning. London: Routledge 2011

Seidel, St. u.a.: The Qualities of Quality. Understanding Excellence in Arts Education. Cambridge: Harvard (Project Zero) o.J.

Selle, G./Boehe, J.: Leben mit den schönen Dingen. Anpassung und Eigensinn im Alltag des Wohnens. Reinbek: Rowohlt 1986.

Senge, P. M.: Die fünfte Disziplin. Stuttgart: Klett-Cotta 1999

Skiera, E.: Reformpädagogik in Geschichte und Gegenwart. München: Oldenbourg 2010

Stegmeier, W.: Philosophie der Orientierung. Berlin/New York: de Gruyter 2008

Steinbach, Chr.: Pädagogische Psychologie. 2003.

Taylor, Ch.: Ein säkulares Zeitalter. Frankfurt/M.: Suhrkamp 2009

Terhart, E.: Nach PISA. Hamburg: EVA 2002.

Thomson, P.: Whole school change: A review of literature. London: ACE 2007

Thurn, H. P.: Kulturbegründer und Weltzerstörer. Der Mensch im Zwiespalt seiner Möglichkeiten. Stuttgart: Metzler 1990.

Timmerberg, V./Schorn, B. (Hg.): Neue Wege der Anerkennung von Kompetenzen in der kulturellen Bildung. Der Kompetenznachweis Kultur in Theorie und Praxis. München: kopaed 2009

Tomasello, M.: Die kulturelle Entwicklung des menschlichen Denkens. Frankfurt/M.: Suhrkamp 2006

Tomasello, M.: Die Ursprünge der menschlichen Kommunikation. Frankfurt/M.: Suhrkamp 2010

Trebesch, K. (Hg.): Organisationsentwicklung. Konzepte, Strategien, Fallstudien. Stuttgart: Klett-Cotta 2000

Unger, F.: Natur als Legitimationskategorie im Gesellschaftsdenken der Neuzeit. In: Rückriem 1978.

Vico, G.B.: Prinzipien einer neuen Wissenschaft über die gemeinsame Natur der Völker. Mit einer Einleitung "Vico und die Idee der Kulturwissenschaft" von Vittorio Hösle. Hamburg: Meiner 1990.

Vovelle, M. (Hg.): Der Mensch der Aufklärung. Frankfurt/M. Fischer 1996.

Wahl, K.: Die Modernisierungsfalle. Gesellschaft, Selbstbewußtsein und Gewalt. Frankfurt/M.: Suhrkamp 1989.

Weber, M.: Wirtschaft und Gesellschaft. Grundriß der verstehenden Soziologie.Tübingen: Mohr 1972.

Weigand, G.: Schule der Person. Würzburg: Ergon 2004

Weik, E./Lang, R. (Hg.:): Moderne Organisationstheorien 1 und 2. Wiesbaden GWV 2005

Weiland, R. (Hg.): Philosophische Anthropologie der Moderne. Weinheim: Beltz 1995.

Weinert, A.B.: Lehrbuch Organisationspsychologie. München-Weinheim: PVU 1987

Welsch, W.: Vernunft. Die zeitgenössische Vernunftkritik und das Konzept der transversalen Vernunft. Frankfurt/M.: Suhrkamp 1996.

Welsch, W.: Immer nur der Mensch? Berlin: Akademie Verlag 2011

Welsch, W.: Blickwechsel. Stuttgart: Reclam 2012

Welsch, W.: Homo Mundanus. Weilerswist: Velbrück 2012

Winkel, S./Petermann, F./Petermann, U.: Lernpsychologie. Schöningh/UTB: Paderborn 2006

Wöhrle, P.: Metamorphosen des Mängelwesens. Frankfurt/M.: Campus 2008

Wulf, Chr. (Hg.): Vom Menschen. Handbuch Historische Anthropologie. Weinheim/Basel: Beltz 1997.

Zech, R.: Lernerorientierte Qualitätstestierung in der Weiterbildung. Hannover: Expressum 2008

Zlatkin-Troitschanskaia, O.: Steuerbarkeit von Bildungssystemen mittels politischer Reformstrategien. Frankfurt/M.: Lang 2006

Abbildungen

**Bundesvereinigung
Kulturelle Kinder- und Jugendbildung e.V.**

Wir fördern soziale und kreative Kompetenz

Die BKJ ist der Dachverband der Kulturellen Kinder- und Jugendbildung in Deutschland. Sie vertritt die jugend-, bildungs- und kulturpolitischen Interessen von 56 bundesweit agierenden Institutionen, Fachverbänden und Landesvereinigungen der Kulturellen Kinder- und Jugendbildung. Vertreten sind die Bereiche Musik, Spiel, Theater, Tanz, Rhythmik, bildnerisches Gestalten, Literatur, Museum, Medien, Zirkus und kulturpädagogische Fortbildung. Die BKJ und ihre Mitglieder unterstützen und fördern gemeinsam Vielfalt, Qualität und Strukturen der Kulturellen Bildung.

Durch Tagungen, Seminare, Evaluationen und Fachpublikationen trägt die BKJ zur Qualifizierung und Qualitätssicherung sowie zum Transfer zwischen Praxis und Wissenschaft bei und regt den Informations- und Erfahrungsaustausch an. Mit ihren Modellprojekten liefert sie Impulse für die Praxis. Dabei agiert sie sowohl außerhalb von Schule als auch in und mit Schulen sowie in den kulturellen Freiwilligendiensten und dem internationalen Jugendkulturaustausch.

Kontakt
BKJ – Bundesvereinigung Kulturelle Kinder- und Jugendbildung e. V.
Küppelstein 34
42857 Remscheid
Fon: 02191.794 390
Fax: 02191.794 389
info@bkj.de
www.bkj.de
www.facebook.com/kulturelle.bildung